The Lawyer's Variety of Life

律师的多种人生

—— 李志强执业手记之三

■ 李志强　著

中国金融出版社

责任编辑：贾　真
责任校对：潘　洁
责任印制：丁淮宾

图书在版编目（CIP）数据

律师的多种人生：李志强执业手记之三 / 李志强著 . —北京：
中国金融出版社，2015.1
　　ISBN 978-7-5049-7786-1

　　Ⅰ . ①律… 　Ⅱ . ①李… 　Ⅲ . ①律师业务 — 案例— 中国
Ⅳ . ① D926.5

　　中国版本图书馆 CIP 数据核字（2014）第 313615 号

出版
发行　中国金融出版社

社址　　北京市丰台区益泽路 2 号
市场开发部　（010）63266347，63805472，63439533（传真）
网 上 书 店　http：//www.chinafph.com
　　　　　　　（010）63286832，63365686（传真）
读者服务部　（010）66070833，62568380
邮编　　100071
经销　　新华书店
印刷　　北京市松源印刷有限公司
装订　　平阳装订厂
尺寸　　169 毫米 ×239 毫米
印张　　20.75
插页　　10
字数　　354 千
版次　　2015 年 1 月第 1 版
印次　　2015 年 1 月第 1 次印刷
定价　　48.00 元
ISBN 978-7-5049-7786-1/F.7346
如出现印装错误本社负责调换　　联系电话（010）63263947

作者和李昌道教授夫妇与香港证监会前主席、中国证监会前首席顾问梁定邦太平绅士在香港合影

作者与新加坡之父李光耀先生（中）合影

作者与国际律师协会现任主席Michael Reynolds（中）合影

爱尔兰总理肯尼与作者合影

2013年5月，作者参加北京国际服务贸易交易会时与北京市市长王安顺（中）合影

作者与参加特别行政区制度学术研讨会的专家合影，中为全国人大常委会副秘书长李飞

作者参加新公司法实施学术研讨会并发言，右一为全国人大常委会副秘书长李飞

在2012年上海"两会"现场法律咨询活动中，时任上海市高级人民法院院长（现任上海市委副书记）应勇与作者亲切交谈

作者与马来西亚旅游部长（华裔）合影

作者当选"撤二建一"后新黄浦区首届政协常委

作者与德国律师在爱尔兰交流律师业务，左二为中华全国律师协会副秘书长冯秀梅，左四为中华全国律师协会副会长蒋敏

作者在中德完善公司立法学术研讨会上就上市公司独立董事制度发表立法建议

作者与上海市高级人民法院党组副书记、副院长盛勇强在2013外滩金融法律论坛上合影

作者参加第十三届沪台经贸法律理论与实务研讨会并作精彩演讲

2013年10月，作者参加国际律师协会和哈佛大学法学院举办的专题研修活动

作者参加国际律师协会理事会会议，右一为韩国理事

作者与参加上海国际旅游度假区暨上海迪士尼项目银团贷款签约仪式的专业人士合影

作者在上海迪士尼项目工地

作者助力著名企业海外上市

作者与同事研究自贸区金融创新案例

作者为上海辖区上市公司董事和监事培训授课

作者为上海小额贷款公司高级管理人员上岗培训授课

作者受聘担任上海青年创新创业导师

作者在国际志愿者日受聘担任上海轨道交通荣誉站长

上海黄浦政协多年召开委员提案办理专题协商会

作者在山东介绍参与起草《上海上市公司监事会规范运作指引》相关情况

作者与香港和英国律师交流律师业务

作者参加中国仲裁法学研究会第五届中国仲裁与司法论坛并发言

序一

2014年12月1日始，志强君步入执业的第25个年头，25年在历史上如白驹过隙，但在一个人的职业生涯中却占了很大的比重。在二十五年前，志强君有志学法律专业时，我们已经相识。在如此漫长的岁月中，我们互相信任，彼此了解，相互切磋，共同发展。可以说，我们是师生，又是朋友，又是同事，更是忘年交。我看着他从苦读学习，到初展才华，再到攀登高峰；看着他办理一件件案子、撰写一篇篇论文、进行一次次讲话表达、被授予一项项荣誉，从他初登舞台（《李志强执业手记之一》），到走进律师之门（《李志强执业手记之二》），再到目前的《律师的多种人生——李志强执业手记之三》，可以说，志强君的执业生涯见证了我国法治事业的日益壮大，呈现了律师事业的波澜壮阔，更显示了他本人执业日益成熟，声誉日益提升。

执业手记之三给我感悟最深的是，志强君对律师的内涵和外延有了新的思考、新的定位。

本书突出反映出志强君办案专业方向的独特之处，他与时俱进，关注金融法律服务，承办企业投资融资并购、银团贷款、跨国法律业务和争端解决等法律事务。其中有不少案例是全国或上海首例，读之感悟颇深。

本书明显突出志强君的爱国之心，他充分发挥律师的社会政治作用，参政议政，自主建言，数量颇多，质量颇佳。他坦诚相见，是"提案大户"，并且有不少建言献策，已被各方采纳。

本书也明显展示了他为"民间大使"的尽力之处。他流利的英语谈吐、坚实娴熟的法律功底、谦和务实的态度，在许多国际场合给人留下良好印象。他担任了国际最大的律师组织——国际律师协会的理事，在不同场合不遗余力地介绍中国法治的近态、日益完善的法治环境，促进并丰富了中国和世界各国的交往和互动。

志强君充满魅力，乃成功人士。我认为主要有三点：

珍时惜阴是他成功的基础。

谁都知道："一寸光阴一寸金，寸金难买寸光阴"。但真正能够做到的却不多。据我所知，他抓住现实的一分一秒，每天清晨即起，立即赶往事务所，妥善处理有关工作。他一天的三段时间：上午、下午、晚上，都排得满满的。最主要的是思考和学习；思考有关不解的谜团，学习有关各方知识，学则明，学识像一把钥匙，开启疑团的大门。这正是他睿智、高效、敬业的坚实基础。时间给勤勉的人，留下智慧和力量。

毅力拼搏是他成功的根本。

顽强的毅力，可以征服世界上任何一座高峰，正如他自己在谈到青年律师成才时所说：不错过机遇，不放过机会，不闪失机缘；努力、勤奋、坚持直到成功。20世纪90年代初，他成为中国证券法律实务市场的首批证券律师，他参与了大众B股配股案等，近几年来，他服务企业的融资金额高达3000亿元。他的从业经历表明，只有不断接触新事务、不断挑战自己，才能成为一名永不落伍的杰出律师。这充分表明了：锲而舍之，朽木不折；锲而不舍，金石可镂。追求卓越，必有毅志拼搏方能成效，而且努力拼搏，又会使他天地更宽、更广。

理想人生是他成功的目标。

人无理想，难行寸步；有了理想，就等于有了灵魂。一个年轻人，特别是受过高等教育的年轻人，走上工作岗位时，应该抓住一件足以安身立命的工作。这件工作是他的事业，也是生活的重心。为此，他可以耐寒、忍饥，可以吃苦，可以受折磨。而这些受苦折磨，却愈发使他觉得自己工作的可贵、可爱，可以寄托，是他一生最大的幸福，国家和社会都要因此而享受他的利益。志强君在23岁，已办理了一桩在全国金融界、法律界颇有影响的银行存款额纠纷案；26岁荣获上海五名"律师涉外服务标兵"之一；29岁当选首届上海十佳青年律师等；之后，更是崭露头角，脱颖而出。志强君对律师服务有一种纯粹的热爱，心无旁骛，而且知之愈深，爱之弥坚。"三十而立"，他就在那时之前，已立下了宏伟的志向，树立了人生理想，要达到下一个事业的巅峰，为法治而献身。

《律师的多种人生——李志强执业手记之三》，以创新思维、丰富案例、生动笔调精辟论述了律师的新定位。他们主要以法律服务为主业，但对其内涵外延有了新的思考。这应是全面加强法治建设的重要一环，又会使波澜壮阔的律师事业更加大踏步前行，有利于实现法治中国。

泰山之上还有天，沧海之下尚有地。愿我君更虚己、念高危、惧满盈。

生有涯，知无涯。以断想代序，求正诸位。

上海市高级人民法院原副院长
上海市人民政府原参事室主任　李昌道
上海仲裁委员会原副主任
复旦大学法学院原院长

序二

    初识志强，记得是在2007年6月举办的"沪港律师论坛"上。早就耳闻他是律师界翘楚、上海"十大杰出青年"之一，聪慧厚实的形象和先进事迹一并留在了我的记忆中，难以忘怀。

    那天，志强详尽向我问起在黄浦注册律师事务所的情况。也许是出于对黄浦多年来重视律师专业服务的好感，以及对好与律师交朋友的本人的信任，2007年10月15日，由他策划、组建的金茂凯德律师事务所总部——一家高层次、全新化的专业服务机构落户黄浦。一年后，著名法学家、参与香港基本法制定的原上海市人民政府参事室主任李昌道教授也入驻黄浦，出任金茂凯德律师事务所主任。2013年金茂凯德律师事务所入选中国商务最具活力服务贸易企业50强。

    志强律师政治坚定，业务精湛。他担任了上海市人民政府和黄浦区人民政府行政复议委员会非常任委员、黄浦区人民政府法律顾问，为市区两级政府依法行政保驾护航。

    志强律师风华正茂，勇立潮头。作为全市屈指可数的一级正高级律师、黄浦区十大自主创新领军人才，他在服务世博、建设包括外滩金融集聚带在内的上海国际金融中心和服务中国（上海）自由贸易试验区等国家战略上殚精竭虑，建言献策，赢得了各界的认同和赞誉。

    志强律师淡薄名利，热爱公益。他曾担任上海市律师协会青年律师成才研究委员会首任主任委员、上海市青年创业导师、青年创业就业大讲堂讲师，深入高校、企业、社团为广大青年畅谈人生理想和创新创业梦想，培养和带教了上百名青年才俊，他还积极参与法律援助、信访接待等公益工作，最近又积极参与落实国务院发展资本市场"国九条"精神的第三方金融纠纷调解中心，他的专业知识和工作精神广受好评。

志强律师参政议政，敢言善言。他担任了"撤二建一"后新黄浦区首位政协常委、经济界别召集人、港澳台侨委员会副主任，多次获区政协优秀提案奖，他提出的多项契合社情民意的提案还被全国政协所采纳。

志强律师身兼数职，定纷止争。他担任了上海国际经济贸易仲裁委员会仲裁员、上海仲裁委员会仲裁员、马来西亚吉隆坡区域仲裁中心仲裁员、上海·罗纳阿尔卑斯调解中心调解员，秉持公平公正和法治精神，公断了一批争端争议案件，在律师界闻名遐迩。

志强律师学以致用，专业娴熟。他先后担任了中国海诚、锦江股份、外高桥、东方证券、豫园商城等公司的独立董事和外部董事，为中国公司治理和维护投资者合法权益贡献了自己的聪明才智。

志强律师学术领衔，国际交友。他是国际最大的律师组织——国际律师协会理事，10多次走出国门，代表中国律师参加国际律师交流、国际法律学术活动和国际公约论证工作，多次受到我国党和国家领导人及"新加坡之父"李光耀、印度总统和总理、爱尔兰总理等外国政要亲切接见。

志强律师笔耕不辍，潜心研究。他是律师界公认的"学者型律师"。自1990年执业以来，在《法学》、《中国司法》、《中国法律》、《中国律师》、《中国仲裁与司法》、《中国证券报》、《证券时报》、《上海证券报》、《浦江纵横》、《Debt Capital Markets》等中外报刊上发表论文50多篇、专著3部，主编《涉外经济法》、《资本市场律师实务》、《项目融资法律实务》、《国资证券化之路》等20余部著作。

　　志强律师成就卓著，屡获殊荣。他曾被评为上海市律师涉外服务标兵、首届上海市优秀青年律师、上海市新长征突击手、上海市第八届"十大杰出青年"、上海市优秀律师、上海市律师专著一等奖、服务世博先进律师，荣立司法部个人二等功1次、上海市司法局个人三等功1次，2次被评为上海市司法行政系统先进个人，连续10年获得国际权威的法律评级杂志"亚洲领先律师"的荣誉称号。

　　"路漫漫其修远兮，吾将上下而求索。"志强酷爱律师事业，昔日的上海市高校优秀毕业生一走上工作岗位就选择了这一神圣职业。党的十八届四中全会作出了依法治国的全面部署，律师业大有可为，也必将大有作为。作为在司法行政系统奋斗了十多年的律师界朋友，我衷心祝愿这位年富力强的中年律师"咬定青山不放松，百尺竿头进一步"，为实现美好的中国梦再踏新征程，再创新业绩。

上海市黄浦区司法局局长　潘鹰芳
二〇一四年十月二十八日

目录

◆ 争端解决篇

◆ 参政议政篇

◆ 自主建言篇

◆ 裁决公断篇

◆ 媒体报道篇

◆ 经典文本篇

◆ 后记

金融市场经典案例篇

银团贷款助力上海迪士尼梦

一、上海迪士尼乐园的背景与近况

来自东方的梦幻之都——上海与来自西方的童话王国——迪士尼，一直以来都有着一段不解情缘。作为迪士尼在中国内地的首个"落户地"，早在20世纪30年代，迪士尼经典动画片《白雪公主》就在上海南京路上映，当时就有约40万名上海观众欣赏了这部佳片；20世纪80年代，迪士尼经典动画形象米老鼠和唐老鸭等纷纷亮相中国电视荧屏，自此上海观众开始通过电视熟悉迪士尼。

时间推移到2009年11月4日，上海市人民政府新闻办公室授权宣布：上海迪士尼项目申请报告已获国家有关部门核准，中国第二座、亚洲第三座、世界第六座迪士尼主题乐园未来将落户上海滩，同时将围绕上海迪士尼乐园建设上海迪士尼度假区。

在上海，我们一同见证了上海迪士尼乐园、上海迪士尼度假区建设的一座座里程碑。

2011年4月8日，上海迪士尼度假区正式破土动工，标志着迪士尼正式扎根在上海的土地上。

2013年5月24日，施工团队将"奇幻童话城堡"的第一根永久混凝土桩打入地基，标志着"奇幻童话城堡"的施工正式启动。这座位于上海的"奇幻童话城堡"将成为世界上最高、最大的一座迪士尼城堡，也将是上海迪士尼乐园的标志性中心景点。

2013年9月14日，上海迪士尼度假区的两家主题酒店正式启动混凝土浇筑作业。

2013年10月17日，上海迪士尼主题乐园地上建筑的首根钢柱安装完毕，标志着上海迪士尼主题乐园地上建筑工程正式启动。

2013年12月23日，上海迪士尼度假区内首幢建筑在完成最后一部分屋顶结构的混凝土浇筑后封顶落成。

2014年1月22日，上海迪士尼度假区首家主题酒店完成结构封顶，上海迪士尼乐园内的人造假山启动地上建设。

2014年8月19日，上海迪士尼度假区35千伏用户变电站顺利完成通电。

至此，上海迪士尼乐园正在稳步向2015年年底开园迎客的目标迈进。在不久的将来，恰逢世界第一座迪士尼乐园——美国加州迪士尼乐园开园60周年之际，在世界的另一端——上海，又将矗立起一座崭新的梦幻乐园。

二、本次银团贷款介绍

上海迪士尼乐园、上海迪士尼度假区的建设工作正进行得如火如荼，其顺利、高效的进展，离不开夯实的融资支持，特别是来自本次银团贷款的卓越贡献。

金茂凯德律师事务所（以下简称本所）作为银团律师，全程为上海国际旅游度假区暨上海迪士尼项目银团贷款融资提供专业法律服务。本所从银团筹组开始就参与起草信息备忘录、贷款合同和法律意见书等法律文件。

本次银团贷款总额为不超过人民币216亿元，共分为两期。其中，一期贷款额度近人民币144亿元，二期贷款额度近人民币72亿元。

本次银团贷款的借款人系上海申迪（集团）有限公司（以下简称申迪集团），申迪集团根据《上海国际旅游度假区管理办法》（上海市人民政府令第65号）规定，承担上海国际旅游度假区暨上海迪士尼项目的相关开发建设工作。申迪集团于2010年8月8日成立，注册资本为人民币204.5065亿元，其股东分别为上海陆家嘴（集团）有限公司、上海广播电影电视发展有限公司、锦江国际（集团）有限公司以及百联集团有限公司。

考虑到上海迪士尼乐园、上海迪士尼度假区建设的重要意义，为确保建设的顺利以及资金的供应，本次银团贷款的银团共由12家著名金融机构组成：国家开发银行股份有限公司担任总牵头行、协调行；上海浦东发展银行股份有限公司担任总牵头行、放款代理行；交通银行股份有限公司担任总牵头行、还款代理行；中国工商银行股份有限公司上海市分行担任联合牵头行；中国农业银行股份有限公司上海市分行担任联合牵头行；中国银行股份有限公司上海市分行担任联合牵头行；中国建设银行股份有限公司上海市分行担任联合牵头行；中国进出口银行担任联合牵头行；上海银行股份有限公司担任参加行；上海农村商业银行股份有限公司担任参加行；中信银行股份有限公司上海分行担任参加行；华夏银行股份有限公司上海分行担任参加行。

本所作为银团律师，在全程参与本次银团贷款相关事务中，也配合借款人及贷款人根据上海迪士尼乐园、上海迪士尼度假区建设的特殊性，对本次银团贷款进行了创新、探索与实践。

鉴于上海迪士尼乐园、上海迪士尼度假区建设的特殊性，本次银团贷款的融资模式采取了"总合同+子项目合同"的特殊模式。在该模式下，各方先行签署了银团贷款之总合同，首先对于总体授信、总体贷款条件等相关事项进行约定。同时，各方在总合同中也对未来即将启动的子项目类型、子项目贷款条件等相关事项进行了框架性的约定。随着上海迪士尼乐园、上海迪士尼度假区建设的进展，结合各类子项目的开展进度，各方根据总合同中的相关约定并结合各类子项目的实际情况，签署子项目合同，并明确贷款利率、贷款期限、提款期、宽限期、具体的提款条件等详细内容。

在本次银团贷款中，借款人虽系申迪集团，但是用款人实为申迪集团的全资子公司上海申迪旅游度假开发有限公司（以下简称申迪旅游）、上海申迪建设有限公司（以下简称申迪建设）。为此，申迪集团建立了相应的资金专户管理办法，统一支配三者在项目内的现金流，将三者的还款来源集中归集到申迪集团，用于向银行还本付息，且资金账户接受银团监督。该种处理方式，是根据上海迪士尼乐园、上海迪士尼度假区建设的实际需要进行筹划，在实际建设过程中，更为灵动、便捷，有利于建设工作的顺利推进。

此外，由于本次银团贷款共涉及1家借款人及12家贷款人，且模式特殊，因此所需签署的文本较一般的银团贷款而言数量更多、程序更繁复。本次银团贷款则针对该等情况，采取了较为便捷的签署流程，由借款人先完成每份贷款文件的签署，并由本所进行鉴证。同时，本所按照各贷款人对该等文件进行整理、分拆，然后由协调行将与各贷款人有关的全部贷款文件签字页递交给各贷款人，各贷款人完成贷款文件签署工作后统一汇总至本所处，由本所统一进行校对、整理、装订，并最终向协调行进行交付，再由协调行向借

款人及各贷款人发出。

三、评析

（一）本次银团贷款对于借款人的意义

1. 上海迪士尼乐园、上海迪士尼度假区的建设周期长、融资金额大，单独向一家银行进行贷款存在更大的难度与风险，因此银团贷款成为其更合适的选择。

2. 上海迪士尼乐园、上海迪士尼度假区的建设对于资金的需求相对较为迫切，在融资时间与效率上有相对较高的要求，而通过银团贷款进行融资所花费的时间和精力较少。借款人与牵头行商定贷款条件后，由牵头行负责银团的组建。在贷款的执行阶段，借款人无须面对所有的银团成员，相关的提款、还本付息等贷款管理工作由代理行完成。

3. 在相对较长的建设过程中，上海迪士尼乐园、上海迪士尼度假区在资金需求上仍可能存在一定的后续要求。此时，银团贷款较为弹性的提款和还款安排，可以使借款人根据资金使用计划及实际情况，充分合理地运用资金，提高资金利用率，还款时也可按借款人的现金流特点做相匹配的安排。

4. 银团贷款可以综合各家银行的力量，有利于改善对项目建设的金融服务，更好地保证资金供应，并解决好后续贷款落实的问题，同时能够更有效地应对上海迪士尼乐园、上海迪士尼度假区这一复杂项目建设过程中可能发生的各种情况。

5. 通过银团贷款，借款人与多家银行建立了合作共赢的关系，为日后建设好、发展好上海迪士尼乐园、上海迪士尼度假区打下了坚实的基础。同时，银团贷款的模式，也有利于借款人在资本市场上树立自身良好的形象。

（二）本次银团贷款对于贷款人的意义

1. 上海迪士尼乐园、上海迪士尼度假区的建设周期长、融资金额大，以单一贷款人之力单独向借款人提供贷款的难度与风险较大，采取银团贷款的模式，则更有利于各家银行分散信贷风险，同时更好地满足借款人的要求。

2. 本次银团贷款由12家银行组成，通过多边审查的方式，可以有效降低各贷款人所承担的风险。

3. 本次银团贷款制定了合理的风险偏好政策，同时通过"同伴监督"，形成了信贷风险管理团队，有效地分散了各贷款人的单户贷款风险。同时，各贷款人均从共同利益出发，共同防范和控制各类风险。

4. 银团贷款有利于使各贷款人之间实现对统一客户的信息资源共享，便于掌握客户关联企业的信息，有效降低银企信息的不对称度。

5. 本次银团贷款，有利于贷款人扩大自身的市场影响，并达到良好的品牌宣传效果，参与银团贷款是贷款人自身综合实力的体现。

（三）银团律师在银团贷款项目中的作用

本所作为银团律师，在全程参与本次银团贷款相关事务中，积极配合并进行了创新、探索与实践。

除常规银团贷款相关实务中律师事务所所承担的工作，如起草与银团贷款相关的法律文件、协助平衡银团内部利益冲突、参与银团贷款相关的会议或谈判等事项外，本所在综合考量了本次银团贷款的特殊性、重要性等各方面因素后，在本次银团贷款过程中作了如下尝试，并获得了贷款人、借款人的认可。

1. 采取了"总合同+子项目合同"的特殊模式，使得各类子项目合同的签署与提款能够随着各类子项目具体的实施情况而灵活应变，在确保上海迪士尼乐园、上海迪士尼度假区建设的顺利进行以及资金供应的同时，也平衡了贷款人与借款人之间的要求。同时，本所也持续跟踪并对本次银团贷款项目提供法律服务，在各类子项目合同符合签署条件和/或提款条件后，均向银团出具法律意见书，提供及准备各类子项目合同等相关文件，并协助完成相关事项。

2. 配合实践了"借款人不等同于用款人"的贷款方式，满足了借款人的实际需求。为确保该贷款方式的顺利实行，以及控制与降低贷款人的风险，因此采用了在相关文件中明确用款人的权利与义务、用款人出具承诺函、贷款人监督用款人账户等方式。在该贷款方式下，使申迪集团、申迪旅游以及申迪建设的资金使用得到了更好的协调。

3. 积极尝试了"文件拆分签署配合律师事务所鉴证"的文件签署方式，针对本次银团贷款所涉及主体数量较多、流程较繁复，并考虑到上海迪士尼乐园、上海迪士尼度假区的建设所需资金的迫切，在经律师事务所鉴证的前提下，将相关文件通过分拆的方式呈送银团各方，以争取在最短时间内完成原先十分耗时的签署工作，虽该等方式对于律师事务所有着更高的要求，但是这种更热情、更务实的服务也得到了贷款人及借款人的赞许。

四、结语

本次银团贷款为上海迪士尼乐园、上海迪士尼度假区的建设提供了有力的支持与帮助，为一个"上海迪士尼梦"打下了坚实的基础。本次银团贷款展现了借款人与贷款人之间高度的协调与配合，本所也全程为本次银团贷款提供了专业法律服务。

随着中国（上海）自由贸易试验区的设立给上海带来的巨大发展机遇与前景，未来会有更多的国际化重大项目落户申城，本次银团贷款正是对于国际化重大项目融资的探索与创新，并将成为可复制、可推广的经验，为今后类似承载国家战略与中国梦的重大项目开辟新的道路。

李志强

自主创新领军人才

中共上海市黄浦区委员会
上海市黄浦区人民政府
二〇一四年十一月

三井住友银行（中国）有限公司 首次在华发行人民币债券

在2013年陆家嘴论坛上，中国人民银行行长周小川发表主题演讲。他表示，要推动债券金融市场双向开放，鼓励更多符合条件的人民币发行机构发行债券，鼓励扩大人民币债券的发行规模，允许符合条件且信用等级较高的商业性机构在我国发行人民币债券。

2014年4月，三井住友银行（中国）有限公司［以下简称三井住友银行（中国）］在全国银行间债券市场发行2014年度金融债券，发行额度为10亿元，期限为2年期，采用固定利率形式。三井住友银行（中国）表示，所募集的资金将作为稳定的中长期负债资金来源，实现资金来源的多元化；优化中长期资产负债匹配结构，增强风险承受能力；支持新增中长期资产业务的开展，提高资产收益率水平。

一、本次债券发行的背景

三井住友银行（中国）所属的三井住友金融集团（Sumitomo Mitsui Financial Group）是日本三大金融机构之一，三井住友金融集团名下有三井住友银行、三井住友融资租赁、日本综合研究所和SMBC朋友证券。无论是资本规模还是资产规模，在日本均排名前列，并拥有庞大的客户资源和遍布全球的分支机构。

三井住友银行（中国）为三井住友金融集团旗下的全资子公司，除在日本拥有坚实的业务基础和领先的市场地位之外，在业务多元化和全球化经营方面也具有一定的竞争优势。作为世界知名的商业银行之一，三井住友银行（中国）不仅拥有广泛的海外分支机构，更以国际化的视角和战略方针，致力于为客户提供一系列高质量的综合性金融服务。自1982年在北京开设代表

处以来，三井住友银行（中国）在中国的发展已有31年的历史。

中国银行业监督管理委员会（以下简称银监会）于2008年10月16日签发了批准函，批准日本三井住友银行股份有限公司按《中华人民共和国外资银行管理条例》、《中华人民共和国外资银行管理条例实施细则》的有关规定，将其原北京分行、苏州分行、广州分行、天津分行、杭州分行、天津滨海支行、苏州工业园区支行分别改制为由其单独出资的外商独资银行——三井住友银行（中国）有限公司的相应的下属分支行，保留日本三井住友银行股份有限公司上海分行（以下简称保留分行）为从事外汇批发业务的分行。三井住友银行（中国）有限公司承继原日本三井住友银行股份有限公司在中国境内分行获准经营的全部业务。

在商业银行中长期负债的资金来源中，金融债券具有较好的期限和成本优势，是作为稳定的中长期负债来源的最佳选择。为降低在运营中面临的流动性风险，实现稳健经营，三井住友银行（中国）早在2010年7月就已经获得该行董事会的批准在中国境内发行人民币债券，并按照国际标准聘请了承销商、律师、会计师和评级机构等，启动了债券发行的各项工作。

二、本次债券发行的基本情况

根据《全国银行间债券市场金融债券发行管理办法》、《全国银行间债券市场金融债券发行管理操作规程》和其他相关法律、法规、规范性文件的规定，发行本次债券应向中国人民银行报送的文件包括：（1）金融债券发行申请报告；（2）发行人公司章程或章程性文件规定的权力机构的书面同意文件；（3）监管机构同意金融债券发行的文件；（4）发行人近三年经审计的财务报告及审计报告；（5）募集说明书；（6）发行公告或发行章程；（7）承销协议；（8）发行人关于本期债券偿债计划及保障措施的专项报告；（9）信用评级机构出具的金融债券信用评级报告及有关持续跟踪评级安排的说明；（10）发行人律师出具的法律意见书；（11）中国人民银行要求的其他文件。

根据上述法律法规及规范性文件的要求，三井住友银行（中国）发行本次债券向监管机构报送了申请文件。中国银行业监督管理委员会于2011年9月

14日向三井住友银行（中国）下达批复，批准三井住友银行（中国）在全国银行间债券市场公开发行金额不超过10亿元人民币、期限为2年的金融债券。2014年2月7日，中国人民银行向三井住友银行（中国）下发了中国人民银行准予行政许可决定书（银市场许准予字〔2014〕第3号），确认三井住友银行（中国）提交的申请材料齐全，符合法定条件和标准；同意三井住友银行（中国）发行不超过10亿元人民币金融债券。

本次债券的主承销商为中国银行股份有限公司，上海新世纪资信评估投资服务有限公司对其主体信用和债券信用评级均为AAA级。发行人三井住友银行（中国）的中国法律顾问为金茂凯德律师事务所（以下简称金茂凯德）。

本次债券的成功发行，使三井住友银行（中国）中长期资产负债结构进一步优化，开拓了该行新的资金来源方式，提升了该行流动性风险的管理水平。

三、评析

作为发行人的中国法律顾问，金茂凯德承办律师团队的主要工作是对发行人进行全方位的尽职调查，并根据尽职调查的结果，依据我国现行有效的法律法规及规范性文件的相关规定，为发行人出具专项法律意见书。

为出具该法律意见书，律师主要核查了发行人的基本情况、发行人的主体资格、本期债券发行的实质条件、本期债券发行的授权和批准、本期债券的主要发行条款、本期债券发行募集资金用途、发行人本次发行的金融债券的管理、发行人的信息披露情况、发行人是否具有重大诉讼仲裁事项等，并核查了与本期债券发行相关的协议，以确认其合法性和有效性。

本次债券的筹备工作时间跨度长达四年，金茂凯德承办律师团队与其他中介机构一起共同不断跟进，在共同的努力之下取得了圆满的结果。总结这期间的工作，笔者主要的感悟有如下几点：一是面对三井住友银行（中国）这样的大型金融机构进行尽职调查，必须在尽职调查前期做好充分的准备工作，有针对性地审阅相关材料，才能全面而准确地完成尽职调查；二是对金融机构进行尽职调查不可避免地将会接触到部分商业机密，律师团队必须注意防泄密工作。金茂凯德团队在本项目的工作，所接触的资料在团队之间流通也均采用加密处理，获得了各方机构的一致赞赏和好评；三是本次债券发行工作时间跨度较长，金茂凯德承办律师团队一直与发行人及各中介机构积极主动地保持高频率的沟通，及时跟进相关信息，方能在恰当的时间窗口助力发行人成功；四是随着巴塞尔协议Ⅲ的实施，银行机构发行债券的标准、要求和相关法律法规也有一定程度的变更，部分法规由于未及时更新，其数据要求与银行通行的数据标准有一定差异，律师必须熟悉相关法律法规的要求，才能综合各种因素，确保发行人符合发行条件。

荣誉证书

金茂凯德律师事务所　李志强　先生/女士

　　贵律师事务所在第一届"新财富最佳发行人律师"评选中，入围"2010年A股IPO市场发行人律师TOP25"。特发此证。

新财富

新财富杂志社
2011年10月21日

红星美凯龙投资发行PPN
缔造中国家居流通业领导品牌

上海红星美凯龙投资有限公司（以下简称红星美凯龙投资）是一家以实业投资、投资管理、投资咨询为主营业务的现代服务业公司，投资了一大批具有发展潜力的企业，为这些企业持续发展提供了稳定的资金支持和保障，这其中就包括红星美凯龙家居集团股份有限公司（以下简称红星美凯龙家居）。红星美凯龙家居是2007年6月由红星家具集团有限公司（以下简称红星家具集团）与红星美凯龙投资共同出资1.2亿元设立的。当年11月，红星家具集团将所持的红星美凯龙家居全部股权转让给红星美凯龙投资。如今红星美凯龙家居注册资本达30亿元，红星美凯龙投资持股70.25%。红星美凯龙家居借鉴连锁模式，创建了连锁品牌市场，使"红星美凯龙"品牌走向全国。2008年，红星美凯龙家居被中国品牌研究院授予"中国家居行业唯一标志性品牌"称号，被中国企业文化促进会授予"企业文化建设荣誉单位"，被上海市经济委员会、上海市商业学会和上海商学院联合授予"2008上海推动商圈发展典范企业"称号；2009年，红星美凯龙家居名列中国民营企业500强第19位，已然被缔造成中国家居流通业的领导品牌。

红星美凯龙投资为红星美凯龙家居的发展提供了鼎力支持，使其得以形成今天的规模和影响力，但是推动红星美凯龙家居的不断发展仍需要持续稳定的资金支持。为了节约融资成本，拓展融资新路，红星美凯龙投资于2014年选择发行非公开定向债务融资工具（PPN），主要用于偿还红星美凯龙投资及下属公司现有银行贷款，以拓宽融资渠道，降低财务成本。金茂凯德律师事务所作为中国银行间市场交易商协会的首批会员，受红星美凯龙投资的委托，担任其2014年度第一期、2014年度第二期非公开定向债务融资工具（PPN）发行的特聘法律顾问。红星美凯龙投资2014年度第一期非公开定向债务融资工具（PPN）已于2014年2月21日发行，申购金额9亿元；2014年度

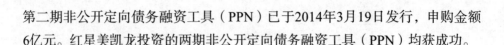

第二期非公开定向债务融资工具（PPN）已于2014年3月19日发行，申购金额6亿元。红星美凯龙投资的两期非公开定向债务融资工具（PPN）均获成功。

一、PPN 新型金融工具的优势

非公开定向债务融资工具（PPN）是指具有法人资格的非金融企业，向银行间市场特定机构投资人发行债务融资工具，并在特定机构投资人范围内流通转让的行为。发行人按照《银行间债券市场非金融企业债务融资工具管理办法》以及《银行间债券市场非金融企业债务融资工具非公开定向发行规则》规定的条件和程序在银行间债券市场进行操作。非公开定向债务融资工具（PPN）具有灵活性强、发行相对便利、信息披露要求相对简化、适合投资者个性化需求、有限度流通等特点。

第一，非公开定向发行筹资更为便利且具有效率优势。发行人只需向银行间市场交易商协会进行注册，有利于发行人快速筹集资金。

第二，非公开定向发行成本及费用更具优势。对中小企业而言，非公开定向发行的利率可能低于银行贷款利率，节省利息成本。这对资金需求规模不大且费用承担能力有限的中小企业十分重要。对于大中型企业，非公开定向发行可避开复杂的材料制作费用和广告宣传费，非强制性评级要求也意味着评级费用的节省。

第三，非公开定向发行融资条款更为灵活、个性。根据《银行间债券市场非金融企业债务融资工具非公开定向发行规则》，协议双方经过谈判可自行确定利率、期限、再融资、回购等条款，条款设计更具灵活性，能够满足投资者和融资者的个性化要求，也更适合债券产品创新需要，不用像间接融资那样被迫接受银行单方面确定的制式法律文本约束。此外，定向工具信用评级和跟踪评级的具体安排由发行人与定向投资人协商确定，并在定向发行协议中明确约定即可。

第四，非公开定向发行可突破现有直接融资规模限制。现行法规规定累计公司债券余额不超过最近一期末净资产额40%，这对公开发行市场主体的融资规模具有严格限定，也成为很多企业债务融资的一大障碍。非公开定向债务融资工具（PPN）推出后，只要投资人数量在200人以下，就可不受净资

产额40%的比例限制，企业融资空间由此大幅放开。

二、优质企业嫁接新型金融工具成功助业

红星美凯龙投资发行非公开定向债务融资工具（PPN）的选择是十分明智的，节省了发行的时间成本和费用成本，效率高、程序灵活，有利于企业的可持续发展，为将红星美凯龙家居缔造成中国家居流通业领导品牌的宏伟蓝图提供了资金上的有力支持。非公开定向债务融资工具（PPN）的运用，为包括中小企业在内的更多企业直接债务融资提供了可能性，有利于促使更多企业通过债券市场融资。不少业内资深人士指出，由于非公开定向债务融资工具（PPN）具有灵活性强、市场化定价、发行相对便利、信息披露要求相对简化等多方面的特质与优势，并且其在为非金融企业开辟新型直接融资通道的同时，也能够极大地丰富固定收益类证券投资工具，为机构投资者进行资产管理和流动性管理、构建稳定投资组合提供了更多的选择，更好地满足了各类风险偏好投资者的投资需求。不仅如此，发展非公开定向发行债券市场，也有助于促进宏观调控手段从主要依靠直接的行政手段向主要依靠市场化的间接调控手段的转化，有利于促进经济结构调整和经济发展方式转变。红星美凯龙投资发行非公开定向债务融资工具（PPN）堪称我国民营企业资本市场试水的又一经典之作。

厚积薄发：今世缘酒业 2014年结缘资本市场

2014年下半年伊始，我国证券监管机构中国证券监督管理委员会下发了《关于核准江苏今世缘酒业股份有限公司首次公开发行股票并在主板上市的批复》（证监许可〔2014〕572号），核准发行人公开发行新股不超过5180万股。江苏今世缘酒业股份有限公司（以下简称今世缘酒业）于2014年7月3日登陆上海证券交易所，正式结缘中国资本市场。公司首次公开发行股票的发行价格为16.93元/股，对应市盈率为12.54倍，共发行5180万股，募集资金总额人民币8.77亿元。

一、开国总理故乡酝酿美酒

江苏今世缘酒业股份有限公司坐落在开国总理周恩来的故乡淮安，地处名酒之乡高沟。高沟酿酒源于西汉，盛于明清，酿酒历史源远流长。公司曾连续被国家统计局工业统计司和中国行业企业信息发布中心联合评定为"中国白酒制造业行业效益十佳企业"。公司现拥有"国缘"、"今世缘"、"高沟"三个著名品牌，其中"国缘"、"今世缘"均是"中国驰名商标"，"高沟"是"中华老字号"。公司主要产品均属浓香型白酒，"今世缘"系列和"国缘"系列以其独有的"缘文化"内涵，柔雅醇厚的口味、风格，通过差异化的营销模式，迅速进入了优质白酒市场。

公司募投资金用于酿酒机械化及酒质提升技改工程。通过对传统酿酒发酵机理的研究，将传统的手工操作通过仿生设计，尽可能地利用机械化、自动化装备替代手工，将酿酒过程中的部分流程进一步标准化，以提高基酒产品产量和质量的稳定性，提高优质原酒所占比例，促进产品结构升级。公司拟在保持原酒产能不变的基础上调整结构，即在压减普优原酒产能的同时增

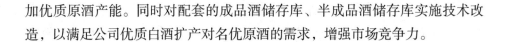

加优质原酒产能。同时对配套的成品酒储存库、半成品酒储存库实施技术改造，以满足公司优质白酒扩产对名优原酒的需求，增强市场竞争力。

二、上市生逢资本市场改革及 IPO 新规

2014年是资本市场的改革之年。年初，IPO市场短暂开闸后再度关闭；3月21日，中国证券监督管理委员会第98号令公布了修改后的《证券发行与承销管理办法》（以下简称新《管理办法》），主要针对以下几个方面进行了修改。

1. 对网下投资者提出具体要求。新《管理办法》要求：网下投资者须具备丰富的投资经验和良好的定价能力，应当接受中国证券业协会的自律管理，遵守中国证券业协会的自律规则。网下投资者参与报价时，应当持有一定金额的非限售股份。发行人和主承销商可以根据自律规则，设置网下投资者的具体条件，并在发行公告中预先披露。主承销商应当对网下投资者是否符合预先披露的条件进行核查，对不符合条件的投资者，应当拒绝或剔除其报价。

2. 修改了报价方式。新《管理办法》规定网下投资者报价应当包含每股价格和该价格对应的拟申购股数，且只能有一个报价。强调非个人投资者应当以机构为单位进行报价，不能以产品为单位报价，进一步防止一家控制所有报价。

3. 解除了有效投资者数量的上限。新《管理办法》规定公开发行股票数量在4亿股（含）以下的，有效报价投资者的数量不少于10家；公开发行股票数量在4亿股以上的，有效报价投资者的数量不少于20家。本次修改解除了有效投资者数量的上限，增加了有效投资者的丰富性。

4. 扩展了网下配售优先对象。新《管理办法》的网下配售优先对象扩展了企业年金和保险资金两类。具体规定如下：首次公开发行股票后总股本4亿股（含）以下的，网下初始发行比例不低于本次公开发行股票数量的60%；发行后总股本超过4亿股的，网下初始发行比例不低于本次公开发行股票数量的70%。其中，应安排不低于本次网下发行股票数量的40%向通过公开募集方式设立的证券投资基金（以下简称公募基金）和社保基金投资管理人管理的

社会保障基金（以下简称社保基金）配售，安排一定比例的股票向根据《企业年金基金管理办法》设立的企业年金基金和符合《保险资金运用管理暂行办法》等相关规定的保险资金（以下简称保险资金）配售。公募基金、社保基金、企业年金基金和保险资金有效申购不足安排数量的，发行人和主承销商可以向其他符合条件的网下投资者配售剩余部分。对网下投资者进行分类配售的，同类投资者获得配售的比例应当相同。公募基金、社保基金、企业年金基金和保险资金的配售比例应当不低于其他投资者。

5. 进一步增加网下向网上回拨的额度。新《管理办法》规定网上投资者有效申购倍数超过50倍、低于100倍（含）的，应当从网下向网上回拨，回拨比例为本次公开发行股票数量的20%；网上投资者有效申购倍数超过100倍的，回拨比例为本次公开发行股票数量的40%；网上投资者有效申购倍数超过150倍的，回拨后网下发行比例不超过本次公开发行股票数量的10%。该规定相对于原先有所提高。

6. 进一步切断利益交换。新《管理办法》增加了发行人和主承销商不得向过去6个月内与主承销商存在保荐、承销业务关系的公司及其持股5%以上的股东、实际控制人、董事、监事、高级管理人员，或已与主承销商签署保荐、承销业务合同或达成相关意向的公司及其持股5%以上的股东、实际控制人、董事、监事、高级管理人员配售股票。进一步切断利益交换，以后进行此类操作要转几个弯。

7. 进一步严格发行定价规则。新《管理办法》增加了发行人和承销商及相关人员不得泄露询价和定价信息；不得与网下投资者互相串通，协商报价和配售；不得收取网下投资者回扣或其他相关利益等新的具体要求，以杜绝发行人和承销商操纵发行定价、暗箱操作或其他有违公开、公平、公正原则的行为。

8. 进一步明确监管分工。新《管理办法》明确中国证监会对证券发行承销过程实施事中事后监管，发现涉嫌违法违规或者存在异常情形的，可责令发行人和承销商暂停或中止发行，对相关事项进行调查处理。

新《管理办法》规定中国证券业协会应当建立对承销商询价、定价、配售行为和网下投资者报价行为的日常监管制度，加强相关行为的监督检查，发现违规情形的，应当及时采取自律监管措施。中国证券业协会还应当建立

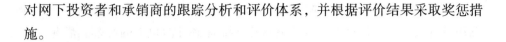

对网下投资者和承销商的跟踪分析和评价体系，并根据评价结果采取奖惩措施。

三、股票发行律师见证要点剖析

根据《中华人民共和国证券法》（2013年6月29日修正）（以下简称《证券法》）、《证券发行与承销管理办法》（2014年3月21日修订）（以下简称新《管理办法》）、《中国证监会关于进一步推进新股发行体制改革的意见》、上海证券交易所（以下简称上交所）、中国证券登记结算有限责任公司（以下简称中国结算）颁布的《上海市场首次公开发行股票网下发行实施办法》（2014年5月9日修订）（以下简称《网下发行实施办法》）、《上海市场首次公开发行股票网上按市值申购实施办法》（2014年5月9日修订）及中国证券业协会颁布的《首次公开发行股票承销业务规范》（2014年5月9日修订）（以下简称《业务规范》）、《首次公开发行股票网下投资者备案管理细则》（2014年5月9日修订）（以下简称《备案管理细则》）、《首次公开发行股票配售细则》（2014年5月9日修订）（以下简称《配售细则》）等法律、法规及规范性文件，本所律师依据《证券法》、《律师事务所从事证券法律业务管理办法》和《律师事务所证券法律业务执业规则（试行）》等规定及已经发生或者存在的事实，严格履行法定职责，遵循勤勉尽责和诚实信用原则，对承销商及发行人提交的相关文件、资料进行核查和验证，对发行人本次的网下发行过程、配售行为、参与定价和配售的投资者资质条件及其与发行人和承销商的关联关系、资金划拨、路演推介、询价、定价、信息披露等有关的法律问题发表法律意见。

需要特别指出的是，新《管理办法》第十五条、《业务规范》第二十八条均规定，首次公开发行股票网下配售时，发行人和主承销商不得向下列对象配售股票：

（1）发行人及其股东、实际控制人、董事、监事、高级管理人员和其他员工；发行人及其股东、实际控制人、董事、监事、高级管理人员能够直接或间接实施控制、共同控制或施加重大影响的公司，以及该公司控股股东、控股子公司和控股股东控制的其他子公司。

（2）主承销商及其持股比例5%以上的股东，主承销商的董事、监事、高级管理人员和其他员工；主承销商及其持股比例5%以上的股东、董事、监事、高级管理人员能够直接或间接实施控制、共同控制或施加重大影响的公司，以及该公司控股股东、控股子公司和控股股东控制的其他子公司。

（3）承销商及其控股股东、董事、监事、高级管理人员和其他员工。

（4）本条第（1）、（2）、（3）项所述人士的关系密切的家庭成员，包括配偶、子女及其配偶、父母及配偶的父母、兄弟姐妹及其配偶、配偶的兄弟姐妹、子女配偶的父母。

（5）过去6个月内与主承销商存在保荐、承销业务关系的公司及其持股5%以上的股东、实际控制人、董事、监事、高级管理人员，或已与主承销商签署保荐、承销业务合同或达成相关意向的公司及其持股5%以上的股东、实际控制人、董事、监事、高级管理人员。

（6）通过配售可能导致不当行为或不正当利益的其他自然人、法人和组织。

因此，律师根据新《管理办法》、《业务规范》和《配售细则》的规定，对参与本次网下发行的定价和配售的投资者进行了严格的核查，核查其是否属于前述规定的禁止配售对象。

例1：在核查中，律师发现：网下申购的某证券公司监事与主承销商监事为同一人，则根据前述第（2）项的规定，该证券公司与主承销商存在关联关系，不得向其配售股票。

例2：在核查中，律师发现：网下申购的某资产管理公司的兄弟公司为过去6个月内与主承销商存在保荐、承销业务关系的公司，且该资产管理公司的部分高管同时在兄弟公司担任高管。则根据前述第（5）项的规定，该资产管理公司与主承销商存在关联关系，不得向其配售股票。

四、江苏淮安第一股有缘就能期待明天

成功绝非偶然。今世缘酒业的成功上市得力于多年来始终围绕"缘"这一核心理念进行运作和扩展，从而保持了持续快速的发展。厚积而薄发，今世缘酒业2014年国庆65周年之年结缘资本市场，荣登江苏淮安第一股宝座。

今世缘酒业此次上市是2014年度IPO的第二次重启，恰逢多项新规定的施行，又是首批十家公司中唯一的一家白酒生产企业，所受关注度极高。发行人、承销商和律师事务所的工作面临诸多挑战，在主承销商的大力协助下，我们经过十多天的奋斗，对227家网下投资者的相关资料进行了全面的尽职调查，剔除了32家不符合要求的投资者，保障了今世缘酒业的合规上市。

一则涉外并购案的律师实务

——百迪德莉并购案

并购在上海发展金融中心的过程中将大量地发生，并购是企业快速发展的捷径，但如何选择并购的对象，以及采取何种并购方式成为企业的难题，为了更好地进行企业资产重组、优化资源配置，律师应在企业并购中扮演重要的角色，应充分地进行尽职调查，在此基础上，为客户提供最佳的优选方案，以减少并购成本，有效地控制并购风险，使客户利益最大化。以下通过一则涉外并购的成功案例来分析在并购过程中如何进行并购方案的选择。

一、本案基本情况

本案中百迪德莉餐饮管理（上海）有限公司（以下简称百迪德莉）为一家投资方为新加坡的外商独资企业，经营范围为餐饮管理，产品主要以冰淇淋生产为主。收购方为国内的一家餐饮企业，收购的原因在于百迪德莉具有涉外背景，冰淇淋产品有特色，有独家配方。收购方希望通过收购百迪德莉的全部股权，获取其控制权，通过对百迪德莉的经营以及利用年轻人对涉外品牌的新鲜度进入冰淇淋及冷饮领域，从而取得一定的市场份额。

收购方通过委托律师事务所办理收购事宜，在通过充分的尽职调查以及相应的法律分析后，收购方接受律师的建议及时改变之前的并购方案，最终成功地完成本次涉外并购。

二、本案并购中的律师实务

企业并购行为所涉及的往往都是相对比较复杂而且专业性又非常强的

工作，这种复杂的工作客观上需要专业律师发挥作用。通过律师的尽职调查和相关建议意见是防范并购中存在的风险、促进企业并购有序进行的重要保障。律师的专业服务是企业并购重组不可或缺的重要组成部分。因此，律师应通过对并购事项的不断深入了解，根据不同的情形，及时调整战略部署。在并购过程中，应深刻了解收购方的并购意图，及时通过协商促成并购各方达成一致，会给企业并购重组带来事半功倍的效果，且能在最大程度上为并购重组各方规避和减少法律风险。律师在本次办理并购案件中的处理过程：

1. 充分了解收购方意图、深入进行尽职调查。收购方作为国内的一家餐饮企业，作出经营战略调整，想要进入冰淇淋市场，可冰淇淋产品众多、口味多变，冰淇淋市场完全面向年轻人，而且生产冰淇淋产品的企业基本为外资垄断。因此，收购方迫切需要通过收购具有外资背景的冰淇淋生产企业进入冰淇淋市场。收购方经过一定的市场调查选择了本案的标的公司百迪德莉作为并购目标。

收购方委托律师事务所办理收购事宜。律师事务所立即组织对并购项目有相当经验的专业律师对被并购企业展开全面详细的调查工作，进行合法性把关。主要包括调查并核实：（1）标的公司的工商注册登记资料（包括外商企业证书、公司章程、各类出资或验资证明报告等）；（2）标的公司产品生产许可证书等相关资质；（3）标的公司及产品相关商标及专利等知识产权注册情况；（4）标的公司的人力资源相关情况；（5）标的公司的资产状况（包括房屋租赁状况）、负债或重大合同事项；（6）其他根据标的公司的特殊情况所需要调查的情形。

承办律师应对上述各项进行全面详细的调查及核实，并作出审慎的评估，协助收购方做出并购决策并设计出最佳的并购方案。通过律师的尽职调查，标的公司的基本情况如下：

百迪德莉公司类型为外商投资，投资总额21万美元，注册资本15万美元。百迪德莉投资方为新加坡私营股份有限公司，为公司股东（发起人），百迪德莉法定代表人为马来西亚人。百迪德莉有2012年9月20日颁发的全国工业产品生产许可证，证书编号（略），有效期至2015年9月19日。并发现百迪德莉存在一些问题，如百迪德莉未缴足注册资本；颁发的全国工业产品生产许可证已被注销；公司资产并非全部为百迪德莉所有；百迪德莉的商标为第

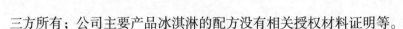

三方所有；公司主要产品冰淇淋的配方没有相关授权材料证明等。

2. 与并购双方及时沟通协调并参与谈判。公司并购需要参与并购的双方反复地进行谈判和切磋。律师应凭借其专业的法律知识和丰富的企业并购实务经验，协助收购方进行并购业务的谈判工作。在谈判中应注意掌握并购双方的真实意图，对并购过程中已经存在或将来可能发生的问题，应及时向双方阐述存在的法律风险。通过对相关法律法规的熟练掌握向谈判各方提供法律咨询及意见，为并购各方提供充分的法律保障。律师应掌握谈判节奏，积极协调各方在谈判中可能产生的矛盾，积极促成双方达成一致，有效地维护委托方的利益。

3. 改变并购方案，促成并购成功。收购方与标的公司于2013年4月23日初步签订了《百迪德莉餐饮管理（上海）有限公司股权转让意向书》。收购方原本希望通过全部股权收购方式进入百迪德莉，取得百迪德莉的全部控制权，以及全部注册品牌、生产配方以及生产工艺方法、百迪德莉公司证件、相关资质等。换句话说，本案收购方拟通过收购标的公司的全部股权，取得公司全部控制权以及全部经营管理权，获得经营管理收益。但控制权收购的缺点在于收购方将处理标的公司的全部问题包括公司自身的债务问题、公司内部的人事处理、公司的相关资质的重新申请（本案标的公司将从外商投资企业转变为内资企业）以及公司产品生产许可证的重新申请、公司的可能存在的商标纠纷等，综上所述，收购方的收购初衷可能存在很大的风险，将为本次收购的善后事宜付出较大的成本。

律师在对收购方进行法律风险提示并结合尽职调查及法律分析后为收购方重新设计收购方案，建议收购方权衡风险并选择通过资产收购的方式进行。通过资产收购方式，收购方将取得另一家公司的全部或部分资产，并使收购方取得标的公司的优质资产，以拟收购资产相关税收的成本为代价，规避对公司内部及外部复杂事宜的处理的不可知风险。收购方在权衡利弊后，接受了律师的建议，选择了资产收购的并购方案，从而使收购利益最大化。最终收购方与标的公司的资产所有方签订了《资产购买协议》，在该协议中签订方约定，由收购方取得标的公司包括生产、存放冰淇淋的各类固定资产。收购方通过资产收购取得其想获得的相关冰淇淋的生产及配套设备，通过重新申请生产许可证的方式生产，并减少了从外商投资企业到内资企业的审批程序。由于有向外资企业并购的历史，为今后收购方的冰淇淋产品能在同类市场占据一定份额打下基础。

三、总结

从事并购实务的律师应在并购过程中及时掌控全程，通过大量的尽职调查及法律分析，并结合收购方的真实意图，为其选择最佳的并购方案，在维护委托方合法利益的前提下，为委托方获得最大经济利益。只有这样才能顺应经济发展的潮流，才能体现律师为经济保驾护航的价值所在。

嘉应制药重大资产重组实现
中药行业资产整合

医药行业是一个受宏观经济形势变化影响较小的行业，但是我国医药行业的监管较为严格，且监管架构、规定及执行惯例或会不断改变。并且，一旦医改方案发生变动，将很可能进一步加剧国内医药行业的竞争，这些都将对嘉应制药未来的经营业绩产生不同程度的影响。

公司所处的医药行业属于完全市场竞争行业，药品种类和药品品种繁多，科研开发费用高、周期长，市场竞争较为充分；且目前医药行业经营者素质参差不齐，行业竞争情况复杂。如果未来公司不能持续优化产品结构、整合并逐步扩大销售网络、提高技术水平、增强综合竞争能力，将有可能在激烈的医药市场竞争中处于不利地位。

2013年，广东嘉应制药股份有限公司启动重大资产重组。该次资产重组是嘉应制药通过非公开发行股份购买资产的方式，购买交易对方为：江苏省中国药科大学控股有限责任公司、长沙大邦日用品贸易有限责任公司和颜振基、张衡、陈磊、陈鸿金、林少贤、周应军、熊伟7名自然人持有的湖南金沙药业有限责任公司合计64.47%的股权。该次资产重组符合公司的经营规划，即以优质的人才、先进的技术、科学的管理作为发展的基石，秉承"以优势产品为核心，以产品利润为目标"的经营理念，做强做大主营业绩；同时，将资本运营与生产经营并举，通过收购兼并、参股控股等形式有计划、有步骤、积极稳妥地介入其他领域，创造更大的效益回报社会、回报股东。

一、嘉应制药重大资产重组基本情况介绍

（一）本次交易的股份发行方暨资产购买方——嘉应制药

广东嘉应制药股份有限公司于2003年3月由梅州市制药厂改制而设立，2007年12月公司股票在深圳证券交易所成功挂牌上市，股票简称嘉应制药，股票代码002198；是集中成药研发、生产、销售为一体的多元化发展的上市公司、高新技术企业。

根据公司官方网站信息（http://www.gdjyzy.com.cn/index.asp），嘉应制药拥有大型中成药生产的现代化生产基地，总投资1.8亿元，新建研发生产基地占地面积5.5万平方米，总建筑面积8万平方米，中药提取能力近万吨/年。年设计生产能力近5亿元。目前拥有5种剂型共65种药品品种，主要为咽喉类、感冒类、肠胃类、补益类中成药；属国家专利保护、国家中药保护、独家生产的名牌产品有双料喉风散、双料喉风含片、固精参茸丸等；"嘉应牌"商标为广东省著名商标。

（二）本次交易的标的公司——金沙药业

湖南金沙药业股份有限公司成立于1995年9月，是以白沙集团为投资主体联合中国药科大学、深圳市创新慧生物技术开发有限公司、深圳市白沙物流有限公司等，由原珠海金沙（湖南）制药有限公司控股金沙大药房而整体变更设立的现代化股份制企业。2001年9月被批准为国家高新技术企业，2004年6月再次通过国家高新技术企业考核认证，目前已发展成为集科研、生产和零售多位一体的新兴药业集团。

根据公司官方网站（http://jinsa.company.lookchem.cn/），金沙药业生产厂房严格按照GMP标准设计建造，2001年8月15日公司所有制剂车间一次性整体通过国家GMP认证，并成为湖南省首批通过GMP认证的企业，具有片剂、颗粒剂、胶囊生产能力，被认定为中国骨伤科药品定点生产企业、中国骨伤科团体理事单位，下属控股子公司金沙大药房也获得国家GSP企业认证。

（三）本次交易的股份购买方暨资产出售方

本次交易的股份购买方暨资产出售方包括药大控股、长沙大邦、颜振基、张衡、陈磊、陈鸿金、林少贤、周应军及熊伟7名自然人。药大控股是经教育部出具的《教育部关于同意成立江苏省中国药科大学控股有限责任公司的批复》（教技发函〔2005〕7号）批准，由中国药科大学出资设立的国有独资公司；长沙大邦是由张鑫、张继平、李雪梅、胡耀坤、欧学志、何高山、周平德、王彬、刘明华、骆奇、李平、李根、雷纲、唐思静、何德光、叶东波、杨波17名自然人共同以货币出资设立的有限责任公司。

（四）本次交易方案概述

本次交易前，广东嘉应制药股份有限公司持有湖南金沙药业有限责任公司35.53%的股权。本次交易，广东嘉应制药股份有限公司拟通过向江苏省中国药科大学控股有限责任公司、长沙大邦日用品贸易有限责任公司和颜振基、张衡、陈磊、陈鸿金、林少贤、周应军、熊伟7名自然人非公开发行股份购买资产的方式，购买其持有的湖南金沙药业有限责任公司合计64.47%的股权。本次交易完成后，广东嘉应制药股份有限公司将持有湖南金沙药业有限责任公司100%的股权。

二、上市公司重大资产重组法律适用及摘要

上市公司重大资产重组适用《公司法》、《证券法》、《上市公司重大资产重组管理办法》（2011年修订）、《上市公司证券发行管理办法》、《上市公司非公开发行股票实施细则》、《关于规范上市公司重大资产重组若干问题的规定》等法律法规，其中《上市公司重大资产重组管理办法》（以下简称《重组管理办法》）对上市公司重大重组规定了其实质条件。

《重组管理办法》第十条：上市公司实施重大资产重组，应当符合下列要求：

1. 符合国家产业政策和有关环境保护、土地管理、反垄断等法律和行政法规的规定。

2. 不会导致上市公司不符合股票上市条件。

3. 重大资产重组所涉及的资产定价公允，不存在损害上市公司和股东合法权益的情形。

4. 重大资产重组所涉及的资产权属清晰，资产过户或者转移不存在法律障碍，相关债权债务处理合法。

5. 有利于上市公司增强持续经营能力，不存在可能导致上市公司重组后主要资产为现金或者无具体经营业务的情形。

6. 有利于上市公司在业务、资产、财务、人员、机构等方面与实际控制人及其关联人保持独立，符合中国证监会关于上市公司独立性的相关规定。

7. 有利于上市公司形成或者保持健全有效的法人治理结构。

《重组管理办法》第四十二条规定：上市公司发行股份购买资产，应当符合下列规定：

1. 有利于提高上市公司资产质量、改善公司财务状况和增强持续盈利能力；有利于上市公司减少关联交易和避免同业竞争，增强独立性。

2. 上市公司最近一年及一期财务会计报告被注册会计师出具无保留意见审计报告；被出具保留意见、否定意见或者无法表示意见的审计报告的，须经注册会计师专项核查确认，该保留意见、否定意见或者无法表示意见所涉及事项的重大影响已经消除或者将通过本次交易予以消除。

3. 上市公司发行股份所购买的资产，应当为权属清晰的经营性资产，并能在约定期限内办理完毕权属转移手续。

4. 中国证监会规定的其他条件。

上市公司为促进行业或者产业整合，增强与现有主营业务的协同效应，在其控制权不发生变更的情况下，可以向控股股东、实际控制人或者其控制的关联人之外的特定对象发行股份购买资产，发行股份数量不低于发行后上市公司总股本的5%；发行股份数量低于发行后上市公司总股本的5%的，主板、中小板上市公司拟购买资产的交易金额不低于1亿元人民币，创业板上市公司拟购买资产的交易金额不低于5000万元人民币。

特定对象以现金或者资产认购上市公司非公开发行的股份后，上市公司用同一次非公开发行所募集的资金向该特定对象购买资产的，视同上市公司发行股份购买资产。

《重组管理办法》第四十四条规定：

上市公司发行股份的价格不得低于本次发行股份购买资产的董事会决议公告日前20个交易日公司股票交易均价。

前款所称交易均价的计算公式为：董事会决议公告日前20个交易日公司股票交易均价=决议公告日前20个交易日公司股票交易总额/决议公告日前20个交易日公司股票交易总量。

《重组管理办法》第四十五条规定：

特定对象以资产认购而取得的上市公司股份，自股份发行结束之日起12个月内不得转让；属于下列情形之一的，36个月内不得转让：

1. 特定对象为上市公司控股股东、实际控制人或者其控制的关联人。

2. 特定对象通过认购本次发行的股份取得上市公司的实际控制权。

3. 特定对象取得本次发行的股份时，对其用于认购股份的资产持续拥有权益的时间不足12个月。

三、嘉应制药重大资产重组程序

（一）董事会审议通过

公司于2013年2月8日召开第三届董事会第七次会议，会议审议通过了《关于公司符合发行股份购买资产条件的议案》、《关于公司发行股份购买资产的议案》、《关于公司本次发行股份购买资产符合〈关于规范上市公司重大资产重组若干问题的规定〉第四条规定的议案》、《关于公司本次发行股份购买资产不构成关联交易的议案》、《关于公司发行股份购买资产预案的议案》、《关于与药大控股、长沙大邦、颜振基、张衡、陈磊、陈鸿金、林少贤、周应军和熊伟签订附条件生效的〈发行股份购买资产协议〉的议案》、《关于公司本次发行股份购买资产符合〈关于修改上市公司重大资产重组与配套融资相关规定的决定〉第七条规定的议案》、《关于提请公司股东大会授权董事会全权办理本次发行股份购买资产相关事项的议案》以及《关于暂不召开公司股东大会的议案》等议案。

公司于2013年4月9日召开第三届董事会第十次会议，会议审议通过了

《关于公司符合发行股份购买资产条件的议案》、《关于公司发行股份购买资产的议案》、《关于公司本次发行股份购买资产符合〈关于规范上市公司重大资产重组若干问题的规定〉第四条规定的议案》、《关于公司本次发行股份购买资产不构成关联交易的议案》、《关于评估机构的独立性、评估假设前提的合理性、评估方法与评估目的的相关性以及评估定价的公允性的议案》、《关于〈广东嘉应制药股份有限公司发行股份购买资产报告书（草案）〉及其摘要的议案》、《关于批准本次发行股份购买资产有关的审计、评估和盈利预测报告的议案》、《关于与江苏省中国药科大学控股有限责任公司、长沙大邦日用品贸易有限责任公司、颜振基、张衡、陈磊、陈鸿金、林少贤、周应军和熊伟签订附条件生效的〈发行股份购买资产协议之补充协议〉的议案》、《关于与江苏省中国药科大学控股有限责任公司、长沙大邦日用品贸易有限责任公司、颜振基、张衡、陈磊、陈鸿金、林少贤、周应军和熊伟签订〈盈利预测补偿协议〉的议案》、《关于公司本次发行股份购买资产符合〈关于修改上市公司重大资产重组与配套融资相关规定的决定〉第七条规定的议案》、《关于〈发行股份购买资产履行法定程序的完备性、合规性及提交的法律文件的有效性的说明〉的议案》、《关于聘请本次发行股份购买资产事宜相关中介机构的议案》、《关于提请公司股东大会授权董事会全权办理本次发行股份购买资产相关事项的议案》、《关于召开公司2013年第一次临时股东大会的议案》等议案。

（二）股东大会审议通过

公司于2013年4月26日召开2013年第一次临时股东大会，会议审议通过了《关于公司符合发行股份购买资产条件的议案》、《关于公司发行股份购买资产的议案》、《关于公司本次发行股份购买资产符合〈关于规范上市公司重大资产重组若干问题的规定〉第四条规定的议案》、《关于公司本次发行股份购买资产不构成关联交易的议案》、《关于〈广东嘉应制药股份有限公司发行股份购买资产报告书（草案）〉及其摘要的议案》、《关于批准本次发行股份购买资产有关的审计、评估和盈利预测报告的议案》、《关于与江苏省中国药科大学控股有限责任公司、长沙大邦日用品贸易有限责任公司、颜振基、张衡、陈磊、陈鸿金、林少贤、周应军和熊伟签订附条件生效的

〈发行股份购买资产协议〉的议案》、《关于与江苏省中国药科大学控股有限责任公司、长沙大邦日用品贸易有限责任公司、颜振基、张衡、陈磊、陈鸿金、林少贤、周应军和熊伟签订附条件生效的〈发行股份购买资产协议之补充协议〉的议案》、《关于与江苏省中国药科大学控股有限责任公司、长沙大邦日用品贸易有限责任公司、颜振基、张衡、陈磊、陈鸿金、林少贤、周应军和熊伟签订〈盈利预测补偿协议〉的议案》、《关于公司本次发行股份购买资产符合〈关于修改上市公司重大资产重组与配套融资相关规定的决定〉第七条规定的议案》、《关于〈发行股份购买资产履行法定程序的完备性、合规性及提交的法律文件的有效性的说明〉的议案》、《关于聘请本次发行股份购买资产事宜相关中介机构的议案》、《关于提请公司股东大会授权董事会全权办理本次发行股份购买资产相关事项的议案》等议案。

2012年2月28日，中国药科大学校长办公室出具《2012年第3次校务会议纪要（一）》（校务纪要〔2012〕3号），同意中国药科大学作为金沙药业的股东参与嘉应制药本次资产重组。

2012年3月9日，教育部科技发展中心出具《关于原则同意江苏省中国药科大学控股有限责任公司参与广东嘉应制药股份有限公司重大资产重组的批复》（教技发中心函〔2012〕42号）载明：同意江苏省中国药科大学控股有限责任公司参与广东嘉应制药股份有限公司重大资产重组，江苏省中国药科大学控股有限责任公司以持有湖南金沙药业有限责任公司2.36%的股权认购广东嘉应制药股份有限公司定向增发的股份。

2013年2月4日，药大控股股东中国药科大学作出股东决定，"同意药大控股依据相关法律法规及规范性文件的要求，签署本次发行所应签署的相关法律文件，包括但不限于附条件生效的《发行股份购买资产协议》及其补充协议、《盈利预测补偿协议》、《股份锁定承诺函》、《真实性、准确性、完整性承诺函》、《不存在限制或禁止转让的情形的说明》等；同意药大控股放弃对金沙药业其他股东因本次发行而转让股权的优先购买权"。

2013年2月4日，长沙大邦2013年第一次临时股东会通过决议，"同意嘉应制药拟采用发行股份购买资产的方式购买本公司持有的金沙药业1.31%的股权；同意本公司依据相关法律法规及规范性文件的要求，签署本次发行所应签署的相关法律文件，包括但不限于附条件生效的《发行股份购买资产协议》及

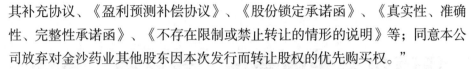

其补充协议、《盈利预测补偿协议》、《股份锁定承诺函》、《真实性、准确性、完整性承诺函》、《不存在限制或禁止转让的情形的说明》等；同意本公司放弃对金沙药业其他股东因本次发行而转让股权的优先购买权。"

2013年10月24日，中国证监会出具《关于核准广东嘉应制药股份有限公司向江苏省中国药科大学控股有限责任公司等发行股份购买资产的批复》（证监许可〔2013〕1332号），核准公司向江苏省中国药科大学控股有限责任公司发行1785353股股份、向长沙大邦日用品贸易有限责任公司发行992084股股份、向颜振基发行9586013股股份、向张衡发行9348709股股份、向陈磊发行6049586股股份、向陈鸿金发行5750096股股份、向林少贤发行5750096股股份、向周应军发行4960525股股份、向熊伟发行4532462股股份购买相关资产。

四、嘉应制药重大资产重组评析及经验总结

本次重组完成后，嘉应制药将成为覆盖医院市场和OTC市场的企业，在医药行业领域具有一定的竞争优势。一方面，本次交易完成后，规模优势更加明显，有利于提升公司产能，降低采购成本。通过资源整合，将形成以广东为基地的咽喉及感冒用药板块和以湖南为基地的骨伤科用药板块的"两翼齐飞"格局。另一方面，本次发行完成后，金沙药业的全部资产、业务和人员将进入嘉应制药合并报表范围，公司的资产规模和业务规模将迅速扩大。

华丽包装华丽登场"新三板"市场

一、"新三板"的前世今生

近年来，我国在资本市场体系多层次性建设方面取得了丰硕的成绩，先后推出主板、中小板和创业板，逐步落实退市制度。一方面，交易所交易市场日趋完善；另一方面，建立健全场外交易市场体系成为进一步完善多层次资本市场体系的重要构成部分。我国的场外交易市场还处于全国各地"分而治之"的局面，而"新三板"为形成统一的场外交易市场、化解"分而治之"的局面提供了良好的解决思路。

2001年7月16日中国证券业协会为解决原STAQ、NET系统挂牌公司的股份流通问题，开展了代办股份转让系统，即证券公司以其自有或租用的业务设施，为非上市公司提供的股份转让服务业务的系统，最早承接两网公司和退市公司，称为"老三板"。

为了改变场外交易的落后局面，同时为更多的高科技成长型企业提供股份转让场所，2006年1月，中关村科技园区非上市股份有限公司股份报价转让系统（"新三板"）正式推出，成为国内主板、中小板及创业板市场的重要补充。2006年10月25日，中科软和北京时代正式公告定向增资，这标志着"新三板"融资大门正式打开。

2012年，中国证监会宣布国务院批准"新三板"扩容，同时全国中小企业股份转让系统公司正式成立。全国中小企业股份转让系统也于2013年1月16日正式揭牌运营，该系统是经国务院批准设立的第三家全国性证券交易场所，与上海证券交易所、深圳证券交易所具有完全等同的法律地位，全国中小企业股份转让系统有限责任公司为其运营管理机构，并于2013年2月出台了业务规则及配套文件，至此除了做市商制度以外，"新三板"的制度规则基本完备。

"新三板"主要为创新型、创业型、成长型中小微企业发展服务，对非上市公司来说，"新三板"的重要意义在于：（1）成为企业融资的平台。"新三板"的存在，使得高新技术企业的融资不再局限于银行贷款和政府补助，更多的股权投资基金将会因为有了"新三板"的制度保障而主动投资。（2）提高公司治理水平。依照"新三板"规则，公司一旦准备登陆，就必须在专业机构的指导下先进行股权改革，明晰公司的股权结构和高层职责。同时，"新三板"对挂牌公司的信息披露要求比照上市公司进行设置，很好地促进了企业的规范管理和健康发展，增强了企业的发展后劲。

二、河南许昌首批新三板挂牌公司

河南华丽纸业包装股份有限公司是由发起人许昌市纸箱厂和马文海等625名自然人共同发起设立的股份有限公司。根据公司于2012年1月9日取得的许昌市工商行政管理局核发的企业法人营业执照，华丽包装注册号为410000100019257，注册资本为5680万元，公司类型为股份有限公司，经营范围为从事纸箱生产，生产纸箱用原材料、辅料销售，包装装潢印刷品（凭许可证经营），从事货物和技术进出口业务（国家法律法规规定应经审批方许可经营或禁止进出口的货物和技术除外）。

三、登陆新三板重点问题评析

1. 符合本次挂牌条件。我们作为发行人律师依据《中华人民共和国公司法》（2013年修正），《中华人民共和国证券法》（2013年修正），《非上市公众公司监督管理办法》（2013年修订），《全国中小企业股份转让系统业务规则（试行）》以及其他规范性文件的有关规定，逐条核查了公司应符合的本次挂牌的条件，认为公司符合下述本次挂牌的条件：公司依法设立且存续满两年；公司业务明确，具有持续经营能力；公司治理机制健全，合法规范经营；公司股权明晰、股份的发行及转让行为合法合规；主办券商推荐并持续督导。

2. 为本次挂牌制定《公司章程》。华丽包装为满足中国证监会对拟申请进入全国中小企业股份转让系统挂牌报价转让公司章程的要求，根据《非上市公众公司监管指引第3号——章程必备条款》（中国证券监督管理委员会公告〔2003〕3号）对公司章程进行了相应修改，公司于2014年3月23日召开的2013年年度股东大会审议通过了本次修改后的章程，该章程自股东大会审议通过并于公司股票在全国中小企业股份转让系统挂牌之日起生效。

3. 重大事项提示。根据审计报告，报告期内，公司存在资金被关联方以拆借方式占用、违规向关联方开具无真实交易背景的承兑汇票的情况，根据审计报告及公司的说明，上述资金占用已清偿完毕，公司违规向宏腾纸业开具的承兑汇票均已到期兑付。我们认为，公司目前不存在资金被控股股东、实际控制人及其控制的其他企业占用的情形。

公司在公司章程、股东大会议事规则、董事会议事规则、关联交易管理制度等内部治理规则中对关联交易决策权限与程序、关联股东和关联董事回避表决等制度做出了明确规定，并专门制定了《防范控股股东、实际控制人及关联方资金占用管理制度》，从制度上约束公司与关联方之间的资金拆借行为。公司控股股东、实际控制人以及公司本身都就关联方资金占用情况作出了承诺。

因此，我们认为，报告期内公司与关联方间资金占用已清理完毕。公司已按照法律规范要求，建立健全防范关联方资金占用的内部控制制度，并且公司及公司控股股东、实际控制人已出具相关承诺杜绝未来关联方资金占用的情形。报告期内公司与关联方间资金占用对本次挂牌不构成实质性障碍和影响。

四、期待更多企业华丽转身

"新三板"有助于形成统一的场外交易市场、化解"分而治之"的局面，不仅为诸如华丽包装等企业提供了融资平台，而且可以提升公司的治理水平。"新三板"经过多年跨越式发展，已初具规模，总体运行平稳，秩序良好，吸引了一大批优质的高科技、高成长企业参与试点，随着"新三板"的逐步完善，我国将逐步形成由主板、创业板、场外柜台交易网络和产权市场在内的多层次资本市场体系，更多企业将通过新三板实现华丽转身。

證 書

李志强律师所著《律师的舞台——李志强执业手记》一书，在上海市律师协会表彰律师出版专著的活动中荣获一等奖。

特颁此证

上海市律师协会
二〇〇一年一月

榮 譽 證 書

HONOUR CERTIFICA TE

李志强同志：

获第八届"上海十大杰出青年"。

共青团上海市委员会　　上海市青年联合会
上海市精神文明建设委员会办公室
解放日报　　　　　　　文汇报
新民晚报　　　　　　　青年报
上海人民广播电台　　　上海东方广播电台
上海电视台　　　　　　上海东方电视台
东方网　　　　　　　　上海杰出青年协会
二〇〇一年九月二十八日

聘　书

　　兹聘请李志强先生为"上海市证券业法律顾问团"成员。

上海市证券业协会

一九九八年十二月二十六

证　书

　　在市律师协会组织的首届律师论文评选活动中，李志强律师的《律师在企业B股发行与上市法律服务中应注意的若干问题》一文被评为二等奖。

　　特颁此证，以资鼓励。

上海市律师协会

二〇〇〇年

中国（上海）自由贸易试验区金融创新篇

自贸区时代中国律师的机遇与挑战

中国（上海）自由贸易试验区（以下简称自贸区）于2013年9月29日正式揭牌，在万众瞩目中扬帆起航，自贸区在形成更加开放透明的投资管理制度、提高贸易便利化水平、深化金融制度创新、推进政府管理改革等方面取得了积极成效，形成了多项可复制、可推广的改革经验。习近平总书记在自贸区考察调研经济社会发展情况时指出，希望自贸区按照先行先试、风险可控、分步推进、逐步完善的原则，把扩大开放同改革体制结合起来，把培育功能同政策创新结合起来，大胆闯、大胆试、自主改；要切实把制度创新作为核心任务，以形成可复制、可推广的制度成果为着力点，努力创造更加国际化、市场化、法治化的公平、统一、高效的营商环境。

自贸区的设立旨在通过制度创新、先行先试，形成可复制、可推广的改革经验，以建立与国际贸易、投资通行规则相衔接的基本框架制度，在贸易、投资、金融、监管等方面按照国际化的标准完善营商环境建设。[①]法治环境的建设既是推进自贸区各项工作正常开展的前提，又是自贸区顺利运行的重要保障。上海市委书记韩正指出，自贸区之所以意义重大，原因是要在符合法治化、国际化和市场化的前提下，推进境内外投资和贸易制度的创新，这是全新的制度创新。事实上实践也一直证明，经济贸易的发展必然需要法治的保障，而律师则是推动一个国家法治建设的不可忽视的重要力量。

一、自贸区与法治

（一）自贸区的总体目标与法治建设

李克强总理曾强调，市场经济的本质是法治经济，建设法治政府尤为

[①] 龚柏华：《国际化和法治化视野下的上海自贸区营商环境建设》，载《上海自贸区法研究与动态》，2014（1）。

根本。中国经济要升级，首先就是法治要升级；要打造中国经济升级版，首先要打造中国法治升级版。在《国务院关于印发中国（上海）自由贸易试验区总体方案的通知》中，国务院明确要求"上海市人民政府要精心组织好方案的实施工作。要探索建立投资准入前国民待遇和负面清单管理模式，深化行政审批制度改革，加快转变政府职能，全面提升事中、事后监管水平。要扩大服务业开放、推进金融领域开放创新，建设具有国际水准的投资贸易便利、监管高效便捷、法制环境规范的自由贸易试验区，使之成为推进改革和提高开放型经济水平的试验田，形成可复制、可推广的经验，发挥示范带动、服务全国的积极作用，促进各地区共同发展。"文中明确表述自贸区需要形成"可复制、可推广的经验"。自由贸易是市场经济发展的基础，是市场的自发行为，是不可复制的。这里可复制、可推广的经验指的就是一套规范、高效、便利且符合国际规则的制度，形成与国际投资贸易通行规则衔接的制度框架，而这样的制度建设与法律人所追求的尊重规则的"法治"建设是不谋而合的。

（二）自贸区的主要任务与法治建设一体两面

早在2010年《国务院关于加强法治政府建设的意见》一文中，国务院就不断强调加强法治政府建设的重要性和紧迫性。该文中重点强调了"贯彻依法治国基本方略，推进依法行政，建设法治政府，是我们党治国理政从理念到方式的革命性变化，具有划时代的重要意义。"而在自贸区总体方案中规定的五个主要任务和措施中，排名第一的就是"加快政府职能转变"，方案中着重强调了深化行政管理体制改革，加快转变政府职能，改革创新政府管理方式，按照国际化、法治化的要求，积极探索建立与国际高标准投资和贸易规则体系相适应的行政管理体系。由此，自贸区是与改革开放三十年来的市场经济体制建设一脉相承的产物，是全面深入改革开放的重要举措。

（三）自贸区是新一轮法治建设的试验园区

2013年8月30日，十二届全国人大常委会第四次会议作出决定，授权国务院在自贸区暂时调整有关法律规定的行政审批。这标志着全国人大给予了自贸区先行先试非常大的空间，从另一个角度看，不再以"决定"或"通知"

的形式下发文件，这样的程序充分体现了政府尊重法治的理念。

制度创新，律法先行。2014年1月20日，上海市市长杨雄做政府工作报告时表示，自贸区的建设核心是加强制度创新，形成与国际投资贸易通行规则衔接的制度框架，要全力推动自贸区建设，其核心是加强制度创新，形成与国际投资贸易通行规则相衔接的基本制度框架；推进投资管理制度改革，及时修订负面清单；深化金融开放创新，在风险可控前提下，落实人民币跨境使用、人民币资本项目可兑换、利率市场化和外汇管理等领域改革试点，促进实体经济发展；推进服务业扩大开放，力争总体方案确定的开放措施全部落地，促进自贸区和"四个中心"联动发展；构建事中事后监管的基本制度；完善法制保障，推动制定自贸区条例。可见，在未来的自贸区建设中，制度创新既是目标又是任务，自贸区既是自由贸易的试验区，也是制度创新的试验区。

二、自贸区时代律师的新机遇

法治环境的建设既是推进自贸区各项工作正常开展的前提，又是自贸区顺利运行的重要保障。当决策层用法治的思维和手段去进行决策和管理的时候，无论是决策层还是自贸区内的企业主体都需要律师提供大量专业的法律服务。因此，自贸区法治环境的建设不仅需要律师群体的积极参与，也必将会对律师行业的发展产生深远的影响。

（一）自贸区的制度建设为律师提供了参与法律、法规制定的机会

大量国内外的实践经验表明，在法治建设的道路上，律师是不可或缺的重要力量。在我国过去的立法实践中，律师参与立法的深度和广度都较之其他律师业发达的国家相距甚远。而自贸区作为制度创新的高地，很多规则都有待于进一步制定或不断创新，这为律师参与法律、法规和政策的制定，提供了前所未有的机遇。

律师可以直接参与到上海自贸区法律、法规的制定中。自贸区法治建设涉及很多新兴服务业领域内的规则治理，尤其是要按照最新国际惯例的标准来建章立制，而在我国新兴服务业发展整体滞后的背景下，制度创新必不可

少，而制度创新大多数情况是在没有既定的立法前提下进行的，有些时候要根据既有的相关法理来引进、吸收和消化其他相关国家或地区自由贸易区的法治建设的经验；这符合法治发展的一般规律。①在这个过程中，律师可以利用自身大量国内外法律执业的经验，结合我国的自贸区建设的需要，作为立法咨询专家，直接参与到自贸区法律、法规的制定当中，在自贸区新规则的创制过程中建言献策。2014年8月1日起施行的《中国（上海）自由贸易试验区暂行条例》的制定过程中就吸纳了律师的专业意见。

与此同时，律师还可以通过间接的方式影响自贸区法律、法规的制定。由于自贸区是新规则的试验区，在制度创新的同时，一些法律规则还存在一定的滞后性，这使得自贸区纠纷解决的法律适用会面临着无法可依或者法律适用不一致的挑战。此时，诉讼、仲裁形成的判决和裁判对自贸区法律、法规的制定具有很高价值的指导意义。在这个过程中，律师运用自身实践经验为当事人提供诉讼、仲裁等专业法律服务，事实上也在间接地影响着自贸区法律、法规的制定。比如，一个新型的涉外纠纷在我国并无明确的规定，在诉讼中律师运用法理、实际经验以及国际通行惯例说服法官，形成了一个具有典型意义的判决，类似的判例很有可能上升为以后裁判的适用规则，最后成为法律、法规制定的依据。法律纠纷在本质上体现的就是实践中最矛盾、尖锐的现实问题，律师通过提供诉讼、仲裁等纠纷解决法律服务，使法院或者仲裁庭形成具有典型意义的判例或裁决，也可以间接地影响自贸区法律、法规的制定。

（二）自贸区建设中的金融自由化和服务贸易开放将推动大量法律服务市场的产生

上海市市长杨雄强调："自贸试验区建设是推进上海'四个中心'建设的'加速器'，尤其体现在金融领域的改革开放。"自贸区的重要使命就是开放金融和促进投资，货币自由兑换、人民币直接投资海外、资本项下可兑换等重要金融改革都需要在自贸区进行先行先试。金融自由化的过程就是放松金融管制的过程。在我国现有的金融体制下，自贸区的金融自由化进程更

---

① 沈国明：《法治创新：建设上海自贸区的基础要求》，载《东方法学》，2013（6）。

需要突破原有规则的管制。所谓的自由化，绝不是放任自流，而是要完善金融有效监管的制度体系，以防止金融业的系统风险给经济秩序造成破坏性的影响。在放松金融管制、加强金融有效监管、构建防范金融风险机制三方面进行制度研究与重构，形成支持金融开放创新的法律保障。[①]金融的基石是信用，而信用的基础是完善而透明的法律体系，律师在其中发挥着不可替代的作用。自贸区的建设必将催生大量法律服务市场，以下是目前值得重点关注的几个领域。

1. 建设离岸金融中心过程中的离岸贸易、跨境投融资、现代服务业金融支持、金融租赁中产生大量的法律服务需求。在这种背景下，律师可以提供法律服务的空间和潜力都非常巨大，比如律师可以协助自贸区企业开立自由贸易账户；协助自贸区企业申请境外银团人民币借款；协助金融机构和自贸区企业办理直接投资外汇登记业务；协助自贸区企业申请金融机构的融资，以顺利完成海外股权并购等投融资业务；协助自贸区企业完善公司治理。自贸区扩大了对外开放的领域，国内企业面临的竞争加剧，而资金实力、融资效率是提高企业竞争力的重要方面；与银行融资相比，多层次的资本市场体系能为不同类型企业提供多样化的融资渠道，通过推进外币债券、资产证券化、仓单融资、人民币债券、私募融资等金融产品的创新，满足企业的个性化融资需求，从而增强企业的资金实力，提高竞争力。[②]而企业之间、金融机构之间和企业与金融机构之间的信用以及风险判断需要立足于律师等中介机构的尽职调查以及对特定项目合法合规性的判断，律师快速、有效、真实和全面的尽职调查可以帮助企业减少交易成本，降低企业的投融资成本，提高投融资效率。

2. 国际航运中心是集港口、运输、金融等复合功能为一体的口岸建设，上海自贸区的建设与上海航运中心的相互联动，将进一步拓展上海航运业的发展。而一个国际航运中心的崛起，背后必然有发达的航运金融服务业做支持。航运业是资金密集型产业，其主要特点是投资额巨大、投资回收期较长、投资风险高。在自贸区总体方案中开放的六大措施中，排名第二位的就是"航运服务领域"，其中船舶融资租赁、国际船舶运输、国际船舶管理、

---

① 沈国明：《法治创新：建设上海自贸区的基础要求》，载《东方法学》，2013（6）。
② 贺小勇：《金融开放创新的法制保障》，载《光明日报》，2014-01-25。

国际航运经纪等将产生大量的法律服务需求。

3. 自贸区内自由贸易账户的建立、外汇管理体制的改革、融资便利措施的施行、自贸区支付结算的创新，将会催生大量区内企业进行海外并购的热潮。并购交易，尤其是跨境并购是一项非常复杂的系统工程，它涉及企业战略、管理、财务、税收、法律甚至被并购企业所在国的风俗文化等诸多方面因素。律师可以通过海外并购的可行性论证、并购方案的设计、并购渠道甄别，为交易主体提供法律风险防范以及运作等多重法律顾问服务，进一步促进跨境并购融资业务的蓬勃发展。

4. 电子支付、物流等跨境电子商务支撑体系的建立，将会大大增加跨境电子商务的交易量。2014年8月20日，自贸区管委会和上海市信息投资股份有限公司分别与美国亚马逊公司签署关于开展跨境电子商务合作的备忘录，在各项细则和准备工作完成后，中国消费者将可以通过亚马逊网站直接购买境外商品。而伴随着跨境电子商务的迅猛发展，在跨境电子商务交易中涉及的商品检验检疫、海关税收、产品质量、消费者权益保护、纠纷解决的管辖、法律文书送达等方面都会产生很多法律问题，律师不仅可以在跨境电子商务交易的法规政策制定中为决策者提供法律风险防范的建议，也可以在跨境电子商务交易的纠纷解决过程中，为自贸区企业提供专业的纠纷解决服务。

5. 金融创新案例亟需律师提供专业服务。自贸区挂牌以来，中国人民银行、中国银监会、中国证监会和中国保监会（以下简称"一行三会"）先后出台了多条支持自贸区建设的政策措施。上海市金融服务办公室积极会同中国人民银行上海总部、中国银监会上海监管局、中国证监会上海监管局、中国保监会上海监管局（以下简称上海"一行三局"）、自贸区管委会等部门，积极配合国家金融管理部门研究出台支持自贸区金融开放创新的制度和细则，协调推动金融市场在自贸区设立国际交易平台，支持推动金融机构入驻自贸区，并根据实体经济需求和已经出台的创新制度，从尊重市场规律、尊重群众创造出发，积极探索并大胆开展金融业务创新，推动和支持金融机构根据实体经济需求和已经出台的创新制度，积极探索并大胆开展金融业务创新，形成了一批有特色的金融创新成果。这些金融创新成果，既是对"一行三会"出台的金融支持政策和措施的深化落实，也是金融机构充分利用自贸区政策平台，围绕实体经济需求开展金融服务创新和业务流程优化，形成了一批金融创新案例，如股权投资企业跨境股权投资审批改备案、互联网企业设立小额贷款公司等新金融机构、金融租赁公司在自贸区设立子公司、境外银团人民币借款、直接投资外汇登记等。这些金融创新案例许多可由律师提供专业服务，如出具法律意见书、代办相关备案和登记手续等。

中国证监会出台的《资本市场支持促进中国（上海）自由贸易试验区若干政策措施》提出"区内企业的境外母公司可按规定在境内市场发行人民币债券。根据市场需要，探索在区内开展国际金融资产交易等。"境外母公司在境内资本市场发行人民币债券是典型的自贸"奶酪"，律师在为境外母公司在境内资本市场发行人民币债券中可以全程提供专业法律服务，如参与人民币债券募集说明书的制作、法律意见书的草拟等工作。

（三）国际贸易与创新金融催生的争议解决需求

自贸区中贸易、投资便利化和服务业扩大开放的各项措施将大幅提升自贸区内国际贸易、投资的交易量，但是也将不可避免地导致国际和涉外商事纠纷的增多。随着自贸区涉外因素的不断增加，纠纷涉及当事人的数量不断增多、关系日益复杂，自贸区内的纠纷势必会体现出国际性、复杂性、前沿性的特点。法治环境下自贸区内市场经济主体之间争议的高效、妥善解决，则是法律服务人员另一个重要的机遇。

1. 自贸区的诉讼业务有待法律服务人员参与创新。自贸区是新规则的试验区，在不断推进投资管理制度、贸易监管制度、金融制度和综合监管制度创新的同时，也会在这些新领域，出现许多新类型的纠纷，诸如融资租赁、离岸金融、跨境电子商务等。面对这些新兴领域，我国现行法律制度势必会出现一定的滞后性；不仅如此，为了进一步深化改革，自贸区内的很多法律、法规将暂停调整适用，区内区外的法律规则在适用上也将产生一定的差异性。自贸区纠纷解决的法律适用会面临着无法可依的窘境以及法律适用不一致的挑战。在这种背景下，自贸区会催生出一系列新型商事纠纷，这些具有国际性、复杂性、前沿性特点的纠纷，为高素质、高专业水平和精通国际规则的律师提供了一个崭新的舞台。

此外，诉讼文书的送达和诉讼管辖也将成为自贸区诉讼业务亟待解决的法律问题，自贸区内很多企业都采取区内注册、区外经营的方式从事生产、经营活动。但是自贸区企业一旦发生纠纷，法院按照企业登记时确定的地点送达法律文书，很可能出现法律文书无法送达的情况。根据自贸区法庭方案，该法庭案件的立案标准为"与自贸区相关联"的案件，但是目前对于如何界定"与自贸区相关联"仍缺乏一个明确的认定标准。因此，在自贸区的诉讼业务中，律师可以在实践中不断对上海自贸区出现的新情况、新问题进行总结，结合自己的实践经验，为自贸区建设和运行营造良好的法制环境保障建言献策。

2. 国际商事仲裁作为纠纷解决的重要机制，将取得长足发展。根据《中国（上海）自由贸易试验区管理办法》第三十七条规定，"支持本市仲裁机构依据法律、法规和国际惯例，完善仲裁规则，提高自贸试验区商事纠纷仲裁专业水平和国际化程度"。2013年10月22日，中国（上海）自由贸易试验区仲裁院揭牌，这标志着自贸区的法制环境建设迈出重要一步；2014年4月8日，自贸区仲裁院正式颁布《中国（上海）自由贸易试验区仲裁规则》，该仲裁规则成为上海自贸区法制环境建设中又一项重要的制度性安排。

仲裁制度相比其他纠纷解决机制而言，具有尊重当事人意思自治、域外执行力、高效快捷、程序灵活、过程保密等优势，现已成为解决国际商事争议最为有效和最受欢迎的方式。而这些优势更加契合自贸区内纠纷专业化、复杂化、国际化的特点，使得仲裁制度更适宜作为自贸区纠纷解决的首选方式。放眼目前全球较为成功的自贸区，无一不是全球性或区域性的国际商事仲裁中心，自贸区的建设给上海建设全球性国际商事仲裁中心带来了前所未有的机遇。在可以预见的将来，自贸区内大幅提升的贸易、投资交易量必将催生一大批国际和涉外商事仲裁案件，这将成为中国律师更广泛、深入地参与全球性商事仲裁、进一步提升中国律师的专业化程度和国际化水平的重要契机。

三、自贸区时代对中国律师的挑战

随着自贸区的运行，法律服务行业特别是律师面临着新的机遇，但这也对律师提出了新的要求和挑战。为迎接自贸区对律师专业能力、国际化水平提出的新的要求，律师必须勇于创新、不断学习，以更加国际化的视野自信地迎接各种挑战。

（一）迎接开放，培养勇于创新的精神

自贸区作为"试验田"，法治要落地，制度要创新。律师作为自贸区运行中重要的服务主体，必然要拥有创新的精神，才能在新的领域里抓住新的机遇。

一方面，随着一系列新型金融、贸易等业务的开展，律师必然要进行业务上的创新。政府职能的转变、电子商贸的发展、离岸金融的建设均给自贸区乃至中国带来了日新月异的变化，而律师作为服务行业的一员，必须拓展律师业务领域，推动律师业务转型和升级。比如拓展提升政府法律顾问业务，在新的形势下，监管层将更多的权力交给市场，改审批制为备案制，这就产生了新的事中监管和事后监管的需求，需要律师在相关领域进行业务创新。又比如金融业务，现在全球金融业发展迅速且波动较大，创新产品层出不穷，有像"比特币"一样的备受争议的新金融事物，也有融资租赁、商业保理这样迅速发展的金融业务，如何为它们提供法律服务，也是我们律师业的新课题。

另一方面，律师事务所结构与办案形式的创新。在自贸区总体方案中，律师服务作为专业服务领域的第一类开放领域，要求我们"探索密切中国律师事务所与外国（港澳台地区）律师事务所业务合作的方式和机制。"就现实而言，中国律师事务所在全球性、规模化和精品化的道路上与一些国际性先进的律师事务所尚有差距。进一步完善自身机构，适应国际规则，也是自贸区对中国律师业的新要求。

（二）加强学习，锻造高水平执业能力

随着自贸区建设的不断深入，投资、贸易形式的不断创新，全球化的不断发展，对中国律师的学习能力和执业能力都提出了新的要求。自贸区时代的律师应加强对国际经济贸易法律知识的学习，熟悉国际经贸中的国际惯例和规则，加强涉外业务的知识和实践经验储备。综观国内律师业现状，内资律所业务中涉外业务和国际法律服务已初步发展，但所占比重仍然比较小，能够进行涉外投融资、国际贸易、国际金融业务的国际化复合型法律人才储

备也比较缺乏。当自贸区的运行渐趋成熟，那些学习能力快、执业能力强、知识储备充分的律师必将脱颖而出。

（三）从容自信，以国际化的视野迎接挑战

根据中国加入世界贸易组织的承诺，中国将逐步向国际律师开放法律服务市场。司法部已批准同意上海市司法局提出的《关于在中国（上海）自由贸易试验区探索密切中外律师事务所业务合作方式和机制试点工作方案》。自贸区打开了中外律师交流的窗口，给予我们充分交流学习的机会，同时也是对我们执业能力的考验。在与外国及港澳台律师交流合作的同时，也要在业务类型、服务水平和律所管理等方面充分提升自身水平，提高中国律师在国际法律服务市场的竞争力。

自贸区的建设进一步提升了中国法律市场的开放水平，为律师业打开了广阔的空间。中国律师应当抓住这一历史性机遇，迎难而上，以迎接自贸区时代的到来。

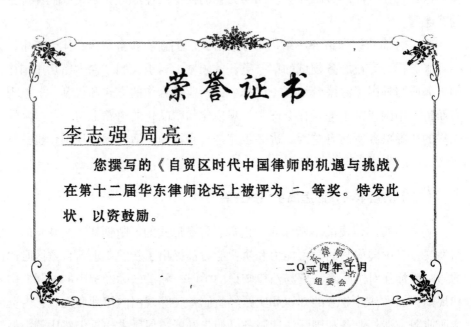

荣誉证书

李志强 周亮：

您撰写的《自贸区时代中国律师的机遇与挑战》在第十二届华东律师论坛上被评为 二 等奖。特发此状，以资鼓励。

二〇一四年十月

华东律师论坛组委会

自贸区金融创新中的律师服务

中国（上海）自由贸易试验区（以下简称自贸区）自2013年9月29日运行以来已经整整一年了，一年来的实践证明党中央和国务院建设自贸区的重大决策的正确性和科学性。一年来以负面清单为核心的投资管理制度得以建立；以贸易便利化为重点的贸易监管制度得以有效运行；以资本项目可兑换和金融服务开放为目标的金融创新制度得以有序推进；以政府职能转变为核心的事中事后监管基本制度得以形成。

自贸区的金融改革是国内外广泛关注的重大看点。我国"一行三会"中央金融监管机构全力支持金融创新，已出台51条金融创新举措，紧密围绕推进人民币国际化、利率市场化、人民币跨境交易和外汇管理制度创新等，自贸区运行一年来一线放开和二线严格管理的宏观审慎的金融框架制度和监管模式基本形成。自贸区金融创新的伟大事业中离不开律师的专业服务和专业支持。

作为自贸区金融创新非常重要的一部分，融资租赁近来受到越来越多的关注，同时出现越来越多样化的商业模式。

自贸区的政策方案在自贸区融资租赁公司准入门槛、税收优惠及业务经营范围等方面给予了明确政策扶持。

一是降低行业准入门槛：允许和支持各类融资租赁公司在自贸区内设立项目子公司并开展境内外租赁服务，融资租赁公司在自贸区内设立的单机、单船子公司不设最低注册资本限制。

二是给予税收优惠：允许将自贸区内注册的融资租赁企业或金融租赁公司在自贸区内设立的项目子公司纳入融资租赁出口退税试点范围。对自贸区内注册的国内租赁公司或租赁公司设立的项目子公司，经国家有关部门批准从境外购买空载重量在25吨以上并租赁给国内航空公司使用的飞机，享受相关进口环节增值税优惠政策。

三是扩大业务经营范围：允许融资租赁公司兼营与主营业务有关的商业保理业务。

在实践中，交银金融租赁公司开展了自贸区首单飞机和首单船舶租赁业务，并在自贸区内设立的子公司已经批准筹建。其创新突破点在于允许金融租赁公司设立子公司，如此一来，金融租赁公司可以利用自贸试验区平台和政策优势，为其开展境外融资租赁业务和进行境外融资提供便利。

由于融资租赁是集金融、贸易、服务为一体的知识密集型产业，作为朝阳产业，律师在开展融资租赁业务时可以提供的专业法律服务内容主要有以下几方面：

一是设计融资租赁公司的股权架构方案、起草、修改公司章程、股东协议等相关法律文件，办理有关融资租赁公司设立的审批手续。

二是为融资租赁公司解释与融资租赁业务有关的法律规定，保证业务运作的合法合规性。

三是对融资租赁公司拟进行的融资租赁项目进行尽职调查、评估，参与项目谈判、起草融资租赁合同等相关法律文书，并为公司建立和完善长期使用的融资租赁合同等合同范本。

综上所述，律师可以在融资租赁业务中提供专业法律服务，作为律师非诉业务之一，融资租赁业务的市场空间十分广阔。

股权投资是自贸区金融创新的另一个重要方面。

在2014年5月27日举办的2014中国股权投资论坛上，上海市委常委、常务副市长屠光绍也强调了股权投资对上海金融服务业发展的带动作用，并表示要在自贸区推进股权投资行业集聚，放宽股权投资市场准入，减少政府审批环节。

在自贸区内，股权境外投资的优势尤为明显，2014年2月，弘毅投资完成了自贸区跨境股权投资的首单，向外投资1.86亿元人民币，联合苏宁电器共同收购PPTV。从提交申请到备案完成，仅用了5天。

《中国（上海）自由贸易试验区总体方案》提出，"对境外投资一般项目实行备案制，支持试验区内各类投资主体开展多种形式的境外投资，鼓励在试验区设立专业从事境外股权投资的项目公司，支持有条件的投资者设立境外股权投资基金"。

自贸区成立后，上海市人民政府具体制订出台了《中国（上海）自由贸易试验区境外投资项目备案管理办法》（沪府发〔2013〕72号）和《中国（上海）自由贸易试验区境外投资开办企业备案管理办法》（沪府发〔2013〕74号），对于企业对外投资的管理由"核准"改为"备案"，国内企业参与境外股权投资的积极性得到极大地调动。

实践中，在自贸区内，3亿美元以下境外投资一般项目实行备案制，并且由上海自贸区管委会进行"一表申请，一口受理"。开展境外股权投资可以通过在自贸区内设立主体，5个工作日内就能拿到境外投资项目或境外投资开办企业备案证书，按照中央银行上海总部2014年2月出台的有关实施细则，可以直接到商业银行办理人民币跨境使用或购汇划转，从而实现资金"出海"。

2014年7月7日，上海市政府举办的新闻发布会上，上海市税务局公布了《关于支持中国（上海）自由贸易试验区创新税收服务的通知》，出台了十项创新措施。与此同时，上海有望在年底公布有关境外股权和离岸业务的最新税收政策。

在股权投资（尤其是以私募股权基金投资为主）的整个过程中，律师可以凭借其专业优势，帮助企业顺利实现股权投资的目标。

律师的作用主要体现在以下几个方面：

一是股权投资企业的设立登记、资金募集、资产评估、外汇管理等方面的问题咨询及法律事务处理，章程或合伙协议等相关法律文件的起草。

二是对拟投资目标企业进行详尽的尽职调查并出具尽职调查报告，帮助股权投资企业防范并降低风险。

三是起草例如投资协议、股权架构设计等与股权投资相关的一系列法律文件。

四是帮助企业建立良好的法人治理结构，设计合理的股权激励制度。

五是针对拟上市的目标企业，利用资本市场的服务经验，协助目标企业上市。

六是在股权投资最终的退出阶段，帮助企业分析各种退出模式的利弊并选择合适的退出途径，起草相关法律文件、出具法律意见书及参与项目谈判等。

七是分析解读自贸区最新的政策法规，保证股权投资的合法合规性。

随着自贸区金融不断创新，将吸引大量的金融机构入驻，自贸区内金融机构设立和运营需要大量法律服务。

金融机构因为其性质的特殊性，受到"一行三会"较为严格的监管。因此，金融机构的设立和运营过程中，需要律师提供大量法律咨询服务。

在设立阶段对发起人展开尽职调查；编制各类法律文件，协助完成有关报批、报备、登记及申请许可程序；起草、审查及修订相关合作合同，参与合同谈判，审核其他交易方提供的材料或法律文本；撰写设立的法律意见书等。

在运营过程中，银行、证券、保险和信托、基金等业务均是我国金融法律服务市场的重要组成部分，自贸区的建设带来了金融机构的集聚效应，其中法律服务需求不言而喻。

自贸区企业投融资手段的不断创新同样需要律师的参与。

在2013年12月2日，中国人民银行在其发布的《中国人民银行关于金融支持中国（上海）自由贸易试验区建设的意见》（银发〔2013〕11号）中便提到要稳步开放资本市场，计划"区内金融机构和企业可按规定进入上海地区的证券和期货交易场所进行投资和交易。区内企业的境外母公司可按国家有关法规在境内资本市场发行人民币债券。根据市场需求，探索在区内开展国际金融资产交易等"。

债券发行是典型的企业融资行为，在这其中需要律师提供的服务就非常复杂，包括尽职调查、协助设计交易结构、撰写发行和交易文件以及出具法律意见书等。"区内企业的境外母公司在境内资本市场发行人民币债券"等新型的投融资手段在中国资本市场尚属于创新之举，律师在其中大有可为。

自贸区金融交易平台的设立将进一步推进中国资本市场国际化，需要大量的国际化律师服务。

2014年9月15日，上海市人民政府印发了《关于本市进一步促进资本市场健康发展实施意见的通知》，通知要求"把握自贸试验区建设重大战略机遇，不断提升上海资本市场开放水平。"

通知进一步阐述"支持金融市场机构在自贸试验区内研究设立国际金融交易平台，推出面向全球投资者的产品与业务"。这进一步要求律师行业要打好国际化的内功，跟进我国资本市场国际化的建设。一方面，律师行业需要加强国际化视野，深入地介入到全球资本市场的交易中，与全球资本市场从业人员交流与合作，提供符合国际市场要求的法律服务；另一方面，资本市场的深入发展要求律师行业需要一批崭新的既精通法律专业又熟悉日益复杂化的金融知识的复合型律师提供服务。上海国际黄金交易中心、上海国际能源交易中心等金融平台的建设必将为上海的法律服务行业提供一片充满机遇的新市场，这样的需求也必然推动上海律师行业进一步向前发展。

自贸区金融创新中的争端解决迫切需要律师的专业服务。

春江水暖鸭先知。自贸区金融创新中争议的产生是不可避免的，律师作为专业人士对争议的发生最敏感，也最擅长解决争端。

上海市第一中级人民法院于2014年4月推出了《上海市第一中级人民法院涉自贸区案件审判指引》（以下简称《审判指引》），该指引共7章100条，包括总则、涉自贸区案件的立案与送达、审理、执行、审判机制、审判引申等，其中审理部分又根据公司、合同、金融、知识产权等八类型案件具体分节规定。

《审判指引》为建设中的自贸区已经和可能出现的各类新讼案件提出指引性思想，凸显了我国司法改革的新理念。其中对涉自贸区案件的具体执行借鉴了国外行之有效的"执达员制度"，规定被执行的财产在自贸区可聘请"陪执员"参与辅助执法，并探索选聘律师事务所等机构，负责涉自贸区执行案件部分辅助性事务的实施。这为广大律师参与自贸区金融创新案件争端解决提供了新的业务机会。

此外，2013年11月23日，自贸区仲裁院正式揭牌成立，成为上海国际经济贸易仲裁委员会（上海国际仲裁中心）和上海乃至中国仲裁事业发展的新的里程碑。上海国际仲裁中心于2014年5月1日出台了《中国（上海）自由贸易试验区仲裁规则》（以下简称《仲裁规则》）。该仲裁规则共10章58条，设"仲裁申请、答辩、反请求"、"仲裁庭"、"审理"、"裁决"等章，强调"临时措施"、"仲裁与调解相结合"等内容；并将"简易程序"、"小额争议程序"等分别独立成章。它吸纳和完善了诸多国际商事仲裁的先进制度，如完善了"临时措施"，并增设了"紧急仲裁庭制度"；突破了当事人选定仲裁员的"名册制"限制，确定了仲裁员开放名册制；为了更有利于保障当事人特别是知产权利人合法权益，通过设立仲裁庭组成前的调解员调解程序进一步完善了"仲裁与调解相结合的制度"；并且进一步强化了仲裁证据制度，纳入了"友好仲裁制度"，增设了"小额争议程序"，降低了相应的仲裁费用等。为跟进司法审查和保障制度，上海市第二中级人民法院还发布了《关于"适用自贸区仲裁规则"仲裁案件司法审查和执行的若干意见》，司法效率有力地保障了仲裁效率。

自贸区仲裁规则的实施和相关法律制度的创新必将引领和推动自贸区金融创新争端解决的法治保障，它还直接带动了全球首个专注于航空争议解决服务的仲裁机构——上海国际航空仲裁院的诞生，彰显了中国（上海）自由贸易试验区的溢出效应。同时，这一新生仲裁机构还将国际航空产业链的临时仲裁制度与机构仲裁制度有机结合，为律师参与仲裁法律实践提供了鲜活的养料。

自贸区试验律师拓展未来国际金融创新争端法律服务的水平。

众所周知，自贸区是国家进一步改革开放的试验场。

当今国际上存在引起广泛关注的三大谈判——TPP、TTIP和TISA。TPP的谈判已经持续超过10年，在2008年美国决定加入，在2009年美国主导谈判，美国定下的时间表是要在2014年前完成。这一谈判的目标是货物贸易和服务贸易的全方位开放，尤其是在非关税领域采取进一步的措施。在TPP之后的TTIP谈判，目标是贸易和投资完全自由化，谈到的是如何成立经济版北约，是代表欧美两大势力之间的谈判，最终结果是要诞生世界最大的自由贸易区。第三个谈判即TISA谈判，是服务贸易协定的谈判。

中国并不在三大谈判其中。作为世界上最大的两大经济体，中国和美国的双边投资协定的谈判已经持续近5年，由于准入前国民待遇和负面清单这一原则的接受，这一谈判正在全方位推进，如一旦达成中美双边投资协定，今后所有两国之间的投资包括金融创新方面的争议将通过解决投资争议国际中心"International Center for the Settlement of Investment Dispute"（以下简称中心或ICSID）来进行。我们律师必须做好充分的准备。

ICSID是根据1965年3月18日由国际复兴开发银行提交的各国政府在华盛顿签署的《解决国家与他国民间投资争议公约》（*Convention on the Settlement of Investment Dispute Between States and National of Other States*，以下简称《华盛顿公约》）而设立，其法律地位是根据《华盛顿公约》设立的国际法人，具有完全的国际法律人格。其行为能力包括缔结合同的能力；取得和处理动产和不动产的能力和起诉的能力。中心及其财产享有豁免于一切

法律诉讼的权利。

凡提交中心仲裁的投资争议的当事人，其中一方必须是公约缔约国或该缔约国的公共机构或实体，另一方应是另一缔约国的国民，即争议双方一般应当具有不同的国籍。

凡提交中心解决的特定争议，当事双方必须签订有将该特定争议提交中心仲裁的书面仲裁协议，这是中心取得管辖权的必要的实质要件。

当事双方直接因投资而产生的任何法律上的争议都属于中心管辖范围。

中国律师代表当事人向该中心提交仲裁申请的步骤是向中心秘书长提出书面仲裁申请。其内容包括：争议事实，当事人双方身份，以及同意依照中心的调解和仲裁规则仲裁等。秘书长应将申请书副本送交被申请人并登记。

仲裁庭由独任仲裁员或三名仲裁员组成，秘书长在发出登记90日后未成立仲裁庭的，由中心主席任命仲裁庭的组成人员，其中被指定的仲裁员不得为争议一方所属国国民。仲裁庭在解决争议过程中，适用《华盛顿公约》第四十二条规定，应当适用双方共同选择的法律。如无此项选择，应当适用争议一方的法律，包括相关的冲突规则，以及可适用的国际法规则。

仲裁裁决应当以全体成员的多数票作出，并应当采取书面形式。如当事人对裁决的含义或范围持有异议，任何一方可向秘书长提出申请，要求作出解释。

当事人只有在下列情况下，才可向秘书长提出撤销裁决的申请：

1. 仲裁庭的组成不当。

2. 仲裁庭显然超越其权限范围。

3. 仲裁员有受贿行为。

4. 仲裁有严重背离基本的程序规则的情况。

5. 裁决未陈述其所依据的理由。

秘书长在接到撤销裁决的申请后应予以登记，并即请中心主席从仲裁小组中任命三人组成专门委员会，该委员会有权依公约规定的理由撤销裁决或裁决中的任何部分。

中心裁决相当于缔约国法院的最终判决，各缔约国不得对其行使任何形式的审查，包括程序上的审查，也不得以违背当地的社会公共秩序为由而拒绝承认和执行。任何一方当事人也不得对中心裁决提出任何上诉或者采取除任何公约规定以外的补救办法。

我们律师应当认真研究该中心的规则、案例和实践，练好内功，为随时参与相关争端的法律服务做好准备。

总之，自贸区建设是我国构建开放型经济新体制的重大举措。自贸区金融创新措施的不断推出，必将进一步推动我国新一轮改革开放和上海国际金融中心建设国家战略的实施。党的十八届四中全会对依法治国做出重要部署，作为改革开放和依法治国的受益者和参与者，我们广大律师应当努力提高自身的专业水平与素养，不断学习实践，谦虚谨慎，脚踏实地，把个人的人生梦想和中华民族伟大复兴的中国梦有机结合起来，更好地服务于自贸区国家战略，以精湛的服务技能和优质高效的服务质量担当好法律服务的提供者、服务贸易的参与人、依法治国的维护者，竭诚服务好中外当事人，为中国律师赢得更多更好的口碑，为自贸区金融创新贡献出法律人应有的智慧和力量。

（此文系李志强律师在上海市律师协会律师学院主办、上海市律师协会港澳台法律研究委员会承办的"中国（上海）自由贸易试验区金融创新法律实务培训班"上的演讲稿）

刍议上海证券交易所
国际板之法律适用

为在2020年基本实现建成上海国际金融中心的伟大目标，尽快在上海证券交易所推出国际板是当务之急。在国际资本市场，已有多个国家和地区的资本市场建立了国际板，有发展实力和潜力的企业通过实现在多个资本市场上市融资进一步提升了企业的国际知名度；引入外国企业在本国资本市场上市有利于丰富投资者的投资品种，提高本国资本市场在国际上的竞争力，是全方位对外开放的必然选择。

一、关于适用法律框架的问题

关于国际板适用的法律框架，我们认为，应以《中华人民共和国证券法》（以下简称《证券法》）为基本法律框架，并在此基础上由国务院或国务院授权证券监督管理部门制定一系列国际板适用的规定。

《证券法》第二条规定，"在中华人民共和国境内，股票、公司债券和国务院依法认定的其他证券的发行和交易，适用本法；本法未规定的，适用《中华人民共和国公司法》和其他法律、行政法规的规定。"请注意，该条明确是在中华人民共和国境内，股票的发行交易适用本法，并未限定发行主体在中国境内。本法未规定的，适用《中华人民共和国公司法》（以下简称《公司法》）和其他法律、行政法规的规定。需强调的是，没有规定的情形，适用的规定不只是《公司法》，也包括行政法规。由此，我认为应以《证券法》为基本法律框架，并在此基础上由国务院或国务院授权证券监督管理部门制定一系列国际板适用的规定。《证券法》第十三条规定了公司公开发行新股的条件，第十四条规定了报送的文件，均未要求是国内注册的公司，我们认为国际板公司的发行也可遵循此等要求。

在上述适用法律框架的基础上，关于发行主体的组织框架结构应适用注册地法律，如美国公司应建立独立董事制度，德国公司应建立监事会制度，不必强求遵循我国法律规定的既有独立董事又有监事会的"双层巴士制度"。

《证券法》第十三条规定：公司公开发行新股，应当符合下列条件：

（一）具备健全且运行良好的组织机构；

（二）具有持续盈利能力，财务状况良好；

（三）最近三年财务会计文件无虚假记载，无其他重大违法行为；

（四）经国务院批准的国务院证券监督管理机构规定的其他条件。

上市公司非公开发行新股，应当符合经国务院批准的国务院证券监督管理机构规定的条件，并报国务院证券监督管理机构核准。

《证券法》第十四条规定：公司公开发行新股，应当向国务院证券监督管理机构报送募股申请和下列文件：

（一）公司营业执照；

（二）公司章程；

（三）股东大会决议；

（四）招股说明书；

（五）财务会计报告；

（六）代收股款银行的名称及地址；

（七）承销机构名称及有关的协议。

依照本法规定聘请保荐人的，还应当报送保荐人出具的发行保荐书。

二、关于发行定价是否限定的问题

中国股市的高市盈率是吸引国外公司上市的重要原因之一。在财务条件方面，应对境外公司规定相当于福布斯500强水平的总市值和净利润条件，以吸引世界知名企业来国际板上市。除了设定较高上市条件外，国际板公司定价还可以参照其在海外股市中的股票价格，以避免其利用A股高市盈率的圈钱风险。当然，设定此制度可能会降低对外国公司的吸引力。关键是限定价格最好有一个区间，区间范围的大小可以设定。

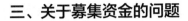

三、关于募集资金的问题

（一）是否设立专户

可以要求国际板公司建立人民币募集资金的专门账户，加强对募集投资项目配套资金的监管，杜绝其利用国际板融资构成对中国资本账户冲击的潜在风险，危及中国的金融安全。

（二）是否可自由汇出境

国际板设立后，发行股份所募集资金，到底是留在境内还是汇出境，目前还没有定论。如果是前者，则不存在兑换的问题，也不涉及资金跨境流动的问题；如果是后者，有人提出可能存在与我国现行的外汇管理体制相悖之嫌。我们认为，即使是资金汇出境，这与我国的外汇管理体制也不存在矛盾。我国现行的外汇管理制度是，"经常项目实现可兑换，资本项目下不可自由兑换"。也就是说，我国是在资本项目下实行的有管理的兑换。开设国际板，能够在可控的前提下，实现跨境资本有节奏地流动。在这方面，可以参考国家外汇管理局对QDII的管理模式。在国际板开设初期，境外企业登陆我国证券市场，应当同国内公司一样实行审批制，因此外汇管理局可以每年设定额度，监管机构根据这一额度来控制国际板的发行速度，即便境外企业募集的资金需要流出国内市场，也是在有控制、有节奏的情况下完成的。这完全符合我国现行的外汇管理体制。

四、关于信息披露的问题

信息披露监管是防范或降低国际板风险的核心内容之一。在信息披露内容的有效性方面，要求其境内外披露信息的一致性，充分借助境外上市地证券监管机构的监管成效，实现协同监管，确保广大中小投资者的知情权。同时，要求境内外信息披露保持有效性、同步性和一致性，充分披露汇率风险等国际板的特殊风险，以保护境内投资者。这样，通过提高对国际板上市公司在持续经营能力、公司治理水平、信息披露质量和盈利能力等信息披露的监管标准，可以有效控制投资者因为信息披露不完整可能产生的国际板投资风险。为了便于中国境内投资者及时全面了解国际板挂牌公司动态，它们必须在中国权威纸质媒体及相关网站同时发布"中文版"的相关信息，包括财务报告信息与非财务报告信息，其电子文本内容必须保持与纸质文本内容完全一致。同时是否要求在上交所的披露信息不得少于在其他交易所（针对多地上市情形）的披露信息也有待讨论。

五、关于是否允许存在多种交易规则的问题

我国原有的《证券法》采取单一的集中竞价交易制度，法律禁止在集中竞价交易规则外发展其他的交易制度，这与世界各国的证券市场规则均有不同。从理论上说，不同证券投资人的交易需求是根本不同的，法律不应当要求不同证券投资人在交易中去适应单一的僵硬的集中竞价交易规则，而应当适应证券投资人的不同交易需求发展集中竞价交易规则、大宗交易规则、控制权转让交易规则或其他更为适合的交易规则。实际上，世界各国的证券交易所多数采取多种交易制度，以提高自己的竞争力。

六、关于解决法律纠纷的方式问题

由于商事活动对于交易效率的极端重视，司法诉讼机制耗时长的特点往往不能满足市场经济条件下商事交易特别是金融证券纠纷对于快捷、高效与灵活的要求。而商事仲裁由于重视行业规则、交易习惯与商事判例的作用，加之效率高、成本低，目前已经在金融证券市场发达的国家得到普遍发展与推广。因此，在我国目前情况下建议上海金融监管部门大力推行证券金融仲裁制度，而国内许多地方性仲裁机构的成功发展经验无疑值得借鉴。

此外，为避免纠纷，将潜在矛盾消灭在萌芽阶段，大力规范金融服务业合同也具有事半功倍的重要作用。为实现这一目标，应由司法部门对各种金融服务业务进行专业化分类，委托起草标准合同，由商业行会甚至地方立法部门确认此类标准合同条款的意思推定效力。需要进一步说明的是，"意思推定效力"对于商法领域的交易活动具有十分重要的意义。

七、如何实现对违规公司的处罚问题

来国际板上市的外国公司人员、资产和业务可能都不在国内，就像目前部分国内企业在外国上市的情形一样。如果部分违规公司受到处罚但其又拒绝执行处罚决定，如何应对？或者当有投资者起诉外国公司，并且胜诉，但如果被告或被申请人不依法自动履行生效判决或裁决，如何应对？我们建议除了在国际板上市规则中设置相应的公司退市规定外，还可以通过建立专门的国际板投资者保护基金的方式来解决这个问题。

总之，借鉴国际通行做法和规则，结合中国资本市场的20年实践经验，通过集思广益和民主决策，我们有理由相信一个符合中国法制和适应中国国情的国际板市场必将在多层次资本市场体系中绽放夺目的光彩。

（此文系作者在"2011外滩金融法律论坛"上的演讲文稿）

聘 书

诚聘 李志强 同志为上海财经大学法学院兼职教授。聘期 2012 年 9 月—2017 年 8 月。

上海财经大学法学院

2012 年 9 月

Debt Capital Markets Q & As

The most typical type of debt securities offerings in China is within the inter-bank bond market. Here We would like to provide a quick reference guide for non-specialists in a form of Q & As.

1. What types of debt securities offerings are typical, and how active is the market?

The most typical type of debt securities offerings in China is within the inter-bank bond market. Attached to the China Foreign Exchange Trading Center (CFETC, a.k.a. the National Interbank Lending Center) and the China Central Depository & Clearing Co. Ltd. (CCDC), the inter-bank bond market is a bond purchase and repo market participated by various financial institutions, including merchant banks, rural credit cooperatives, insurance companies, securities companies, etc. The inter-bank bond market composes a large part of China's bond market and is currently the principal component of it. Measured from the amount of bonds in custody, both the amount of bond storage and bond trading in inter-bank bond market possess more than ninety percent of the China's bond market.

2. What is the general regime for debt securities offerings?

The legal framework of the inter-bank bond market is as follows:

• Laws enacted by the National People's Congress:

Securities Laws of the People's Republic of China;

Law of the People's Republic of China on the People's Bank of China;

the Guarantee Law of the People's Republic of China;

the Property Law of the People's Republic of China, etc.

• Regulations issued by the Peoples' Bank of China:

Notice on Issues Regarding Financial Institutions Joining the National Inter-bank Bond Market, Administrative Measures for Debt Financing Instruments of Non-Financial Enterprises in the Inter-bank Bond Market;

Rules for Checking the Circulation of Bond Transaction in the Nationwide Inter-Bank Bond Market, Notice on the Listing of National Inter-bank Bonds, Notice on the Issuance, Trading, Registration and Escrow of Corporate Bonds in the Inter-bank Bond Market;

Rules on the Issuance of Subordinated Bonds by Commercial Banks, Interim Measures for the Issuance of RMB Bonds by International Development Institutions (2010 Revision),

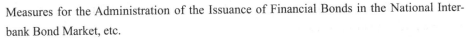

Measures for the Administration of the Issuance of Financial Bonds in the National Inter-bank Bond Market, etc.

• Self-regulatory rules and guidelines issued by the National Association of Financial Market Institutional Investors (NAFMII):

Self-regulatory Rules for Bond Transactions in Inter-bank Bond Market;

Guidelines for Commercial Paper Business of Non-financial Enterprises in the Inter-bank Bond Market;

Guidelines on Medium-term Notes Business of Non-financial Enterprises in the Inter-bank Bond Market;

Rules for the Registration of Debt Financing Instruments of Non-financial Enterprises in the Inter-bank Bond Market;

Rules for Information Disclosure on Debt Financing Instruments of Non-financial Enterprises in the Inter-bank Bond Market;

Rules on the Registration of Debt Financing Instruments of Non-financial Enterprises in the Inter-bank Bond Market, etc.

3. What is the filing requirements for public offerings of debt securities? Is there any requirements for debt securities that are not applicable to offerings of other securities?

For public offerings of debt securities, the enterprises shall file the following registration documents to the Registration Office through the lead underwriter. The registration documents include:

(1) The registration report of debt financing instruments (with attachment of the resolutions of authorized body in the "Constitutions of Association" of the enterprise);

(2) Letter of recommendation from the lead underwriter and letter of commitment from related intermediaries;

(3) The documents of debt financing instruments issuance that the enterprises plan to disclose;

(4) Other documents that can prove the truthfulness, accuracy, completeness and timeliness of information discloses by the enterprises and related intermediaries.

Generally, the registration report is not a necessary filing requirement of other securities, not including the resolutions of authorized body in the "Constitutions of Association" of the enterprise.

4. In a public offering of debt securities, must the issuer produce a prospectus or similar documentation? What information must it contain?

Yes, a Prospectus forms a necessary part of the issuance documents in a public offering of debt securities. Generally speaking, a prospectus shall include the following informations: risk factors, details of the offer, use of proceeds, general information of the issuer, financial

information of the issuer, guarantee of the bond, taxation, intermediaries and other institutions relating to the issuance.

5. What is the drafting process for the offering document?

An issuer shall prepare the following documents for the offering:

(1) Public announcement of issuance;

(2) Prospectus;

(3) Credit rating report and arrangements for follow-up ratings;

(4) Legal documentation;

(5) Audited financial statements of the last three years and the financial data up to date.

Initial issuance of debt financing instruments shall release the above documents at least 5 working days before the offering date. The enterprises with sequential issue of debt financing instruments shall release documents at least 3 working days before the offering.

The self-regulatory rules of NAFMII give a general background of information disclosure during the bond offerings. One of the most helpful rules shall be the Rules for Information Disclosure on Debt Financing Instruments of Non-financial Enterprises in the Inter-bank Bond Market. It regulates information disclosure both made through issuance documents and within the duration of the debt financing instrument. Disclosure requirements cover various company information, such as financial information, company operation, debt defaulting, etc.

For private offerings, similarly, enterprises shall deliver registration documents to the Registration Office, the filing requirements is the same with public offerings, which have been discussed above in question three. One of the differences is that for private offerings, the issuer shall reach a Targeted Investment Agreement with the potential investors before the offering.

6. Which key documents govern the terms and conditions of the debt securities? Who are the parties to such documents? How can such documents be accessed?

The offering circular and the prospectus shall give descriptions of the terms and conditions of the debt securities. They are executed and released by the issuer, and shall be obtained through China Money website (www.chinamoney.com.cn) and China Bond website. (www.chinabond.com.cn)

7. Does offering documentation require approval before publication? In what forms should it be available?

The issuance registration of debt financing instruments adopts the registration committee mechanism. The offering documentation, together with other registration documents, are subject to the review of the Registration Committee. The Committee reserves the right to require explanation, demand additional materials to registration documents, or disapprove the registration during the process of evaluation. Upon issuance, the offering documentation shall be available on China Money website (www.chinamoney.com.cn) and China Bond website. (www.chinabond.com.cn)

8. Are public offerings of debt securities subject to review and authorisation? What is the time frame for approval? What are the restrictions imposed, if any, on the issuer and the underwriters during the review process?

NAFMII is in charge of the review and issuance registration of debt financing instruments. The Registration Committee decides whether the issuance registration should be accepted. There shall first be a pre-review by the Registration Office. This is carried out by one person for pre-reviewing and the other for double-checking. The one responsible for pre-reviewing, within 20 working days, shall issue a letter to suggest the applicant enterprise to add information to registration documents if necessary. Registration documents approved by both pre-reviewers shall be submitted to the Registration Meeting. The Registration Committee meets weekly in principle to review the documents and issue one of the following opinions: "acceptance of registration", "conditional acceptance of registration" or "deferred acceptance of registration". The Registration Office shall deliver feedbacks to the enterprises within 3 working days if the opinion is conditional acceptance, and the enterprise or relevant intermediaries should submit supplementary materials within 10 working days after receipt.

9. On what grounds may the regulators refuse to approve a public offering of securities?

The offering of debt financing instruments shall observe the principles of good faith and self-regulatory. Applicant enterprises shall properly make information disclosures to the governing authorities. Information disclosures shall be true and honest, and shall not contain any false presentations, misleading statements or major omissions. Applications that fail to observe the self-regulatory rules or fail to satisfy the issuance requirements shall be rejected by the NAFMII.

10. How do the rules differ for public and private offerings of debt securities? What types of exemptions (safe harbours) from registration are available?

Public and private offerings have different investors. Thus, public offerings have standard requirements for issuance while private offerings can be more flexible and self-regulatory, and is not subjected to the requirement that "the balanced issuing amount shall not exceed 40% of the issuer's net assets". However, private offerings still need to register with the NAFMII, but NAFMII only conducts completeness check on the filing documents. In a private offering, the issuer reaches the Targeted Investor Agreement with certain investors. The agreement will lay down the disclosure standards and the disclosure is made to the targeted investors only. The price will be fixed in a market-oriented manner, and credit rating is not compulsory.

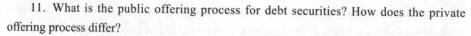

11. What is the public offering process for debt securities? How does the private offering process differ?

After the NAFMII sends the Notice for Registration Acceptance to the enterprises, the lead underwriter, together with the underwriting group, shall be in charge of the offering. The offering shall take the form of either book building or bidding. The parties in a bidding usually includes the issuer, the bidding participant and intermediaries. The issuer shall reach a written agreement with the bidding participants and disclose the following information at least one day before the issuance: the method of issuance, the invitation for bids and the list of the bidding participants. The parties to a book building include the issuer, the lead underwriter, the bookrunner and the intermediaries. The issuer shall disclose the price fixing rules, book building rules and process in accordance with the prospectus and other relevant rules. Price inquiries shall be carried out before the issuance and a price range shall be fixed upon the inquiries. Investors shall make purchase applications according to the rules, while the bookrunner is in charge of the placement.

In the private offerings, the parties shall include issuer, the lead underwriter, the directed investors, intermediaries and the bookrunner (if any). The issuance shall take either of the above forms.

12. What are the usual closing documents that the underwriters or the initial purchasers require in public and private offerings of debt securities from the issuer or third parties?

The usual closing documents shall include credit rating report and arrangements for follow-up ratings issued by credit rating institutions, legal opinions issued by law firms and audited financial statements of the last three years issued by accounting firms and the financial data up to date.

13. What are the typical fees for listing debt securities on the principal exchanges?

The typical fees for listing debt securities within the inter-bank bond market includes fees for intermediaries and other registration fees. The intermediaries usually are underwriters, law firms, credit rating institutions and accounting firms.

14. How active is the market for special debt instruments, such as equity-linked notes, exchangeable or convertible debt, or other derivative products ?

There are no special debt instruments in the inter-bank bond market. However, listing companies can issue convertible debts through major exchanges.

15. What rules apply to the offering of such special debt securities? Are there any accounting implications that the issuer should be aware of ?

Convertible debts are debts issued by listing companies. Apart from the general rules applicable to bond issuance, it shall comply with the rules for issuance of stocks and shall be approved by the State Council's securities regulatory authorities.

To issue convertible debts, the following accounting requirements shall be met:

(1) The weighted average yield rates of net asset for the latest 3 years shall be not lower than 6%;

(2) After the present issuance, the balance of the accumulative corporate bonds shall not exceed 40% of the amount of net assets at the end of the latest accounting period;

(3) The annual average amount of the distributable profits realized in the latest 3 years is not less than the annual amount of interests of the corporate bonds.

16. What determines whether securities are classed as debt or equity? What are the implications for instruments categorised as equity and not debt?

There are some major differences between equity securities and debt securities:

(1) Issuers: As a mean of financing, most national or local public bodies and companies can issue debt securities, but equity securities can only be issued by joint-stock companies.

(2) Stability of gains: As a way of investment, the gains from the two securities are different. Debt securities have fixed interest, while investors usually get uncertain incomes from equity securities.

(3) Legal relations: Equity and debt securities reflect totally different legal relations. The debt securities reflect legal relations in debt and credit, but the equity securities reflect the ownership of the company in the investors.

(4) Risk: The debt security is a general investment, whose trading turnover rate is lower than the equity securities. The equity securities is not only an investment, but also the major investment in the financial markets, although low security and high risk, it provides high expected revenues, and attracts more risk-oriented investors.

17. Are there any transfer restrictions or other limitations imposed on privately offered debt securities? What are the typical contractual arrangements or regulatory safe harbours that allow the investors to transfer privately offered debt securities?

Relevant rules require the privately offered debt securities to be transferred only among investors specified in the Targeted Investment Agreement (mentioned in question 5 above). Institutions providing registration, custody or transfer services for such instruments shall be obliged to report bond information to the NAFMII on a regular basis.

18. Are there special rules applicable to offering of debt securities by foreign issuers in your jurisdiction? Are there special rules for domestic issuers offering debt securities only outside your jurisdiction?

One of the main rules for offering of debt securities by foreign issuers in China is the Interim Measures for the Administration of the Issuance of RMB bonds by International Development Institutions.

One of the main rules for domestic issuers offering debt securities only outside China is the Guiding Opinions of the State Planning Commission and People's Bank of China on Further Strengthening the Management of Issuance of Foreign Debt. According to the Opinion, issuance of foreign debts by domestic institutions is subject to the approval of the State Planning Commission, the People's Bank of China, the State Council and relevant governing authorities, and the qualified entities are subject to the qualification review every two years.

In addition, two special rules govern the bond issuance by domestic institutions in Hong Kong: the Notice of the National Development and Reform Commission on Matters concerning the Issue of RMB Bonds in the Hong Kong Special Administrative Region by Domestic Non-Financial Institutions and the Interim Measures for the Administration of the Issuance of RMB Bonds in Hong Kong Special Administrative Region by Domestic Financial Institutions. According to the rules, bond issuance by financial institutions is subject to the approval of the National Development and Reform Commission, the People's Bank of China and the State Council. However, non-financial institutions shall apply directly to the Development and Reform Commissions for bond issuance.

19. Are there any arrangements with other jurisdictions to help foreign issuers access debt capital markets in your jurisdiction?

Apart from what states in the Interim Measures for the Administration of the Issuance of RMB bonds by International Development Institutions, it is still hard for foreign issuers to access the debt capital market in China so far. The government and relevant security exchanges are working hard to establish certain mechanisms for bond issuance by foreign companies.

20. What is the typical underwriting arrangement for public offerings of debt securities? How do the arrangements for private offerings of debt securities differ?

There are two types of underwriting arrangements in a public offering: firm commitment and best efforts. Firm commitment is typical in the inter-bank securities market. In a firm commitment, the underwriters purchase the securities from the issuer and then sell them to the public. The underwriters assume the risk that the securities cannot be sold to the public or can only be sold below the purchase price. The underwriters usually form a syndicate to spread the risk. The other underwriting arrangement often used is the best efforts arrangement. Instead of purchasing all the issued securities, the underwriters use their expertise to act as an intermediary to sell the securities, and earn the gross spread on what they sell.

In a private offering of debt securities, the underwriters assist the applicant enterprise in their registration with the NAFMII and look for qualified investors. The investors reach agreements with the issuer and purchase securities directly from the issuer.

21. How are underwriters regulated? Is approval required with respect to underwriting arrangements?

Various rules of the NAFMII provides relevant provisions relating to the behaviors of the underwriters. Some of the main rules are the Rules for Intermediate Service of Debt Financing Instruments of Non-financial Enterprises in the Inter-bank Bond Market, the Rues for the Self-regulatory Discipline of the Debt Financing Instruments of Non-financial Enterprises in the Inter-bank Bond Market, etc. According to the rules, underwriters assist the applicant enterprises in their offering process and shall observe the self-regulatory rules of NAFMII, as well as other relevant laws and regulations governing bonds and securities market. Both NAFMII and the People's Bank of China regulate and govern the inter-bank bond market and their participants. There are no specific approval requirements for underwriting arrangements, if the arrangements meet relevant legal requirements.

22. What are the key transaction execution issues in a public debt offering? How is the transaction settled?

The issuer shall sign the underwriting agreement with the underwriters. Before the issuance, the lead underwriters assist the issuer in their registration with NAFMII as well as relevant disclosures issues. After that, the issuer reaches a confirmation agreement with the underwriters on the interest rates and price of the debt securities. The issuer shall also reach an agreement with certain registration and custody entities about relevant registration and custody issues.

The proceeds are usually received by the issuer in one of the two ways: the bookrunner transfers the balance of proceeds excluding the underwriting costs to the bank account of the issuer at the payment date, or the bookrunner transfers all the proceeds to the issuer at the payment date. The underwriting obligations shall cease upon the issuer receives the proceeds.

23. How are public debt securities typically held and traded after an offering?

The regulatory rules require bond holders to appoint a bond registration, custody and settlement institution to hold their bonds. Bond holders shall open certain bond accounts in such institutions for the management of the bonds. CCDC is such an institution designated by the People's Bank of China. It is in charge of the registration, custody and settlement of bonds in the inter-bank market.

24. How do issuers manage their outstanding debt securities?

The issuer usually repurchases the outstanding debt securities.

25. Are there any reporting obligations that are imposed after offering of debt securities? What information would be included in such reporting?

The main reporting obligations post offering shall be found in the Rules for Information Disclosure on Debt Financing Instruments of Non-financial enterprises in the inter-bank bond market.

The enterprises shall continuously disclose the following information within the duration of debt financing instrument:

(1) Before April 30 of each year, must disclose annual financial statements and audit report of the previous year;

(2) Before August 31 of each year, must disclose balance sheet, income statement and cash flow statement of the first half of this year;

(3) Before April 30 and October 31 of each year, must disclose balance sheet, income statement and cash flow statement of the first quarter and the third quarter of the current year.

Apart from the above, companies must disclose major issues that occur in the duration of debt financing instruments which may affect the solvency of the enterprises. For example, the major issues include: significant changes in business policies and business scope of the enterprises, significant losses of more than 10% of the net assets; decisions for capital reduction, merger, division, dissolution and file for bankruptcy; involvements in major litigation, arbitration or severe administrative penalties, etc.

26. What is the liability regime related to debt securities offerings? What transaction participants, in addition to the issuer, are subject to liability? Is the liability analysis different for debt securities compared with securities of other types?

According to the Measures for the Administration of Bond Transactions in the National Inter-Bank Bond Market, the Rules for Information Disclosure on Debt Financing Instruments of Non-financial Enterprises in the Inter-bank Bond Market (2012 Revision), and the Rules for the Private Placement of Debt Financing Instruments of Non-financial Enterprises in the Inter-bank Bond Market, the People's Bank of China and NAFMII both set out rules for liability penalties related to debt securities offerings. All transaction participants, including the issuer, may be subject to liabilities according to the above rules. The liability regime verifies on other security types. Corporate bonds, enterprise bonds and stocks are subject to the supervision of different government authorities and regulations.

27. What types of remedies are available to the investors in debt securities?

The NAFMII maintains a mechanism of bond holder meeting and relevant self-regulatory rules are already in place to support the mechanism. Investors in inter-bank debt securities market are able to protect their interests and lawful rights through such mechanism. Failing this, investors could also solve the disputes through lawsuits or arbitrations.

28. What sanctioning powers do the regulators have and on what grounds? What are the typical results of regulatory inquiry or investigation?

NAFMII manages debt-financing instruments of non-financial enterprise and relevant issue and trade of such instruments in a self-discipline fashion and submits the record to

People's Bank of China for filing.

National Interbank Lending Center is in responsible for the routine monitoring of the trade of debt-financing instruments, collect trade analysis and report to NAFMII on monthly basis.

CCDC is in charge of the routine monitoring of the issuance, registration, trusteeship, settlement and cash of the debt-financing instruments, collect analysis and report to NAFMII on monthly basis.

NAFMII shall report to People's Bank of China about registration totals, self-regulatory status, market operation status and execution of the self-regulatory rules.

NAFMII may take measures such as admonition, persuasion and public censure against persons and authorities that violate the self-regulatory rules.

People's Bank of China shall exercise supervision and administration toward NAFMII, National Interbank Lending Center and CCDC according to law. NAFMII, National Interbank Lending Center and CCDC shall timely report to People's Bank of China about the issue and trade of debt-financing instruments and relevant information in accordance with requirement.

Individuals and authorities that violate the law and rules shall be given punishments by People's Bank of China according to Article 46 of Law of the Peoples Bank of China, whereas the case constitutes crime, criminal responsibility shall be affixed.

UPDATE & TRENDS

The debt capital market is becoming an important platform of macroeconomic and financial control in China. The inter-bank bond market is a platform where the central bank conducts public market operations and issues central bank notes. At the same time it is also the main place where treasury bonds are issued. It has not only improved the efficiency of monetary policy but also supports the fiscal policy greatly. To the economic and financial structural adjustment, the debt capital market plays an active role to optimize social financing structure and to maintain a reasonable scale of social financing, also it supports the development stability of the real economy.

Some of the trends we think may take place in the future are:

Firstly, the mechanism may be innovated. The government-oriented model will be changed gradually, and the advantages of intermediaries and self-regulatory organizations will be explored. The Enthusiasm and initiative of market participants will also be enhanced.

Secondly, we should strengthen the infrastructures of the debt capital market, strengthen clearing systems, unified trading platforms and depositories, etc. We will improve the

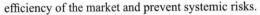
efficiency of the market and prevent systemic risks.

Thirdly, we will strengthen the risk-sharing mechanisms of the market. The risk of breach in the debt securities market exists. Administrative approval and the invisible guarantee of government cannot remove the risk above, we should identify and share the risk using the market-oriented way. The key of the risk-sharing mechanism is information disclosure and credit rating system.

Fourthly, we will actively and steadily move on to open-up, and try to reach the international standard. We will consider expanding the using area of RMB, and promoting the international balance of payments. We also may continue to promote the foreign institutional investment in our domestic market. We will actively take part in various discussions of international financial regulations and standards reforming, and enhance China's voice and influence.

AUTHOR & CONTACT INFORMATION

AUTHOR(S): Zhiqiang LI

AUTHOR EMAIL(S): zhqli@jinmaopartners.com

FIRM NAME: Jin Mao Partners

FIRM ADDRESS: 13/F, Hong Kong New World Tower, No.300 Huaihai Zhong Road, Shanghai, P.R.C.

TELEPHONE NUMBER: 86 21 6335 3102

FAX NUMBER: 86 21 6335 3618

WEBSITE ADDRESS: http://www.jinmaopartners.com/cn

AUTHOR BIOGRAPHY:

Zhiqiang LI

Founding Partner

Practicing lawyer of P.R.C.

L.L.B. from East China University of Political Science and Law; LL. M from Fudan University Practicing fields: capital market, M&A and banking, ADR

Mr. Li commenced the legal practicing in 1990 and served as a senior PRC legal advisor in a leading international law firm in 1997. He is the Councilor of International Bar Association (IBA), Vice Chairman of Legal Practice Committee of IPBA, member of Financing & Securities Committee for All China Lawyers Association, member of Legal Consultant Group for Shanghai Securities Association, arbitrator of CIETAC, Kuala Lumpur Regional Centre For Arbitration and Shanghai Arbitration Commission, member of the Chartered Institute of Arbitrators and the guest researcher of Shanghai

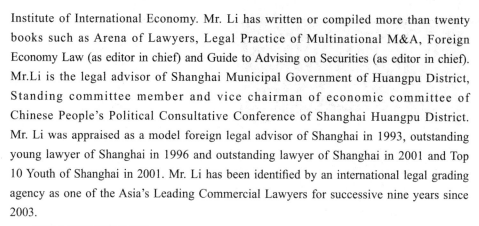

Institute of International Economy. Mr. Li has written or compiled more than twenty books such as Arena of Lawyers, Legal Practice of Multinational M&A, Foreign Economy Law (as editor in chief) and Guide to Advising on Securities (as editor in chief). Mr.Li is the legal advisor of Shanghai Municipal Government of Huangpu District, Standing committee member and vice chairman of economic committee of Chinese People's Political Consultative Conference of Shanghai Huangpu District. Mr. Li was appraised as a model foreign legal advisor of Shanghai in 1993, outstanding young lawyer of Shanghai in 1996 and outstanding lawyer of Shanghai in 2001 and Top 10 Youth of Shanghai in 2001. Mr. Li has been identified by an international legal grading agency as one of the Asia's Leading Commercial Lawyers for successive nine years since 2003.

FIRM DESCRIPTION:

Jin Mao Partners is a comprehensive and professional partnership legal agency founded by Asia leading lawyers with a view to provide better services to mid- and high-end clients both at home and abroad. At present, Jin Mao Partners has around 100 practicing lawyers, paralegals and working staff and has set up offices in Shanghai and Beijing. Since the establishment of Jin Mao Partners, the outstanding business capabilities of its lawyers have been embodied in overall legal services. Lawyers of Jin Mao Partners provides overall legal services for a large number of domestic and overseas well-known enterprises no matter whether in our traditional predominant fields, such as general corporate legal affairs, banking and financing, foreign investment, real estate and construction projects, international trade, dispute resolution and securities, or in emerging business fields, such as merger and acquisition, capital market, anti-monopoly, venture capital and private equity fund, intellectual property rights information technology, etc. Partners of Jin Mao Partners all graduated from reputed law schools at home and abroad, many of whom had working experience at legal department of multinational Fortune Global 500 companies or world renowned law firm and several of whom were honored as "Asian Leading Lawyer" by an internationally prestigious legal rating magazine. Jin Mao Partners has membership qualification to the China Inter-bank Market Dealers Association recognized by the People's Bank of China. Jin Mao Partners devotes itself to offering qualified and overall legal services to domestic and overseas clients with various demands under the legal service concept of team cooperation, continuous innovation, client orientation and pursuit of excellence.

LI ZHIQIANG
JINMAO-KAIDE

recognised as one of the
top performing lawyers for 2008

George Walmsley
regional managing editor, ALB

Mike Shipley
Publisher, ALB

THE LAW SOCIETY OF HONG KONG
Incorporated in 1907 with limited liability

Certificate of Registration

as a Foreign Lawyer

Legal Practitioners Ordinance
(Chapter 159)

The Law Society of Hong Kong hereby certifies, in accordance with subsection (1) of section 39A of the Legal Practitioners Ordinance, that

LI ZHIQIANG

Attorney of The People's Republic of China

has complied with the Foreign Lawyers Registration Rules and is therefore entitled to practise as a foreign lawyer for the period from

1st July 2007 to 30th June 2008

Conditions if any: None

Dated this 26th day of June 2007

Secretary,
The Law Society of Hong Kong

(FF-J00077/FL-F002276)

公司治理与投资者保护篇

论上市公司董事和监事的义务与责任

中国的证券市场，自1990年上海证券交易所挂牌伊始，历经二十三载，筚路蓝缕。如今，随着中国证券市场的发展，在上海证券交易所及深圳证券交易所挂牌的上市公司已达2400余家，与此同时也培养了一批庞大的由上市公司董事和监事组成的精英队伍。但是，近年来仍会时不时地发生一些由于上市公司董事和监事在其义务与责任方面存在问题，而最终导致其受到法律制裁或其他监管机构处罚的事件。当前，论上市公司董事和监事的义务与责任，是一个非常值得研究且具有现实意义的课题。

一、上市公司董事和监事的义务

上市公司董事和监事的义务散见于多部法律、法规规章以及交易规则之中，其中最重要的就是忠实、勤勉义务。

（一）上市公司董事的忠实、勤勉义务

上市公司董事对上市公司负有下列忠实、勤勉义务，包括但不限于：不得利用职权收受贿赂或者其他非法收入，不得侵占上市公司的财产；不得挪用上市公司资金；不得将上市公司资产或者资金以其个人名义或者其他个人名义开立账户存储；未经股东大会同意，不得利用职务便利，为自己或他人谋取本应属于上市公司的商业机会，自营或者为他人经营与本公司同类的业务；不得利用其关联关系损害上市公司利益；不得利用上市公司谋取不正当利益、损害上市公司利益或者推卸应对上市公司承担的管理责任；离职后应基于诚信原则完成涉及上市公司的未尽事宜，保守上市公司秘密，履行与上市公司约定的不竞争义务；应谨慎、认真、勤勉地行使上市公司赋予的权利，以保证上市公司的商业行为符合国家法律、行政法规以及国家各项经济

政策的要求，商业活动不超过营业执照规定的业务范围；应公平对待所有股东；及时了解上市公司业务经营管理状况；应当对上市公司定期报告签署书面确认意见；保证上市公司所披露的信息真实、准确、完整；应当如实向监事会提供有关情况和资料，不得妨碍监事会或者监事行使职权；原则上应当亲自出席董事会，以正常合理的谨慎态度勤勉行事并对所议事项表达明确意见，因故不能亲自出席董事会的，应当审慎地选择受托人；在履行职责时诚实守信，在职权范围内以上市公司整体利益和全体股东利益为出发点行使权利，避免事实上及潜在的利益和职务冲突；《中华人民共和国公司法》（以下简称《公司法》）、《中华人民共和国证券法》（以下简称《证券法》）规定的及社会公认的其他忠实、勤勉义务等。

上市公司董事长应遵守董事会会议规则，保证上市公司董事会会议的正常召开，及时将应由董事会审议的事项提交董事会审议，不得以任何形式限制或者阻碍其他董事独立行使其职权。董事会休会期间，上市公司董事长应积极督促落实董事会已决策的事项，并将上市公司重大事项及时告知全体董事。单个董事提议召开董事会会议的，上市公司董事长应在收到该提议的两日内审慎决定是否召开董事会会议，并将该提议和决定告知全体董事。董事长决定不召开董事会会议的，应书面说明理由并报上市公司监事会备案。

上市公司独立董事应积极行使职权，特别关注上市公司的关联交易、对外担保、并购重组、重大投融资活动、社会公众股股东保护、财务管理、高管薪酬、利润分配和信息披露等事项，必要时应根据有关规定主动提议召开董事会、提交股东大会审议或者聘请会计师事务所审计相关事项。独立董事原则上应每年有不少于十天的时间到上市公司现场了解上市公司的日常经营、财务管理和其他规范运作情况。

（二）上市公司监事的忠实、勤勉义务

上市公司监事应当遵守法律、行政法规，对上市公司负有忠实、勤勉义务，不得利用职权收受贿赂或者其他非法收入，不得侵占上市公司的财产。

上市公司监事应当保证上市公司披露的信息真实、准确、完整。

（三）具体事宜中上市公司董事和监事应尽的义务

上市公司董事和监事在上市公司的各项具体事宜中，应当诚实守信，勤勉尽责，维护公司和全体股东的利益，例如，在股权激励过程中应当勤勉尽责；在上市公司回购股份过程中应当勤勉尽责；在上市公司非公开发行股票过程中应当勤勉尽责；在上市公司股权分置改革过程中应当勤勉尽责；在上市公司重大资产重组过程中应当勤勉尽责等。

二、上市公司董事和监事的责任

所谓责任，最朴素的描述莫过于指"没有做好分内应该做的事，因而应当承担的过失"，法学上的含义则是指对其行为负责的债务。通俗地说，也就是指上市公司董事和监事因未尽到上述所讲到的忠实、勤勉义务而给上市公司带来损害时，对上市公司所负的赔偿责任。在我国的法律规制下，上市公司董事和监事的法律责任一般包括民事责任、刑事责任、行政责任以及证券交易所的授权性处罚。

（一）民事责任

上市公司董事和监事的民事责任是指上市公司董事和监事履行职责时，违反注意义务和忠实义务，给公司造成损害时，对公司承担的损害赔偿责任。

上市公司董事和监事应当承担民事责任的情况有：上市公司董事和监事因故意或过失导致公司受到损失而应当承担民事责任；上市公司董事因其参与达成的董事会决议违法造成公司损失而承担民事责任；上市公司董事和监事因执行公司职务违反法律、行政法规或公司章程造成公司损失而承担民事责任；上市公司董事和监事未进行监督或全面履行信息披露义务而产生的民事责任等。

（二）刑事责任

上市公司董事和监事的刑事责任主要包含在《中华人民共和国刑法》

（以下简称《刑法》）、《中华人民共和国刑法修正案（六）》（以下简称《刑法修正案六》以及《证券法》等相关法律之中。

上市公司或者其他信息披露义务人未按照规定披露重大资产重组信息，或者所披露的信息存在虚假记载、误导性陈述或者重大遗漏的，将被责令改正，并依照《证券法》第一百九十三条①规定予以处罚；情节严重的，将被责令停止重组活动，并可以对有关负责的上市公司董事和监事采取市场禁入的措施；涉嫌犯罪的，将被依法移送司法机关追究刑事责任。

上市公司董事和监事在重大资产重组中，未履行诚实守信、勤勉尽责义务，或在相关信息依法公开前，泄露该信息、买卖或者建议他人买卖相关上市公司证券、利用重大资产重组散布虚假信息、操纵证券市场或者进行欺诈活动的，依照《证券法》第二百零二条②、第二百零三条③、第二百零七条④予以处罚；涉嫌犯罪的，将被依法移送司法机关追究刑事责任。

---

① 《证券法》第一百九十三条规定：发行人、上市公司或者其他信息披露义务人未按照规定披露信息，或者所披露的信息有虚假记载、误导性陈述或者重大遗漏的，责令改正，给予警告，并处以三十万元以上六十万元以下的罚款。对直接负责的主管人员和其他直接责任人员给予警告，并处以三万元以上三十万元以下的罚款。

发行人、上市公司或者其他信息披露义务人未按照规定报送有关报告，或者报送的报告有虚假记载、误导性陈述或者重大遗漏的，责令改正，给予警告，并处以三十万元以上六十万元以下的罚款。对直接负责的主管人员和其他直接责任人员给予警告，并处以三万元以上三十万元以下的罚款。

发行人、上市公司或者其他信息披露义务人的控股股东、实际控制人指使从事前两款违法行为的，依照前两款的规定处罚。

② 《证券法》第二百零二条规定：证券交易内幕信息的知情人或者非法获取内幕信息的人，在涉及证券的发行、交易或者其他对证券的价格有重大影响的信息公开前，买卖该证券，或者泄露该信息，或者建议他人买卖该证券的，责令依法处理非法持有的证券，没收违法所得，并处以违法所得一倍以上五倍以下的罚款；没有违法所得或者违法所得不足三万元的，处以三万元以上六十万元以下的罚款。单位从事内幕交易的，还应当对直接负责的主管人员和其他直接责任人员给予警告，并处以三万元以上三十万元以下的罚款。证券监督管理机构工作人员进行内幕交易的，从重处罚。

③ 《证券法》第二百零三条规定：违反本法规定，操纵证券市场的，责令依法处理其非法持有的证券，没收违法所得，并处以违法所得一倍以上五倍以下的罚款；没有违法所得或者违法所得不足三十万元的，处以三十万元以上三百万元以下的罚款。单位操纵证券市场的，还应当对直接负责的主管人员和其他直接责任人员给予警告，并处以十万元以上六十万元以下的罚款。

④ 《证券法》第二百零七条规定：违反本法第七十八条第二款的规定，在证券交易活动中作出虚假陈述或者信息误导的，责令改正，处三万元以上二十万元以下的罚款；属于国家工作人员的，还应当依法给予行政处分。

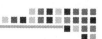

（三）行政责任

上市公司董事的行政责任是指由行政主管机关对违规违法的上市公司董事和监事依法做出的行政处罚。其功能在于维护国家正常的行政管理秩序。相关的法律法规规定包括《证券法》、《证券市场禁入规定》、《上市公司证券发行管理办法》等。

行政处罚的形式主要分为：警告、没收违法所得、罚款和市场禁入。在受到过中国证券监督管理委员会的行政处罚三十六个月内，上市公司不得公开发行股票；被中国证券监督管理委员会采取证券市场禁入措施的上市公司董事和监事，在禁入期间内，除不得继续担任原上市公司董事和监事外，也不得担任其他上市公司董事和监事职务。

据不完全统计，近三年来被中国证券监督管理委员会采取处罚的上市公司董事和监事人数统计情况如表1所示。

表1　被证监会处罚的上市公司董事和监事人数统计情况表

年份	董事	监事	合计
2011	110	7	117
2012	89	6	95
2013	18	4	22

数据来源：中国证券监督管理委员会网站。

据不完全统计，近五年来被中国证券监督管理委员会采取市场禁入的上市公司董事和监事人数统计情况如表2所示。

表2　被证监会市场禁入的上市公司董事和监事人数统计情况表

年份	董事	监事	合计
2009	5	1	6
2010	18	0	18
2011	10	0	10
2012	5	0	5
2013	2	0	2

数据来源：中国证券监督管理委员会网站。

2010年10月26日，为了健全和完善证券执法工作，提高行政处罚工作的质量和效率，中国证券监督管理委员会决定在中国证券监督管理委员会上海监管局、广东监管局和深圳监管局3家派出机构进行行政处罚工作试点。试点单位按照规定对自办案件进行审理、听证，实施行政处罚。①

据不完全统计，近两年来受到中国证券监督管理委员会上海监管局行政处罚的上市公司董事和监事人数统计情况如表3所示。

表3　被上海证监局行政处罚的上市公司董事和监事人数统计情况表

年份	董事	监事	合计
2012	4	2	6
2013	0	0	0

数据来源：中国证券监督管理委员会上海监管局网站。

据不完全统计，近两年来受到中国证券监督管理委员会广东监管局行政处罚的上市公司董事和监事人数统计情况如表4所示。

表4　被广东证监局行政处罚的上市公司董事和监事人数统计情况表

年份	董事	监事	合计
2012	4	1	5
2013	3	0	3

数据来源：中国证券监督管理委员会广东监管局网站。

（四）证券交易所的授权性处罚

证券交易所的授权性处罚主要分为：通报批评、公开谴责、公开认定其

---

① 《中国证券监督管理委员会派出机构行政处罚试点工作规定》（2010年10月26日实施）规定：一、为了健全和完善证券执法工作，提高行政处罚工作的质量和效率，中国证券监督管理委员会决定在中国证监会上海监管局、广东监管局和深圳监管局3家派出机构进行行政处罚工作试点。二、试点单位按照规定对自办案件进行审理、听证，实施行政处罚，但案情重大复杂、涉及司法移送以及其他可能对当事人权益造成较大影响的案件除外。三、试点单位在审理过程中发现案情重大复杂，或者需由中国证监会行政处罚委员会审理的，应当提请行政处罚委审理。行政处罚委认为有必要的，可以审理原由试点单位审理的案件。

不适合担任上市公司董事和监事。①

受到证券交易所公开谴责十二个月内，上市公司不得公开发行股票。②

据不完全统计，近四年来被上海证券交易所公开谴责的上市公司董事和监事人数统计情况如表5所示。

表5　被上海证券交易所公开谴责的上市公司董事和监事人数统计情况表

年份	董事	监事	合计
2010	20	6	26
2011	17	0	17
2012	30	8	38
2013	6	1	7

数据来源：上海证券交易所网站。

据不完全统计，近四年来被深圳证券交易所公开谴责的上市公司董事和监事人数统计情况如表6所示。

---

① 《上海证券交易所上市公司董事选任与行为指引》第三十六条规定：董事存在未根据本指引规定善尽职守情形的，本所将按照相关规定约见谈话。第三十七条规定：董事违反本指引规定，情节严重的，本所将根据上市规则酌情予以下述惩戒：（一）通报批评；（二）公开谴责；（三）公开认定其三年以上不适合担任上市公司董事。
《上海证券交易所股票上市规则》（2012 年修订）规定：17.3 上市公司董事、监事、高级管理人员违反本规则或者向本所作出的承诺，本所可以视情节轻重给予以下惩戒：（一）通报批评；（二）公开谴责；（三）公开认定其三年以上不适合担任上市公司董事、监事、高级管理人员。以上第（二）项、第（三）项惩戒可以一并实施。
《深圳证券交易所股票上市规则》（2012 年修订）规定：17.3 上市公司董事、监事、高级管理人员违反本规则、本所其他相关规定或者其所作出的承诺的，本所视情节轻重给予以下处分：（一）通报批评；（二）公开谴责；（三）公开认定其不适合担任上市公司董事、监事、高级管理人员。以上第（二）项、第（三）项处分可以并处。
《深圳证券交易所创业板股票上市规则》（2012 年修订）规定：16.3 上市公司董事、监事、高级管理人员违反本规则、本所其他相关规定或者其所作出的承诺的，本所视情节轻重给予以下处分：（一）通报批评；（二）公开谴责；（三）公开认定其不适合担任上市公司董事、监事、高级管理人员。以上（二）、（三）项处分可以并处。
② 《上市公司证券发行管理办法》第三十九条规定：上市公司存在下列情形之一的，不得非公开发行股票：……（四）现任董事、高级管理人员最近三十六个月内受到过中国证监会的行政处罚，或者最近十二个月内受到过证券交易所公开谴责；……

表6　被深圳证券交易所公开谴责的上市公司董事和监事人数统计情况表

年份	董事	监事	合计
2010	11	5	16
2011	30	4	34
2012	13	3	16
2013	9	3	12

数据来源：深圳证券交易所网站。

三、结语

笔者寄希望于通过本文对上市公司董事和监事的义务与责任之阐述，更好地指导上市公司董事和监事的行为，进一步规范上市公司董事和监事的监督管理制度，为上市公司及中国证券市场的健康成长提供参考，也希望通过本文能够对即将或有所准备在未来担任上市公司董事和监事的精英人士有所帮助。

（本文系金茂凯德律师事务所创始合伙人李志强一级律师在2013年第一期上海证监局主办的上海辖区上市公司董事监事培训班上的讲稿）

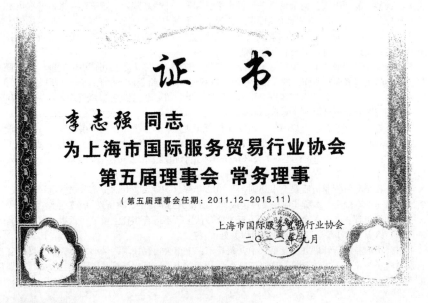

证　书

李志强 同志

为上海市国际服务贸易行业协会

第五届理事会 常务理事

（第五届理事会任期：2011.12-2015.11）

上海市国际服务贸易行业协会

二〇一二年九月

我国上市公司监事会制度研究与思考

自1992年原国家体改委发布《股份有限公司规范意见》提出建立我国股份有限公司监事会制度以来，我国借鉴大陆法系国家监事会制度，结合自身特点，逐步确立了具有中国特色的监事会制度。依据新《中华人民共和国公司法》（以下简称《公司法》）的规定，监事会代表股东独立行使对董事会、管理层及整个公司经营管理的监督权，防范违规舞弊行为的发生，是现代公司治理结构中极为重要的组成部分。

至今，监事会制度在我国上市公司中已有二十年的实践，在不同控股性质、不同行业、不同规模的上市公司中形成了风格不同的运行模式，创造了许多行之有效的经验做法，在完善公司治理方面发挥了积极作用。然而，现有监事会制度在实践中也存在一些问题，部分上市公司监事会形同虚设，甚至沦为董事会的"附属机构"，无法真正履行监督职责保障全体股东的利益。因此，在借鉴国外公司治理成功经验的基础上，对我国现行监事会制度进行系统研究，分析存在的主要问题并提出针对性的改进建议，对于进一步完善我国上市公司治理结构具有一定的现实意义。

一、国外监事会制度介绍与借鉴

监事会是公司治理结构中的一个重要组成部分，其出现和发展与现代公司制度的形成和实践是分不开的。当前，国际上主流国家的公司治理模式主要分为以英美为代表的外部监控管理模式（也称"一元制"模式）和以德日为代表的内部监控管理模式（也称"二元制"模式）。以英美为代表的外部监控管理模式主要依赖外部市场体系对公司进行监控，一般不设独立的监督机构。这种模式的特点是公司股权分散，资本市场发达，股东可以通过"用脚投票"的方式对公司进行监督。以德日为代表的内部监控模式强调公司的内部治理，一般设独立的监督机构。这种模式的特点是公司股权集中，资本市场活跃度不高，大股东通过"用手投票"来实现对公司的控制。

我国是在"二元制"模式的基础上，借鉴"一元制"模式的有效经验，形成了具有中国特色的上市公司治理模式，其基本架构是"三会一层"，即股东大会、董事会、监事会和高管层。股东大会是公司的最高权力机构，对公司重大事项进行决策；董事会是股东大会的执行机构，负责公司重要经营活动的决策和监督；管理层执行董事会决议，负责公司的日常经营管理活动；监事会是股东大会下设的专职监督机构，负责对董事会、管理层和公司的经营管理进行监督。以下简单介绍德国、日本两国公司监事会制度的主要经验，为完善我国上市公司监事会制度与实践提供参考。

（一）德国监事会制度

德国股份公司的股东大会下设监事会和管理委员会，股东大会由监事会召集和主持。监事会对股东大会负责，并参与决策管理，具有制定公司经营战略、重大人事任免的权力，同时也是公司的最高监督机构，负责监督公司业务与财务情况。

德国股份公司监事会由股东代表监事和职工代表监事组成，人数各占一半。受《德国股份法》和《雇员代表管理法》的双重约束，监事会的大小既取决于企业的规模，也取决于企业的共同决定权等法规。在资本额不足1500万欧元的企业，监事会人数最多为9人；1亿欧元以下的企业，监事会不得超过15人；无论资本额多少，监事会人数都不得超过21人。同时《雇员代表管理法》规定，监事会人数不得少于3人，且必须有职工代表。为了审议复杂的状况，监事会可以设立战略委员会、决算监察委员会、人事委员会、组织委员会、市场信用委员会以及仲裁委员会，其中仲裁委员会是必须设立的。

德国监事会不仅承担了对管理委员会及其成员履职的监督，而且拥有对公司管理的重大决策权，具体体现在：（1）管理委员会成员的任免权；（2）重大决策否决权；（3）公司经营知情权，管理委员会有义务向监事会定期汇报公司未来业务的经营策略、盈利预期、进展等事项；（4）业务与财务检查权。

总体而言，德国公司治理模式强调内部权力的制衡，在公司内部监督结

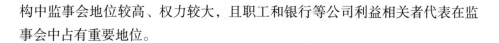

构中监事会地位较高、权力较大，且职工和银行等公司利益相关者代表在监事会中占有重要地位。

（二）日本监事会制度

日本制定公司法的时候借鉴了德国商法以及三权分立的政治思想。日本股份公司在股东大会下设立平行的董事会和监事会，两者均由股东大会选举产生，前者负责决策，后者负责监督。现行《日本公司法典》规定：股东大会与董事会为股份公司的必设机关，公司可以根据自身经营需要，自行选择监事会的设置，实践中大部分日本公司仍设有监事会（监事）。

在组织架构方面，日本监事会制度规定：资本在5亿日元以上或负债200亿日元以上的大公司必须设置监事会，监事为3人以上。《日本公司法典》还规定，监事会必须选定常勤监事，同时外部监事必须占监事会人数的一半以上。此外，资本在5亿日元以上或负债200亿日元以上的股份公司必须设置会计监察人，负责监督财务报表，制作会计报告，发现董事存在不正当行为时，应及时向监事报告。

日本的监事可以独立行使职权，《日本公司法典》规定，虽然监事在监事会有要求时必须报告其执行职务状况，但是监事会不能妨碍监事行使职权。正因为日本的相关法律维护"监事个体主义"的运作方式，监事会和监事的职权也有所区分：（1）监事会的职权包括解任和选任会计监察人、决定公司的监督事项、听取董事报告以及受领董事提交的报告书；（2）监事的职权根据公司规模不同有所差别。资本在5亿日元以上或负债200亿日元以上大股份公司监事的职权包括对公司及子公司的营业报告请求权、业务财产状况调查权、股东大会议案的调查权等，且监事必须出席董事会，必要时可陈述意见。在监督过程中，因董事违反法令或章程的行为，对公司产生显著损害时，监事可以请求董事停止该行为。由于监事疏于执行职务导致公司的财产受到损失时，监事还要对公司的损害承担连带赔偿责任。《商法特例法》强调了监事的财务监督权，如规定监事应调查董事向股东会提交的会计文件，向股东会报告其意见，监事可随时阅览或抄录会计账簿及文件，或请求董事或其他使用人提供会计报告，必要时可以调查公司财务和业务状况。

二、我国上市公司监事会制度建设情况

（一）我国监事会制度的产生与发展

我国在建设社会主义市场经济的实践中，一直致力于建立和完善现代企业制度。监事会的正式提出可以追溯到1992年原国家体改委发布的《股份有限公司规范意见》，文件首次提出"公司可设监事会，对董事会及其成员和经理等管理人员行使监督职能"，初步规定了监事会的组成、职权和议事规则。1993年的《公司法》规定了我国公司形式为股份有限公司和有限责任公司，股份公司的组织机构为股东大会、董事会、监事会、经理。监事会是公司内部专职的监督机构，代表出资人行使监督权力，向股东大会负责。《公司法》明确提出"股份公司、有限责任公司设监事会"，规定了监事会的组成、监事的任职资格、监事会的职权和议事规则以及监事权利与义务等。其后，国务院证券委员会、国家体改委于1994年颁布了《到境外上市公司章程必备条款》，证监会于1997年出台了《上市公司章程指引》等规章，进一步巩固和完善了我国股份公司监事会制度。2001年，中国人民银行发布了《股份制商业银行独立董事和外部监事制度指引》，进一步规定了外部监事的比例和作用。2002年，证监会和国家经济贸易委员会联合发布《上市公司治理准则》，阐明了我国上市公司治理的基本原则、投资者权益保护的实现方式，以及上市公司董事、监事、经理等高级管理人员应当遵循的基本行为准则和职业道德内容，也进一步明确了监事会的职责、构成和议事规则。2005年修订的新《公司法》总结了我国监事会制度实施以来的经验教训，强化了监事会在公司治理中的地位、作用、职责、权力和义务，一是为监事会增设了诸多实质性权力；二是规范了监事会会议和表决机制；三是明确了监事会行使职权的费用保障机制。

（二）我国现行上市公司监事会制度法律法规

我国现行上市公司监事会制度的相关规定主要体现在《公司法》、《上市公司治理准则》、《上市公司章程指引》、《上市公司股东大会规则》等各层级法律法规中，主要包括监事会组织架构、监事会权利与义务以及监事的任职资格等。

1. 监事会组织架构。上市公司监事会成员不得少于3人，应当包括股东代表和适当比例的职工代表，其中职工代表的比例不得低于三分之一，具体比例由公司章程规定。监事会中非职工代表由股东大会选举和更换，可以实行累积投票制；职工代表由公司职工民主选举产生。监事会设主席一人，负责召集和主持监事会会议，可以设副主席。监事会主席和副主席由全体监事过半数选举产生。监事任期每届3年，任期届满，连选可以连任。

2. 监事会职权。监事会职权主要包括以下几个方面：一是检查公司财务；二是列席董事会会议，并对董事会决议事项提出质询或建议；三是对董事、高管层的行为进行监督，当上述人员损害公司利益时，要求其予以纠正，并向董事会、股东大会反映或直接向证券监管机构及其他有关部门报告，必要时可以提出罢免建议或提起诉讼；四是对董事、高管层进行考核评价，考核结果应成为对董事、高管人员绩效评价的重要依据；五是可要求公司董事、高管人员、内部及外部审计人员出席监事会会议，回答所关注的问题；六是可提议召开临时股东大会，并在董事会不履行法定召集和主持职责时代其履行；七是向股东大会提出提案；八是发现公司经营情况异常时，可以进行调查，所需合理费用由公司承担。

3. 监事会职责。上市公司监事会可以利用法定职权并结合公司实际有针对性地开展监督工作，除此之外，监事会还必须履行一些法定的、例行监督职责，主要包括：一是至少每六个月召开一次监事会会议，如因故不能按期召开，要公告说明原因；二是出席股东大会向全体股东报告过去一年的工作情况，并就股东的质询作出解释和说明；三是对董事会编制的定期报告进行审核并提出书面审核意见。

4. 监事任职条件及考核。在监事的选聘方面，上市公司监事应具有法律、会计等方面的专业知识或工作经验，监事会的人员和结构应确保其能够独立有效地行使对董事、高管人员及公司财务的监督和检查。除此之外，还设定了一些限制性条件，如有下列情形之一的，不得担任监事：无民事行为能力或者限制民事行为能力；因犯罪被判处刑罚或者被剥夺政治权利，执行期满未逾五年；担任破产清算或被吊销营业执照公司的负责人，并负有个人责任的，自破产清算完结之日起或被吊销营业执照之日起未逾三年；个人所

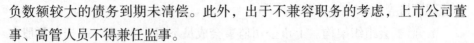

负数额较大的债务到期未清偿。此外，出于不兼容职务的考虑，上市公司董事、高管人员不得兼任监事。

在监事的考核方面，上市公司应建立公正透明的监事绩效评价标准和程序；监事的评价应采取自我评价与相互评价相结合的方式进行。

三、我国现行监事会制度存在的主要问题

（一）监事会严重缺乏独立性

当前，上市公司监事会缺乏独立性主要源于两方面原因：

一是监事会人员构成不合理。我国公司法规定，监事会由股东代表和职工代表组成，但我国上市公司股权一般较为集中，股东监事基本来自控股股东，主要代表大股东的利益，职工监事的聘用、薪酬、升值等又都由董事长或管理层决定，独立性极为有限。监事会中缺少中小股东或其他利益相关者的代表，难以对大股东及其控制下的董事会、高管层形成有效监督。

二是监事薪酬的来源过于单一。股东代表监事、职工监事的薪酬大多来源于上市公司大股东及其关联方或其控制下的上市公司，由被监督对象确定薪酬，势必影响监事的独立性。

在上市公司监事绝大多数都直接或间接受制于大股东的情况下，监事会在履职过程中势必优先考虑大股东利益，面对大股东控制下的董事会和高管层时，也无法独立客观履行监督职责。

（二）监事会履职能力有所欠缺

是否具备良好的履职能力一方面取决于监事的专业能力，另一方面取决于监事会人员配置的合理性。我国上市公司监事会在专业能力和监督资源的双重约束下，履职效果与监事会的设立初衷存在较大差距。

一是监事的专业知识及业务能力在整体上尚存在不足，监督能力有限。我国相关法规要求监事应具有法律、会计等方面的专业知识和工作经验，但未给出具体标准，监管部门对监事任职资格的监管也无明确依据。实践中，上市公司监事在学历、专业以及工作经验等方面整体而言略显不足，监事的

选择主要取决于其是否"听话"，而非是否专业，这一点在民营上市公司中表现得尤为明显。

二是监事会人员配置不到位，监督资源有限。无论经营规模大小、业务复杂程度高低，大多数上市公司监事会仅由法定最低人数3人组成，一般也没有设立监事会日常办事机构。而且，监事往往一人多岗，兼职情况极为普遍，工作重心通常不放在监事工作上。

（三）激励约束机制不够完善

当前任何层级的法律法规均无具体的监事激励及惩罚条款，上市公司内部一般也没有制定完善的监事管理办法，合理的激励约束机制的缺失导致监事缺乏勤勉尽责的动力和压力。

一是现有法律法规对监事薪酬体系没有明确规定。监事往往一人多岗，但一般按照其业务岗位领取薪酬，监事工作成果不在其薪酬中体现。此外，监事的报酬也普遍低于董事和高管人员，这导致监事缺乏尽职履责的动力。

二是对监事会的约束机制不够健全。虽然相关规定赋予了监事会较多权限，但强制性的例行工作并不多，监事会只要在形式上满足了法定要求，是否开展其他监督工作就具有很大的弹性。结果是监事会怠于行使职权的现象较为严重，许多上市公司监事已习惯于沉默，监事不监"事"甚至不知监何事的情况屡见不鲜。虽然也有规定监事履职违反法律、行政法规或公司章程，给公司造成损失的，应当承担赔偿责任，但缺乏可操作的具体规定，追究监事个人责任的情况也极为少见，这导致监事缺乏尽职履责的压力。

（四）监事会相关法规缺乏实施细则

我国监事会制度在监事会的权利与义务、监事的选任及考核等方面大多作了相应规定，且适时颁布不同层级的法律法规予以完善，但总体而言，现行规定仍显得过于笼统，缺乏可操作性，如监事会具体职权范围、履职保障、薪酬制度等均没有统一的、强制性的规定。

监事会每年完成为数不多的几项例行监督工作后，一般不再针对公司实际开展额外的监督检查。监事普遍存在"不求有功，但求无过"的想法，只要是

法律没有明确规定必须要做的事，就不去做，干或不干，干多干少，主要取决于监事的敬业精神，这在很大程度上削弱和限制了监事会作用的有效发挥。

（五）监事会法律地位无法保障

在我国现行公司治理结构中，董事会和监事会是股东大会下设的平行机构，均对股东大会负责，两者在法律地位上是平等的，这种平等的法律地位为监事会有效履职提供了制度保障。然而，形式上监事由股东大会选举产生，实际上往往却是董事会推荐给股东大会的，这就产生了监督者的选聘由被监督者主导的怪现象，导致两者先天上的不平等。

更为重要的是，上市公司内部一般也没有把监事会看做是与董事会地位平等的职能机构，监事会行使职权所必需的条件皆受制于董事会，如监事会履职所需经费通常须由董事会审批。此外，监事的权威及整体薪酬水平与董事相比也较低，这些都导致监事会与董事会存在着事实上的不平等。

监事会与董事会先天及事实上的不平等造成监事会与公司各部门之间的工作协调存在很多问题，如监事会调阅公司财务资料一般都要经过董事会或高管层的"中介"和"过滤"，这给监事会履职造成较大障碍。

四、完善我国监事会制度的相关建议

（一）强化监事会的独立性

独立性是监事会制度的灵魂，是监事会有效履职的根本前提。当前，我国保障监事会独立性的制度设计仍有不足，建议通过以下措施予以改进。

1. 监事来源要广泛，监事会构成要合理。公司是多方利益主体为追求利益最大化所缔结的契约，监事会人员构成应保证其独立性，并代表所有利益相关者的利益。为此，监事会成员除大股东代表、职工代表外，还应包括中小股东代表、独立监事等。同时，代表不同利益群体的监事应保持合理比例，以形成有效的制衡机制。中小股东代表、独立监事可以通过修订监事提名、选举规则予以保证，例如，建议由各地方上市公司协会设立独立监事人才库，按照社会股东的比例提名独立监事候选人，并由上市公司股东大会选举产生，同时，监事选举应强制执行累积投票、网络投票、大股东回避表决等制度。

2. 加大力度推广独立监事制度。独立监事制度最早可追溯至1993年的日本，2002年德国也开始推行。我国法律中目前尚未引入独立监事制度，但从1999年开始，部分上市公司开始设立独立监事，如仪征化纤等。目前，设立独立监事的上市公司逐渐增多，如中国石化、中国石油、中国远洋等众多上市公司均先后聘请了独立监事。

建议通过制度设计强制推广独立监事，独立监事的选聘可参考现行独立董事制度，从社会上选聘会计、法律或行业专家。引入独立监事有利于提高监事整体素质和监督能力，更可以在一定程度上约束大股东对监事会的控制，增强监事会决策的客观公正性和独立性。

3. 监事薪酬取得要相对独立。上市公司应制订完善合理的监事薪酬管理办法，在薪酬中更多体现监事工作的价值，并通过制度设计既保证监事积极履职又避免监事因履职而使个人经济利益受损，例如，制度要求公司必须建立兼职监事岗位考核与监事工作考核相结合的考核评价体系。同时，为使监事彻底摆脱对大股东的依赖，对独立监事薪酬的发放可以考虑建立第三方评价、支付体系。

（二）提高监事会的履职能力

增强独立性解决的是监事履职的主观意愿问题，提高履职能力则对监督效果至关重要。

1. 监事任职资格要明确，监事会专业构成要合理。现代企业各项工作专业性强，要对董事会、经理层及公司经营情况进行有效监督，监事应掌握管理、会计和法律等相关专业知识。建议明确规定监事任职所需的资格证书、从业经历等硬性指标，以提高监事的专业性，如要求监事应具有五年以上法律、经济或其他履行独立监事职责所必需的工作经验等。此外，监事会成员应保证专业结构的合理性，以提高监事会的监督合力，如规定监事会至少包括一名具有会计高级职称或注册会计师资格的监事等。

2. 保证监事会履职资源，差别化规定监事会人数。一是按照公司规模（或其他指标）差别化规定监事会人数，公司的业务不同、体量不同、架构

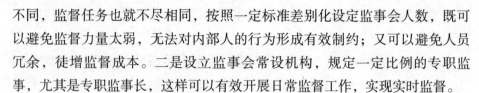

不同，监督任务也就不尽相同，按照一定标准差别化设定监事会人数，既可以避免监督力量太弱，无法对内部人的行为形成有效制约；又可以避免人员冗余，徒增监督成本。二是设立监事会常设机构，规定一定比例的专职监事，尤其是专职监事长，这样可以有效开展日常监督工作，实现实时监督。

3. 引导国资控股公司派驻职级较高的人员担任监事。监事（长）的职级较高，可以在很大程度上增强监事会在公司内部的话语权，便于开展监督工作，建议引导国资控股集团派驻职级较高的人员担任上市公司监事，以实现监事会与董事会地位的真正平等。

（三）建立科学的激励约束机制

1. 进一步完善监事激励机制。一是完善物质上的激励机制。建议要求公司建立合理的监事会监督考核指标体系，不应以经营业绩作为监事工作考核的重要标准甚至唯一标准，否则，就可能偏离监事会设立的初始目标。为激励监事积极履职，专职监事的薪酬可采用"薪资+浮动激励"的政策，薪资反映日常监督工作情况，浮动激励可采取股票期权等中长期考核方式；对兼职监事可以采取"出席会议补贴"、岗位津贴和监事津贴相结合等方法鼓励其更为主动地参与日常监督。二是构建声誉上的激励机制。对于工作表现出色的监事给予一定的精神奖励，提高其人力资源价值和社会美誉度，如评选年度最佳监事，这符合人们获得社会尊重以及实现自我价值的心理需求。

2. 进一步完善监事约束机制。监事不作为或乱作为都可能损害上市公司及利益相关者的利益，但在已经查处的上市公司违法违规案件中，鲜有对监事进行处罚的，这或许是对失职监事的纵容，对尽职监事发出的错误信号。

建议设计严格的、具有可操作性的监事责任追究机制，制定详细具体的惩罚标准，如上市公司发生违法违规或损害投资者利益的情况，则要求监事举证自己无过错，否则应对其进行相应惩罚，以增加其失职成本。

（四）细化监事会监督职责与权力

明确监事职责与权力是其有效开展监事工作的必要前提，只有规定监事具体职责并赋予相应的监督权力，上市公司的监事工作才能有序开展、有力执行。

1. 以章程形式明确监事会具体职责。建议要求上市公司在公司章程中增加监事会的例行监督事项，如强制列席董事会、总经理办公会；定期检查公司重大项目进展情况；定期或不定期抽查公司财务资料等。此外，还应要求上市公司监事会与年审机构作例行沟通，并对年审机构的审计质量进行评价，这样可以将监事会对公司的财务监督权落到实处。

2. 以制度形式保障监事会具体职权。监事会的义务与权利应匹配，建议上市公司通过制度的完善确保监事会的知情权，包括会议文件和资料送达制度、企业财务报表报送制度、监事会质询回应制度等；赋予监事会对特定业务的强制约束权，明确规定需经监事会批准的事项；细化监事会经费保障制度条款，以避免监事会在资金上对大股东、董事会和经理层形成依赖，具体可设立监事会基金作为日常经费，数额由股东大会决定或按一定比例从公司利润中提取，列入公司年度预算中。

（五）创建良好的监事履职环境

1. 优化监事会内部履职环境。在内部履职环境方面，一是要求公司建立健全监事会履职细则，准确界定监事会、董事会下属审计委员会以及独立董事的权责利边界，解决好职权划分与整合，如建立上述主体之间的联席会议机制，以实现信息共享，充分沟通，避免监督资源浪费；明确独立董事侧重于通过决策程序（在董事会上投票）发挥监督职能，监事会则侧重于全过程监督。二是将监事会的监督职能与上市公司的内控建设有机结合，要求公司进行内控机制设计的同时纳入监事会的监督职能，将具体监督事项嵌入到公司的内控管理流程，这样就能建立监事会履职的长效机制，实现监督工作的常态化。三是加强对上市公司董事、高管的培训，增强其对监事会法定权利与义务的认识，尽可能减少监事履职障碍。

2. 改善监事会外部履职环境。在外部履职环境方面，一是政府相关部门应加强对上市公司监事会工作的重视和支持，与监事会建立良好的沟通机制，要求公司指定监事（长）定期与监管部门（如各地方证监局）、委派部门（如国资委、地方协会）沟通汇报，充分有效利用好监事会对董事、高管人员的绩效评价结果。这样可以拓宽监事会监督结果的利用渠道，并在一定程度上提高监事在公司内部的地位。二是加强对中小投资者的教育，提高其参与意识，引导投资者利用手中的投票权选举能够真正代表自己利益并行使监督权的监事。

3. 改善监事会外部履职环境。监事可以包括股东委派的股东监事、其他外部监事、独立监事和通过公司职工代表大会选举产生的职工监事，这四类监事都应当按照我国《公司法》等法律法规和规范性文件履行好职责，其依法履职受到法律保护。

创建良好的监事履职环境还应当包括各级证券监管部门和上市公司协会在监事和/或监事会依法履行法定职责受到干扰、阻碍，其合法权益受到侵害时，应维护其采取适当的救济措施，如提议召开相关上市公司临时股东大会等，以切实维护我国《公司法》的权威。

总之，加强我国上市公司监事会制度的研究和思考具有很强的现实意义，良好的上市公司治理是各种所有制企业健康管理的风向标。通过《公司法》修订的方式可以进一步完善我国上市公司监事会制度，为我国上市公司监事会制度提供有力的法律支撑，构建适合中国实际状况的公司治理模式，推动公司董事会和管理层勤勉尽责，维护全体股东合法权益。

（本文原载于2014年9月25日《证券时报》）

证　书

经上海市服务外包企业协会第一届理事会选举，金茂凯德律师事务所李志强先生任上海市服务外包企业协会第一届理事会理事。

上海市服务外包企业协会
二〇一四年三月二十五日

"沪港通"下投资者如何合理维权

沪港通是我国资本市场双向开放的重要内容，具有重大的战略意义。由于大多数内地投资者对联交所和香港证监会缺乏了解，笔者就"沪港通"投资者权利保护的相关法律问题进行阐述。

一、法定监管机构：中国证监会和香港证监会

中国证监会《沪港股票市场交易互联互通机制试点若干规定》第四条规定，根据中国证监会对沪港通业务进行监督管理，并通过监管合作安排与香港证券及期货事务监察委员会及其他有关国家或地区的证券监督管理机构，按照公平、公正、对等的原则，维护投资者跨境投资的合法权益。可知，沪港通业务的法定监管机构为中国证监会和香港证监会。

中国证监会于2014年10月17日与香港证监会共同签署了《沪港通项目下中国证监会与香港证监会加强监管执法合作备忘录》。在该备忘录签署后，内地与香港关于沪港通跨境监管合作的制度安排已完成，将为沪港通的投资者保驾护航。

二、可向香港证监会投诉

沪港通是资本市场的双向开放，香港施行"一个国家，两种制度"的管制机制，与内地相比在监管体系、法律制度等方面存在差异。相应的投资者投诉问题涉及一币两面，如境外投资者向内地监管机关投诉，适用内地的法律、法规和规范性文件；如内地投资者向香港监管机构投诉，则适用香港的法律和规则。

沪港通包括沪股通和港股通两部分，投资者委托内地证券公司，通过上交所设立的证券交易服务公司（SPV），向联交所进行申报，买卖规定范围内的联交所上市的股票，此业务称为港股通。在业务开通初期，港股通的投资者对于联交所和香港证监会缺乏了解，在权益受到侵害时可能会遇到不知向什么机构投诉、用什么方式投诉的尴尬局面。

正如前文所说，香港证监会负责监管香港证券期货市场的运作，也是接受投资者投诉的机构，但香港证监会的职权也是有限的，当投诉超越其职权范围时便无权处理。

香港证监会受理投诉的范围具体表现在：市场失当行为，例如市场操控、内幕交易；有关证监会持牌人士的行为，例如不当销售、挪用客户资产、未授权交易、申请牌照时提供误导资料；向香港公众销售未经证监会认可的投资产品；未能根据法例披露大股东与上市公司的权益；企业披露；上市公司提供虚假及误导资料；违反公司收购、合并及股份回购守则。

以下各种投诉则超越了香港证监会的监管范围：黄金买卖；由银行提供的非投资相关服务；保险从业人士就投资保险产品的销售及服务；服务素质，例如服务态度恶劣；经纪行商业决定，例如经纪行取消客户户口；私人纠纷，例如追收私人合约欠款。

香港证监会在审理投诉时，着眼于投诉对象是否遵守香港证监会执行的法规，如果是涉及香港证监会职权范围的投诉，由香港证监会投诉监控委员会作初步审议及分派投诉于相关部门再做处理。因此，港股通的投资者可以通过致电、传真或网上填写投诉表格等方式，向香港证监会投诉，依法维护自身的合法权益。

三、赔偿基金支付投资者赔偿

虽然《沪港股票市场交易互联互通机制试点若干规定》和《沪港通试点办法》对于港股通投资者的赔偿问题都没有明文规定，但是根据上述两项规章的主旨可推定，在港股通的投资者权益受到侵害时，可依据香港《证券及期货条例》的相关规定，依法得到相应赔偿。

《证券及期货条例》于2003年4月1日正式生效，是对之前用于监管香港证券及期货市场的十项条例的整合及革新，旨在综合和修订关于金融产品、证券期货市场及证券期货业的法律，关于监管与金融产品、证券期货市场及证券期货业有关联的活动及其他事宜的法律，关于保障投资者的法律，以及关于附带或相关事宜的法律，并就有关联的目的订立条文。

按照《证券及期货条例》第十二部分的规定，香港证监会必须设立及维持"投资者赔偿基金"，其目的在于一旦"持牌中介人"或"认可财务机构"因为违责事项而导致任何国籍的投资者蒙受金钱损失，而这些违责事项是涉及香港交易所买卖的产品的话，投资者赔偿有限公司会从赔偿基金中支付于投资者获准申索的赔偿。

根据《证券及期货条例》的规定，投资者赔偿有限公司为管理赔偿基金运作及处理有关申索的机构。投资者赔偿有限公司需要就"持牌中介人"或"认可财务机构"在2003年4月1日或之后发生的违责事项，负责有关的接收、裁定及支付赔偿。

赔偿基金旨在为散户投资者提供某程度的保障，如果港股通的投资者是违责中介人的客户，并且因为中介人的违责事项而导致港股通投资者的投资蒙受金钱损失，其都可以向投资者赔偿有限公司提出申索。

"违责"在《证券及期货（投资者赔偿——申索）规则》中的定义为：违责中介人，其雇员或其相联者破产、清盘，或无偿债能力，或违反信托、亏空、欺诈或犯有不当行为。

符合资格的投资者可向投资者赔偿有限公司提出赔偿申索，但以下投资者不得提出申索：持牌法团；认可财务机构；认可交易所、认可控制人或认可结算所；获认可的自动化交易服务提供者；获授权的保险人；获认可集体投资计划的经理人或营办人；违责中介人法团的相联者，而该相联者是法团；违责中介人法团中违反信托、亏空、欺诈或犯有不当行为的雇员；特区政府或海外政府；上述人、计划或安排的受托人或保管人。

四、信息披露由香港证监会监管

根据《上海证券交易所沪港通试点办法》第一百一十四条的规定，沪股通股票、港股通股票发行人及相关信息披露义务人的信息披露等行为监管，由股票上市地的证券交易所负责监管，适用股票上市地的法律、行政法规、部门规章、规范性文件和证券交易所业务规则。可知，港股通股票发行人及相关信息披露义务人的信息披露由香港证监会监管，且港股通投资者可依据香港的《证券及期货条例》依法维护自身的知情权。

根据《证券及期货条例》第307B条，如有以下情况，上市法团（上市公司）有在合理、切实可行的范围内尽快向公众披露该消息的义务：该法团的高级人员在以该法团的高级人员的身份执行职能时，知道或理应知道该消息；一名合理的人，如以该法团的高级人员的身份行事，会认为该消息属关乎该法团的内幕消息；《证券及期货条例》第307C条规定，作出第307B条所指的披露的方式，须使公众能平等、适时及有效地取得所披露的内幕消息。上市法团如已透过由某认可交易所营运的、用于向公众散发消息的电子登载系统，散发根据第307B条的规定而需披露的内幕消息，即属遵守该款。

本条是对上市公司强制披露义务的规定，同时也是对投资者知情权的保护，港股通投资者既可以通过登录联交所"易披露"网站，也可以通过公告板、咨询供应商处和上市公司自设的网站等途径获取上市公司披露的信息，依法维护自身的知情权。

综上所述，关于投资者权利保护，我们一方面呼吁监管机构搭建更完善的保护机制；另一方面，我们也希望投资者能努力提升跨境投资风险意识、风险识别能力和自我保护能力。

（本文首次刊登于2014年11月1日《证券时报》）

争端解决篇

谋篇布局，从容应对：上市公司与明星肖像权纠纷案纪实

对上市公司而言，努力打造自身正面形象，扩大影响力，维护资本市场合理估值是其核心关注所在。公司的日常运营需要引入规范化的管理机制，否则便容易卷入不必要的纠纷中。

上市公司历来是治理规范、财力雄厚的优质公司的象征，而影视明星则以其出众的外形以及精湛的演技吸引着众多粉丝的追捧。本案中，金茂凯德律师事务所（以下简称本所）律师担任常年法律顾问的这家上市公司是国内知名品牌及行业领军企业，具有很高的社会认可度及知名度，而本案的另一方当事人是影视明星吴秀波先生。他于2010年凭借《黎明之前》被观众所熟知，2013年由其与汤唯主演的电影《北京遇上西雅图》刷新了国产爱情片票房纪录。他在2011年6月6日上海电视节上获得最具人气男演员等奖项，同年12月8日更是荣获华鼎奖最佳男主角。2012年9月9日获得中国电视金鹰奖最佳表演艺术男演员与最受观众喜爱男演员。双方围绕是否侵犯吴秀波先生的肖像权产生了纠纷，当上市公司遇上影视明星，结局会如何？本案就是从这里拉开帷幕的。

本案的基本案情：原告是知名影视明星吴秀波先生，他发现被告一公司经营的网站曾发行一期产品促销活动，并在网页显著位置公开展示了其本人多幅照片，并指明点评。被告一公司和被告二公司的新浪官方微博对此促销活动进行了新媒体的互动推广。吴秀波先生认为在未经其许可的情况下，被告一公司与被告二公司擅自利用他的姓名和肖像进行商业宣传的行为，构成肖像权侵权，并依此向人民法院提起诉讼，要求被告二公司停止侵权、赔礼道歉，并连带赔偿经济损失、合理支出及精神损害抚慰金共计人民币25万元。在证据提供方面，原告代理律师提交了影视明星吴秀波的百度百科资料以证明其知名度及美誉度，并试图通过公证的方式证明原告的肖像权受到了

侵害。

在得知公司被起诉之后，被告二公司的总经理紧急联系了李志强律师，并表达了自己的忧虑与关切。对上市公司而言，卷入诉讼案件会直接损害企业形象，甚至影响上市公司股票的估值。事态严峻，作为被告二公司的代理律师，我们仔细听取总经理对案情的阐述，并逐渐理清了整个案件的脉络。出于对律师丰富诉讼经验以及良好职业素养的信任，总经理委托本所专业律师团队全权负责本案。

为了及时并最大限度地维护客户的利益，李志强律师紧急召集团队律师，对案件进行深入探讨，积极寻找证据，并提出了应对措施。本案的争议焦点即是否构成肖像权侵权，从一般侵权责任的构成要件角度考虑，我方只需证明被告二公司主观上不存在过错，客观上未造成肖像权损害的事实，则对方的诉讼请求自然土崩瓦解。而且，司法实践中一般认为以盈利为目的是肖像权侵权的构成要件，在此方面我方若能提出有力抗辩，便能取得本案的主动权。对此，我方提出了以下质证意见：

1. 被告二公司并未参与本次产品促销活动的组织策划，并未指定被告一公司使用原告的照片，仅仅作为赞助者并转发了一条本次活动的微博，主观上并不存在侵权的过错。

2. 本次活动并非盈利性活动，主要是对明星风格时尚供网友进行评选，并非突出原告或以原告为主题的商业宣传，原告无法证明被告一公司从中获得利益。且本次网络评选活动主要为宣传正能量，积极健康，并未有任何恶意毁损、侮辱、贬低原告的内容或意思，并不会对原告造成损害事实。

3. 本次网络评选活动使用的照片为原告在影视剧中的形象，并不属于现行法律明文规定的肖像权范畴。

4. 原告律师所提供的百度百科并不能证明原告的知名度及巨大的商业价值。

面对客户的希望与肩上的重任，我们加班加点，继续奋战，为正式开庭做好了充分的准备。庭审时，我方坚持从侵权责任构成要件、非盈利性以及剧照非法定肖像权范畴等角度全面论述，有力反驳对方的主张。对于对方仅以百度百科试图证明原告巨大商业价值的策略，我方则明确要求对方提供商演出场费用、片酬、广告费等证据，但对方却无法提供。当庭审进行到一定阶段时，我方果断提出被告二公司并非本案适格诉讼主体，要求对方撤诉，令原告措手不及。原来，在对方提供的材料中，有一份用于证明被告二公司与本案有关联的关键证据，即新浪微博的注册号，实际上并非被告二公司，而为被告二公司的子公司，由于公司名字相近，原告误将被告二公司告上法庭。我方紧紧抓住对方这一漏洞乘胜追击，胜利的天平也开始逐渐向我方倾斜。

公众人物由于其公共性，会引起公众的广泛关注与浓厚的兴趣。与非公众人物不同，无论公众人物愿意与否，法律为了公共利益或满足公众知情权等需要，对公众人物的肖像权、隐私权等人格权应作必要的限制。毋庸置疑，我们应尊重明星作为个体的肖像权，但明星作为公众人物，应对合理使用其肖像的行为予以一定的容忍与理解。本案中的网络评选活动是网友的一次追星活动，是对明星时尚的评点，完全积极健康，并非针对某明星或利用某明星作宣传，也并未丑化或侮辱某明星。

值得我们深思的是，对于像明星这样的公众人物，在法律上究竟享有什么样的权利，他们享有的权利究竟应当怎样保护。换言之，对公众人物的某些权利加以限制，究竟要限制到什么程度。而作为上市公司，值得思考的是，如何合理地利用商业行为促进公司的宣传，如何规范自身商业行为并提高风险控制意识与风险防范能力以及如何合理地保护上市公司不受缠讼。毕竟上市公司遭遇诉讼产生的负面影响不可忽视。

最终，本案以影视明星吴秀波先生的撤诉而告终。金茂凯德律师在诉讼过程中尽力维护客户利益，展现了出色的诉讼技巧以及争议解决能力，在避免成为舆论焦点对上市公司产生不利影响的前提下迅速完成了使命。

我国《仲裁法》修订时建立临时
仲裁制度的立法建议

《中华人民共和国仲裁法》（以下简称《仲裁法》）自1994年8月31日八届人大常委会第九次会议通过至今已逾20年，众所周知，我国实行机构仲裁制度，法律上排斥了临时仲裁制度。但随着改革开放的深入和争端解决制度创新的需要，我国仲裁法律制度应当考虑吸收国际通行的临时仲裁制度。

本文从国际领域临时仲裁入手，提出我国建立临时仲裁制度的意义及障碍。在此基础上，深入研究我国建立临时仲裁制度的可行性及具体措施，以期在实践中起到指导作用。

一、国际领域临时仲裁制度的发展现状

（一）国际领域关于临时仲裁制度的立法现状

目前，很多国家和地区都建立了临时仲裁制度，如匈牙利、奥地利、芬兰、日本、德国、挪威、美国、荷兰、瑞典、英国、斯洛文尼亚、比利时等。甚至有些国家将临时仲裁作为唯一合法的仲裁形式，如西班牙、挪威等。此外，一些关于仲裁的国际合约和示范法也会涉及临时仲裁制度：如1958年的《纽约公约》第1条第1款、第2款规定均涉及临时仲裁；1961年的《关于国际商事仲裁的欧洲公约》第4条也规定，当事人可以自由决定将其争议提交常设仲裁机构或临时仲裁机构审理；1985年《国际商事仲裁示范法》第2条a款规定"仲裁"是指无论是否由常设仲裁机构进行的任何仲裁。

（二）国际领域关于临时仲裁制度的实践现状

1. 临时仲裁的案源现状。从世界各国的司法实践来看，临时仲裁比较

适合标的额较小、时间紧迫的纠纷。从国际社会的仲裁实践来看，绝大多数的案源集中在金融、海事海商等领域，其中海事仲裁尤为典型。中国的海事（主要是租约）有多达70%~80%的商品买卖有伦敦仲裁条款，而且都是临时仲裁。而国际海事纠纷，绝大部分是通过临时仲裁解决的。伦敦海事仲裁员协会几个知名仲裁员每人一年要处理六七百件临时仲裁案件。香港国际仲裁中心是常设仲裁机构，双方当事人除了可以选择机构仲裁，也可选择临时仲裁解决纠纷。香港是世界上重要的金融、贸易、旅游和客货运输中心之一，临时仲裁在这里相当活跃。香港国际仲裁中心成立以前，香港的仲裁都是通过临时仲裁来处理的。现在临时仲裁的地位在香港仍然举足轻重。许多涉及国家当事人的纠纷，也常采用临时仲裁的方式来解决。在1982年的"美国独立石油公司诉科威特政府"的仲裁案中，临时仲裁程序的灵活变通以及公平是促成争议解决的有利条件。

2. 临时仲裁庭组成问题的解决。由于临时仲裁缺少这种机构仲裁常设管理机构负责任命仲裁员的机制，当临时仲裁的当事人不能就仲裁员的任命达成一致意见时，临时仲裁程序就无法启动。以防这种情况的发生，有必要为临时仲裁设立补充性的仲裁员任命机构。

目前各国的实践中有三种做法：

由法院担任仲裁员任命机构。

如瑞典《1999年仲裁法》第14条规定"如对方当事人未能在规定的期限内委任仲裁员，经另一方当事人请求，地区法院应委任仲裁员"；德国、法国、瑞士、奥地利、美国等国家也有类似规定。法院协助临时仲裁庭的组成，更能体现对仲裁员任命的公正性要求。

由常设仲裁机构担任仲裁员任命机构。

常设仲裁机构按照其职责可以分为管理型和宣传协助型两种类型。宣传协助型常设仲裁机构如香港国际仲裁中心，会在其章程或宗旨中载明"应相关请求，指定仲裁员或公断人"，或者在仲裁规则中明确规定出中心将起到指定机构的作用，由其负责人对仲裁员进行指定。根据香港新仲裁法，达成仲裁协议的当事人，如果就仲裁及指定机构未能协商一致，不能组成仲裁庭，则可直接向香港国际仲裁中心申请指定仲裁员。香港国际仲裁中心被法律授予指定仲裁员的权力，与过去由香港高等法院通过冗长的司法程序指定

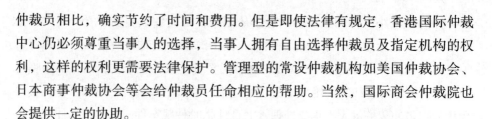

仲裁员相比，确实节约了时间和费用。但是即使法律有规定，香港国际仲裁中心仍必须尊重当事人的选择，当事人拥有自由选择仲裁员及指定机构的权利，这样的权利更需要法律保护。管理型的常设仲裁机构如美国仲裁协会、日本商事仲裁协会等会给仲裁员任命相应的帮助。当然，国际商会仲裁院也会提供一定的协助。

由其他机构或当事人委托的个人任命仲裁员。

这种任命方式很少见，英国和阿根廷的仲裁法有相关的规定。英国对于临时仲裁中仲裁员的任命机构的范围规定得相对宽泛，法院、仲裁机构、个人都可以。在阿根廷，当事人可以自行任命仲裁员，也可以委托一个第三者去任命仲裁员。

3. 临时仲裁裁决的执行现状。保证临时仲裁的权威性关键在于保障其裁决的执行。就目前各国的实践来讲，拥有临时仲裁制度的国家对于其裁决的执行都会予以法律保障。在国际社会，临时仲裁裁决在他国获得承认与执行的主要是依据1958年《纽约公约》。各国临时仲裁的裁决也因此在国际社会能够顺利执行，即使像我国这样国内不承认临时仲裁的国家，也会根据《纽约公约》予以承认和执行在他国作出的临时仲裁裁决。

二、我国建立临时仲裁的意义

国际领域临时仲裁发展已经很成熟，在处理仲裁纠纷的过程中，临时仲裁占有很重要的地位。我国必须要顺应时代发展的要求，吸取国际领域的先进经验，为我国建立临时仲裁制度服务。

（一）建立临时仲裁制度有利于完善我国仲裁制度体系

随着经济全球化的发展，临时仲裁已经成为解决商事经济纠纷必不可少的一种方式。随着中国（上海）自由贸易试验区贸易和投资便利化、扩大开放的各类政策的推进，国际投资、贸易的交易量，国际、涉外商事纠纷也不可避免地增多。我国现行的《仲裁法》只规定了机构仲裁制度，仲裁案件都必须严格遵守死板、缺乏弹性仲裁规则和程序，除非当事人同意，一般不能改变。

临时仲裁自身灵活性的特性使其在当今社会仍占有重要的地位。在国际海事纠纷中，绝大部分纠纷是通过临时仲裁解决的。我国经济想要持续稳定发展离不开制度体系的完善。如果我们建立起临时仲裁制度，不仅会给我国的仲裁制度注入新的活力，同时也可以起到进一步推动机构仲裁的完善，加强机构仲裁工作的作用。因为临时仲裁会给予当事人自由选择机会，有助于加强仲裁领域的竞争，从而促使机构仲裁加强内部管理，加快内部改革，降低仲裁活动的成本，提高服务质量，最终促进整个仲裁制度的良性发展。

（二）建立临时仲裁制度是改善我国投资环境的需要

随着经济的日益全球化，各国、地区经济交往的方式日益多元化，解决经济纠纷的方式也日益多元化、自治化。我国是最大的发展中国家，必须发展好临时仲裁制度，因为临时仲裁的灵活性和自主性正好符合这一趋势。

跨国投资合同当事人现在普遍接受仲裁解决纠纷的方式，希望避开法院解决争议的不确定性，更多地找一种体现自己意志、较少受政府干预的争议解决方式。我国机构仲裁多少受政府干预，使得外国投资者对我们的投资产生后顾之忧。临时仲裁更加符合经济规律，临时仲裁所具有的优点似乎更能迎合外国投资者需要。因此建立临时仲裁制度有助于改善我国的投资环境。

（三）建立临时仲裁可以降低争议解决成本并增加我国外汇收入

在法律允许的情况下，当事人选择临时仲裁作为有约束力的争议解决方式，可以大大降低费用和时间成本。从经济学角度来看，只有交易成本和争议解决成本低廉时，投资和经贸才会繁荣。因此，立法者应当考虑一般民众的利益，允许具有低成本地解决争议可能性的临时仲裁存在，以便于民众选择。我国一些著名的仲裁机构努力通过低收费等方式争取国际仲裁案源。但是，我国这些仲裁机构管理下的仲裁程序仍然比临时仲裁的费用高很多。意图通过临时仲裁降低费用的当事人鉴于习惯中形成的"北京仲裁条款"无效等情况，不会选择我国为临时仲裁地。这部分我国应有的外汇收入以及培养优秀仲裁员的机会丢失了。如我国成功引入临时仲裁制度，我国将能吸引一部分国际临时仲裁案，外汇收入一定会有所增加，同时也有利于减轻我国当事人到国外或境外参加临时仲裁的成本负担。

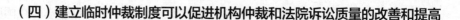
（四）建立临时仲裁制度可以促进机构仲裁和法院诉讼质量的改善和提高

法院诉讼、机构仲裁和临时仲裁都能产生具有约束力的争议解决结论，选择哪种解决方式取决于当事人的个人偏好。当事人选择这些有约束力争议解决方式，看重的其实是公正性。我国成功引入临时仲裁，会给一些难以完成日常工作量或者面临案源流失威胁的法院敲响警钟。法官们自然会在办案质量上下工夫，提高法院的案源竞争力。我国机构仲裁的管理人，也会更有压力，积极学习国内外先进的经验，积极提高机构仲裁质量。这对促进我国机构仲裁的国际竞争力也是非常有益的。

（五）建立临时仲裁制度是履行《纽约公约》义务的需要

我国作为该条约的当事国，应当采取必要的措施保证履行相应的条约义务。

我国于1986年12月2日通过了《全国人民代表大会常务委员会关于我国加入〈承认及执行外国仲裁裁决的公约〉的决定》，成为《纽约公约》的缔约国。既然如此，我国自然要承担履行该公约的义务。1987年4月10日，最高人民法院向全国各级人民法院发出《关于执行我国加入的〈承认及执行外国仲裁裁决的公约〉的通知》，要求对另一缔约国领土内作出的仲裁裁决予以承认和执行。根据《纽约公约》，仲裁裁决包括临时仲裁的裁决。《纽约公约》承认临时仲裁，而我国《仲裁法》却不予承认。在我国《仲裁法》实施10多年后的今天，如果仍不给予临时仲裁应有的法律地位则是不可理解的遗憾，会造成制度上的疏漏。

（六）建立临时仲裁制度有利于淡化我国仲裁"行政化"色彩

我国行政机构虽然与仲裁机构没有隶属关系，但是仲裁机构的设立模式使得仲裁机构长期以来难以摆脱"行政化"的色彩。根据我国《仲裁法》，我国仲裁委员会的设立方式有两种：一种模式是在仲裁商会内部设置仲裁委员会，这种模式决定了仲裁委员会只具有相对的独立性；另一种模式是地方政府组织有关部门和商会合作建立仲裁委员会，并且由仲裁机构所在地的政府法制办负责该机构的日常管理工作，而行政权力对这种模式干预作用最大。

现行的这两种仲裁机构设立模式说明我国仲裁机构丧失了应有的独立性，这是与仲裁的自主性、民间性等根本原则相背离的。如果这种制度长期存在和发展，势必阻碍我国仲裁制度的健康发展。而临时仲裁制度更加尊重当事人意思自治的表现，在我国建立临时仲裁制度将有利于促进我国仲裁机构的内部管理"行政化"色彩淡化，促进我国仲裁制度的自我完善。

三、我国建立临时仲裁的可行性分析

（一）当事人对案件结果的关注程度决定了建立临时仲裁制度的可行性

最关注裁决结果的是最终承受者当事人。当事人也会尽可能地选择其信任的或自认为适格的仲裁员，并选择或设定双方共同接受的较为公正的仲裁程序，这种选择不可能是盲目的、随意的。这种选择实质上比起机构仲裁中在一定范围内指定的仲裁员，更显现出选择的自主性、灵活性和仲裁员的高素质性。

另外，在临时仲裁的整个过程中，当事人双方对仲裁的公正性也会起到必要的监督，一旦有当事人所认为的不公正情形发生，自然会寻求司法救济。如果我国引进临时仲裁，作为一种新生事物，临时仲裁在初始阶段可能会因为当事人的不了解而出现门庭冷落的现象。但任何事物都有逐渐被认知、认同并发展完善的过程，我们不能一叶障目，仅仅因为当事人可能发生的不信任和临时仲裁中可能出现的不公正而否定临时仲裁，正如我们不能因为机构仲裁中已有的且将来仍可能继续存在的弊端而废除机构仲裁一样。在临时仲裁中，通过当事人对仲裁员的慎重选择及对仲裁过程必要的监督，使得克服临时仲裁中的不公正性成为可能。我们需要做的只是在制度上确立并完善临时仲裁，至于要不要进行临时仲裁，还是当事人说了算。

（二）我国仲裁的准司法性这一特征决定了建立临时仲裁制度的可行性

我们不可否认，如果没有司法机关的协助、没有司法机关的监督，仲裁就没有生存和立足之地，也不可能作为诉讼之外的争端解决方式如此迅猛地发展。每一份仲裁裁决不可能仅仅依赖仲裁机关的自律而保证其公正性，每一份仲裁裁决也不可能仅仅依赖当事人的自律而自愿履行。仲裁的准司法性这一特征就体现为司法对仲裁的协助与监督，即对裁决的强制执行或撤销、不予执行。对于仲裁裁决，当事人如自愿履行的，无论公正与否，从尊重私权出发，司法机关无须干涉（当然有损公共利益的除外）。对于当事人认为不公的裁决，可以通过当事人的请求而由法院撤销或不予执行，因为法院对于裁决的执行也并非盲目的，而是要经过严格的程序等方面的审查。所以，在临时仲裁中，如果确实因为诚信问题、仲裁员自身的素质问题等导致裁决的不公，仍可以通过司法监督程序予以救济。有些学者担心，临时仲裁可能会因受到司法机关过多的干预而影响了其优越性的发挥，会滋生更多的腐败与不公。其实腐败与不公的根源在于执法者的低素质、在于我国仲裁制度的不健全。在机构仲裁中，甚至在司法审判中同样不可避免地会存在腐败与不公。如果我们能够追根溯源，提高执法者的素质，建立健全相关的制度，适度地对仲裁进行司法监督，那么不只是对于临时仲裁，对机构仲裁来讲，可能出现的腐败与不公都会得到一定的遏制。

（三）我国的社会条件决定了建立临时仲裁制度的可行性

中国社会存在若干人民调解组织、法律援助中心、社会服务机构等组织团体可以成为临时仲裁制度的重要力量。它们成立的时间较长，在群众中已具有一定的公信力，以它们为依托建立的临时仲裁是可行的。从仲裁员队伍的建设而言，中国仲裁事业经过多年的发展，已经成立了将近200家的仲裁机构，每个仲裁机构都具有自己的仲裁员名册。同时将全部仲裁员分别列在国际、国内、金融、建筑房地产、皮革、羊毛、粮食7个名册中，方便当事人按照争议类型选择更符合行业特点的仲裁员。此外，各个仲裁委员会都非常注重仲裁员的培训工作，通过举办不同内容或综合性的仲裁员培训研讨会，提高仲裁员的办案水平。虽然在临时仲裁中并不存在强制名册的问题，但是仲裁员的高质量从体制上保证了当事人对临时仲裁员选择的高质性和高效性。当事人将某些类型的争议，如邻里纠纷、轻微伤害等的仲裁管辖权授予这些团体组织，团体组织发挥其特有的优势来处理专门的细小纠纷，使其裁决具有法律约束力，并通过司法机关的审查监督和舆论监督来保障裁决的公正。

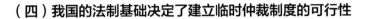

（四）我国的法制基础决定了建立临时仲裁制度的可行性

尊重市场主体的自主选择权是临时仲裁发展的法律前提。现今我国有关市场经济的法律也日益完善。1999年的《宪法修正案》明确了"国家坚持公有制为主体，多种所有制经济共同发展的基本经济制度"。1999年颁布的《合同法》更加尊重当事人自由、自主、真实的意思表示。2000年的《个人独资企业法》赋予了私营企业参与市场经济活动的权利并有力地保障了私营企业的合法权益。既然目前法律确立了当事人有完全的财产权、经济活动的自主权，他们就完全有权选择协商、调解、诉讼或者是仲裁的方式来解决他们之间的争议纠纷，而仲裁作为一种私人性质的争议解决办法，当事人对仲裁程序存在一个合理的期望。同样，当事人因对在仲裁程序中的自主权的发挥以及控制程度的不同需要，完全有权选择临时仲裁。这些都说明我国的经济法律制度已具备临时仲裁发展的条件了。

四、我国建立临时仲裁的具体措施

（一）建设优秀的仲裁员队伍

临时仲裁本身的灵活性，有可能适用不同的程序规则、实体法和准据法，这就要求仲裁员拥有灵活性和掌控力。在适用国外的程序或者实体法时，对于仲裁员的国际法知识和外语交际能力更是不小的挑战。目前，我国对于仲裁庭的管辖权、仲裁协议效力、仲裁程序中的重要事项都是由仲裁委员会决定的。而临时仲裁制度中，这些问题都是由仲裁庭自己解决，一旦处理不慎会引起撤裁和不予承认和执行的后果。临时仲裁的仲裁员能否意识到这些问题的重要性并且妥善适用法律和当事人的合意很关键。这对我们的临时仲裁员，哪怕是拥有许多实践经验的机构仲裁的仲裁员也是不小的挑战。

1. 控制临时仲裁员选任的范围。当事人选任仲裁员的范围，各国的仲裁法一般不作具体规定，实际情况是大多数的常设仲裁机构通过设置仲裁员名册的方式供当事人进行选任，即便是不设立仲裁员名册的仲裁机构，也可能存在一份不公开的名单。我国的《仲裁法》并未强制当事人从仲裁机构设置的仲裁员名册中选任仲裁员，但从实践来看，我国的仲裁委员会一般只允许当事人从其提供的名册中挑选仲裁员。自主性作为临时仲裁的特征之一当然也包含了当事人自主选择仲裁员的内容。针对目前的现实，采取名册推荐选任制度是比较合理的，即仲裁机构只负责向当事人进行推荐，当事人既可以接受仲裁机构的推荐，又可以在仲裁协议中约定名册之外的仲裁员，在合理合法的前提下，争取实现最大限度地尊重当事人的意愿。

2. 明确临时仲裁员的资格。仲裁员的资格原则上完全可以由当事人根据争议的性质自行决定，但是不是每个人都可以成为仲裁员。临时仲裁制度构建的前提之一是需要有大批素质良好、专业水平较高的仲裁员。而我国高素质仲裁员十分匮乏。尽管当事人为了维护自己的权利会尽心尽力地选任仲裁员，但是如果临时仲裁员资格过于宽泛，很容易会出现委任仲裁员不当、造成不当裁决，降低临时仲裁的权威性，增加人们对临时仲裁的不信任感。而如果事先对临时仲裁员作出较为严格的规定，虽然在一定程度上限制了当事人自由约定的权利，但是能够有效地避免上述不良状况的出现，是一种比较理性的选择。

3. 明确临时仲裁员的责任。我国《仲裁法》第三十八条规定了仲裁员的相关违法行为的民事责任和刑事责任，但是对于影响仲裁程序其他行为的处罚尚属空白。对于仲裁员责任的规定，应当保证既不因为仲裁员的滥用权力侵害当事人的合法权益，又不能对仲裁员造成较大的压力而深受干扰，妨害其裁判的独立性，应当努力实现两者的平衡。在临时仲裁制度中，我国应当通过立法给予仲裁员相对宽松的司法环境，实现仲裁员责任的有限化，免除仲裁员的刑事责任，处罚中更多地强调仲裁员的道德责任、行业责任和民事责任，减轻仲裁员在裁决中的思想负担，活跃仲裁员队伍。

（二）整体、系统规划并注意与现行仲裁制度的对接

建立临时仲裁制度将是一个系统的工作，事先要考虑各方面的问题。比如，在《仲裁法》第五十四条有这样的规定"裁决书由仲裁员签名，加盖仲裁委员会印章。"临时仲裁中是不可能存在公章的问题，由此就可能引发法院对临时仲裁的裁决如何辨别真伪的问题。因此，便有必要研究和分析国际上已经成熟的临时仲裁法律制度。如《联合国国际商事仲裁示范法》和《联合国国际贸易法委员会仲裁规则》，根据中国的实际情况加以运用，通过修

订《仲裁法》的形式，国内各个仲裁委员会也应当考虑修订其仲裁规则，制定出一套完善的适合于临时仲裁的程序规则。

构建临时仲裁制度时，应该注意与现行机构仲裁相对接。我国机构仲裁发展也并未完全成熟，虽然采取了一些诸如在仲裁裁决中加盖仲裁委员会印章等符合国人心理的举措以期得到更为广泛的接受。但是，其目前还没有在普遍意义上渗入国民的经济生活，现实中许多仲裁机构严重借助政府的影响或行政权力来促进当地的仲裁，甚至通过内部的"红头文件"要求当地企业和公司修改他们的标准合同等。如果此时构建临时仲裁，势必对原有的还未完全成熟的机构仲裁产生冲击与影响，这就要求我们在构建临时仲裁制度的同时，也要对机构仲裁进行改革。若想使机构仲裁制度与临时仲裁制度都得以良好地运行，就要在一定程度上提升机构仲裁的竞争力，要赋予仲裁庭更大的权力，同时相应地缩小仲裁委员会对仲裁实质问题决定的影响力，可以仅保留仲裁委对裁决形式上的审查权，但应当保证仲裁委不能改变实体裁决。这样既有利于发挥仲裁员的主动性，提高机构仲裁的效率，也与世界上的普遍做法接轨，提高机构仲裁的公信力，进而提升其竞争力，为临时仲裁的构建打好基础。

（三）保障临时仲裁裁决的承认与执行

仲裁庭对当事人所争议问题进行审理后作出终审裁决具有终局性，双方当事人均不可以再向法院起诉或者向其他有权机关请求变更裁决内容。根据我国仲裁法和司法实践的指引，仲裁机关作出有效仲裁裁决后，义务人需自动履行法律义务。当事人也可以向法院申请承认裁决的法律效力，由法院协助强制执行。临时仲裁制度能否得到认可，其裁决能否得到执行至关重要。但也并不是说，只要临时裁决一经作出，法院就予以协助执行，需要法院对裁决进行审查。这就需要法院对临时裁决所涉及的程序性事项和实体性事项进行全面审查，在合理合法的前提下，在不与社会公共利益相冲突时，由法院的执行部门对具有执行内容的裁决进行执行。经过审查，法院认为不具备执行条件的，应当裁定不予执行。不予执行的情形，应当允许当事人根据仲裁协议重新仲裁或者向法院起诉。

（四）建立完善的临时仲裁监督机制

1. 临时仲裁的司法监督。一旦临时仲裁制度建立，对于裁决是实行形式审查还是实质审查，对我国来说是一个比较艰难的抉择。实体审查有利于保证裁决实质公平的实现，但是仲裁裁决的终局性和效益性必将受到质疑。形式审查虽然保证了仲裁的效益性和终局性，但势必将在一定程度上导致实体公正的缺失。但是，鉴于我国目前的经济发展情况和法治运行环境，结合国民的法律素质以及我国注重实质正义的法律传统，我国应当实现全面的实质审查，这不仅有利于保证当事人的合法权益，而且会提高仲裁的权威性，促进仲裁事业的发展。

2. 临时仲裁的行业监督。目前，我国的仲裁协会始终未建立。对于临时仲裁来讲，实现对其行业的监督管理，是其设立和功用发挥的可靠保障。仲裁协会应当是不以盈利为目的的社会自治自律组织，其应具备服务职能、宣传职能、协调职能和监督职能。仲裁协会不仅要对各个仲裁机构进行管理，根据协会章程规范仲裁委员会及其组成人员的行为，也要对其违规违纪行为进行监督和适当的处罚，同时对临时仲裁的程序性事项等也需进行必要的协调与指导。

中国加入世界贸易组织后，对外经济交往日益增多，对争议解决效率的追求更显突出。因此，以仲裁的有效管理来充分发挥临时仲裁的作用，应是必然的选择。仲裁必须通过行业的自治来实现自身的规范化，这点在我国尤为必要。如果建立中国仲裁协会，其会员应是仲裁委员会以及其他社会团体或单位或者个人。中国仲裁协会成立后应旨在提高仲裁员的水平，推动仲裁业的发展，进行行业自律，不管理仲裁案件但又为仲裁程序的进行提供必要的协助。

（五）为制度的补充与发展预留空间

我国建立临时仲裁制度，势必形成相应的成文法，而成文法是具有滞后性的，显然难以消除。就我国目前的国情来构建临时仲裁制度而言，滞后性将更加严重。虽然通过立法技术可以使立法具有一定的预见性，但因为是新的制度的构建，在现阶段我们很难完全搞清其对应的经济关系的需要，也不能预测其在具体运行中会出现怎样的问题。这就要求我们在立法的过程中，不能仅以现阶段的情况进行详细的制度构建，反而将制度规定得太严、太死，而是在符合立法要求的基础上为具体实践中的配套措施预留一定的空间，在制度运行一段时间后，再以司法解释等形式逐渐对临时仲裁制度进行补足、完整。

（六）重视对临时仲裁制度的宣传和推广

社会各部门有义务宣传推广仲裁制度。在全球化经济发展的今天，仅仅诉讼一种解决纠纷的方式是不能适应经济发展的需要的。仲裁可以减少诉讼、降低成本、解决纠纷，促进社会经济发展，使市场经济主体轻松、愉快地回到其经济运行的轨道上。临时仲裁更多体现了当事人的诚信合作，提高了当事人的道德品质，同时临时仲裁由于其特性，具有一种教化的功能，当事人在临时仲裁过程中，提高了诚信守诺的精神，尽量解决问题，预防以后矛盾的发生。

聘 书

兹聘请李志强先生为上海仲裁法研究中心研究员。

上海仲裁法研究中心

二〇〇六年十二月十九日

我国引入友好仲裁制度的可行性剖析

一、前言

随着我国经济的不断发展，经济纠纷也呈现出不断提升并日益复杂的趋势，相应地，对纠纷解决机制也提出了更高要求。

中国共产党第十八届中央委员会第四次全体会议（以下简称四中全会）于2014年10月20日至23日在北京召开。全会提出，要健全化解纠纷机制和协商沟通机制，畅通群众利益协调和权益保障法律渠道。

可知，四中全会不仅重视纠纷解决机制的健全，还强调在解决纠纷的同时，要保证协商沟通的顺畅，保证群众利益得到有效保护，而笔者认为国际商事仲裁中的友好仲裁制度与四中全会的精神不谋而合。

我国的商事仲裁机制虽然起步较晚，但发展迅速，在不断借鉴国际先进经验的同时，我国的商事仲裁机制得以成功与国际接轨，而对于国际商事仲裁中的友好仲裁机制是否应当被引入的问题，成为近两年学界争论的焦点。

二、友好仲裁制度的概念与起源

根据国际各大仲裁机构的标准，仲裁可以被分为依法仲裁和友好仲裁。依法仲裁是指仲裁庭必须依据相关法律法规解决当事人之间的纠纷；而友好仲裁是指仲裁解决纠纷的基础并非相关法律法规，而由纠纷双方自主选择，在纠纷双方的授权下，仲裁员按照公平合理原则进行仲裁。

友好仲裁（Amiable Composition）最先起源于法国，"Amiable Composition"源于法国的法律用语"Amiable Compositeur"，即友好公断人。纠纷双方是否选择友好仲裁完全取决于自身意愿，仲裁庭无权代为行使该权利。纠纷双方一旦选择友好仲裁，仲裁庭会根据公平原则和商事惯例解决纠纷，同时必须遵守公共政策和仲裁程序法的强制性要求。

友好仲裁制度产生于13世纪，直到五个世纪后，才基本消除其和传统意义上仲裁制度之间的区别，友好仲裁也才成为仲裁的表现形式。友好仲裁制度产生之后，借助其独特的优势，即对当事人双方意思自治前所未有的尊重——可以允许他们选择仲裁依据，而在欧洲大陆法系国家得到了比较广泛的肯定和采用。

友好仲裁虽然和仲裁制度中的另一概念"仲裁与调解相结合制度"，都关注于仲裁中当事人关系的维护，但前者是仲裁依据的选择问题，后者涉及的是仲裁员身份问题，由于二者之间的区别并非本文重点，就不再赘述。

三、我国是否承认友好仲裁制度尚存争议

《中华人民共和国仲裁法》（以下简称《仲裁法》）第七条规定，仲裁应当根据事实，符合法律规定，公平合理地解决纠纷。《中国国际经济贸易仲裁委员会仲裁规则》（2012年版）第四十七条规定，仲裁庭应当根据事实和合同约定，依照法律规定，参考国际惯例，公平合理、独立公正地做出裁决。

以上规定虽能体现公平善意的原则，但并不能据此推断我国已经承认了友好仲裁的制度。实践中，由于友好仲裁本身具有区别于传统意义上仲裁的独特优势，我国部分地区已经开始了友好仲裁的试点工作。

天津仲裁委员会于2005年颁布了《天津仲裁委员会友好仲裁暂行规则》，该规则第四条规定，友好仲裁应当遵循当事人自愿、诚实信用、公平合理、不违反法律法规及不违背公序良俗的原则。此规定一方面突出了友好仲裁"自愿、公平合理"的特点，另一方面也强调了仲裁不与法律法规产生冲突。可见，天津仲裁委并未赋予友好仲裁中的仲裁员可彻底排除法律法规的权利，但已规定只需不违反法律法规即可，这与《仲裁法》和《中国国际经济贸易仲裁委员会仲裁规则》相比较而言，可被视为我国引入友好仲裁制度的一次突破。

虽然天津仲裁委引入了友好仲裁制度，但是从全国范围来看，明确规定友好仲裁的机构仍属少数，因此我国是否承认友好仲裁制度尚存争议。

四、友好仲裁制度被多国拒之门外的原因

如上文所说，我国没有明确承认友好仲裁制度，而且很多国家甚至明文规定排除友好仲裁制度的适用，那么友好仲裁制度被多国拒之门外的原因是什么？

法国一名学者提出，友好仲裁提出的"按照公平合理原则仲裁"是具有误导性的，一方面是因为公平合理原则是由仲裁员决定的，另一方面仲裁员在决定该原则时是带有明确目的的，即提供一个纠纷双方都可以接受的解决方案，所以在决定原则时难免带有倾向性。还有学者提出，友好仲裁"抹去了仲裁的轮廓"，因为它让仲裁失去了本质的特点，使仲裁向调解靠拢，友好仲裁的裁决已经可以被看做"纠纷双方为了不打破友好协商而抓住的最后一根稻草了"。

在笔者看来，友好仲裁与调解之间至少存在以下区别：

1. 前者存在由第三方作出的有约束力的决定，而后者不存在。

2. 前者在裁决结果产生的过程中没有纠纷当事人的直接参与，而后者的纠纷当事人是参与纠纷解决全过程的。

3. 前者的纠纷当事人在将纠纷提交第三方的时候，同意在作出纠纷处理结果时不考虑当事人的感受，而后者需要考虑。

基于上述对友好仲裁和调解区别的分析，我们必须认识到，仲裁本身并不只是试图安抚争议当事人，而是要"一劳永逸"地形成具有拘束力的裁决结果。在国外一些学者看来，在国际贸易中，双方当事人之所以选择仲裁，因为他们看中的是能找到一个有足够能力的仲裁员，而不是看中双方之间友好关系的维持。所以很多国外学者都以友好仲裁失去仲裁本质特点为由，对其采取否定的态度。

友好仲裁相对于依法仲裁来说，也具有不确定性的特点，对于国际贸易的主体来说风险也就更大，所以很多国家都没有对友好仲裁抛出橄榄枝。

被拒之门外的另一个重要原因就是友好仲裁赋予了仲裁员更多的权利。如前文所说，法国是承认友好仲裁的国家，根据法国《民法典》，仲裁员具有以下权利：

1. 当事人一方承担惩罚过高或过低时有调整罚金的权利。

2. 当保证被部分履行时，相应减少违约方罚金的权利。

3. 根据债务人的实际经济情况，推迟付款期限的权利。

因此，很多学者都认为，在友好仲裁过程中，仲裁员的权利容易不受限制，存在膨胀过快而侵犯案件裁决公正性的可能，所以友好仲裁对仲裁员的素质要求是很高的。

还有学者认为，友好仲裁对当事人的要求同样更高。友好仲裁必须建立在双方当事人诚信、可靠的基础上，所以适用面非常有限。因此，若我国盲目引入友好仲裁制度会存在一定风险。

五、我国引入友好仲裁制度不无裨益

友好仲裁制度本身的确存在仲裁员权利易膨胀的缺点，但是根据法国的法律，即使双方在合同中约定了赋予仲裁员依据公平合理原则进行仲裁的权利，也不能被视为仲裁员可以不依据合同进行裁决。依据法国法律，友好仲裁制度的前提是充分尊重当事人之间的合同，只是在友好仲裁中，合同当事人赋予了法官更多的自由，所以法官并不能随意地依据公平合理原则改变合同对双方当事人的影响。根据法国法律，友好仲裁中的仲裁员权利往往被视为一种适中的权利，这种权利自然不是无限制的，它不能颠覆整个合同而只能改变合同中部分权利对纠纷当事人的影响。

因此，如果我国引入了友好仲裁制度，可以借鉴法国的立法，对仲裁员的权利进行限制，绝不能赋予仲裁员可以完全颠覆合同的权利，更不能让仲裁员可以完全抛弃强行法的限制。

同样，虽然友好仲裁对当事人的素质要求很高，但是随着我国法治社会建设的不断推进，我国未来的法治环境会登上新的台阶，我们有理由相信，只要通过立法，将友好仲裁置于强制性法律的框架中，我们自然也有了不将友好仲裁拒之门外的理由。

在笔者看来，我国引入友好仲裁有以下好处：

1. 使我国的仲裁更突出意思自治原则。意思自治原则是国际商事仲裁中的基本原则，仲裁庭的权力既来源于法律法规，也来源于仲裁协议当事人的授权。仲裁区别于诉讼的最显著的特点就是尊重并体现当事人的意思自治，

仲裁本身也正是因为建立在该基本价值理念之上，才得以成为商事纠纷的重要解决方式之一。

在友好仲裁制度中，我们不难发现其将意思自治原则体现得更加深入。授权当事人就其争议的解决方法做出约定，就是当事人意思自治原则在法律适用方面的体现，使当事人之间的争议摆脱了特定国内法的约束和制约。

2. 可以弥补依据法律法规仲裁的漏洞。在具体案件中使用严格的法律法规可能导致不公平的结果，这在我国的司法实践中并不是个例。我国现行法律如果不允许进行友好仲裁，仲裁庭可能会较难作出一个公平善意的裁决。在友好仲裁中，为防止严格适用法律而可能出现的不公平，仲裁庭根据公平善良原则对案件裁决，从而弥补了依法仲裁的不足之处。

3. 能有效提高纠纷解决效率。商事活动无不以"利"字当头，而时间即金钱，效率即生命。降低当事人的时间成本和经济成本，既符合了商事活动主体的利益期待，也是当事人效益准则的要求。如果只是严格依法仲裁，极易导致不公平的裁决或者繁琐的程序，这就与当事人选择仲裁追求效益的初衷相悖了。

4. 更加吸引当事人选择在我国进行仲裁。我国若选择引入友好仲裁，那么外国当事人在我国仲裁机构仲裁时，就会多一种选择，这对于更加看重合同关系维护的当事人来说自然是一件好事，所以，引入友好仲裁可以吸引外国当事人在我国的仲裁机构进行仲裁，进而推动我国仲裁事业的发展。

六、结论

笔者认为，友好仲裁的引入必须建立在充分论证的基础上，既要了解其性质与优点，更要掌握其风险。因此，笔者提倡仲裁机构继续开展友好仲裁的试点工作，在实践中总结经验、吸取教训，为我国将来推进友好仲裁制度打好基础，进而为我国仲裁制度的不断发展创新作出积极贡献。

转守为攻　出奇制胜

——外资公司PE投资纠纷纪实

私募股权基金（PE）起源于美国。1976年，华尔街著名投资银行贝尔斯登的三名投资银行家合伙成立了一家投资公司KKR，专门从事并购业务，这是最早的私募股权投资公司。迄今为止，全球已有数千家私募股权投资公司，KKR公司、凯雷投资集团和黑石集团都是其中的佼佼者。

近年来，PE在中国逐渐兴起，这一舶来品有力地推动了中国资本投融资市场迅速发展。而新"国九条"也明确提出"发展私募投资基金"，为PE的发展提供了制度保障，而PE也将逐渐成为多层次资本市场的重要组成部分。

2012年末，最高人民法院审结海富投资诉甘肃世恒一案，终审判决认可了"股东与股东对赌有效，股东与公司对赌无效"，保障了PE投资方的利益，该案也被业界称为"PE对赌第一案"，对之后类似案件的法院判决及仲裁裁决产生了巨大的影响。

然而，由于PE投资行业尚不规范以及PE投资的多样性，最高人民法院的判例并非当然都能合理适用于个案当中。而从法律角度，争议解决的魅力正在于个案之间的差异性及结果的不可预知性，如何运用不同仲裁机构的规则，理解法律的滞后性与社会日益变化之间的冲突与融合，充分发挥律师在争议解决当中的主导作用，本案正是从这里展开的。

一、遭遇劲敌　沉着应战

2014年的某个中午，上海金茂凯德律师事务所创始合伙人李志强一级律师的电话传来一阵急促的铃声，李律师出于职业习惯，迅速接起电话。电话另一边是某中外合资A公司的外方法定代表人B先生，他非常焦急地告知李律师，投资于A公司的两个股东 F、G已经以自己及所控制的香港C公司作为被申请人，向中国国际经济贸易仲裁委员会提起仲裁，要求支付高达上千万元人民币的业绩补偿款，且相关财产已经被法院采取保全措施。

事发突然，李律师一方面安抚B先生焦虑的情绪，另一方面则引导客户阐述案件的基本情况。在一番交谈过后，李律师得知该案情主要涉及PE投资领域常见的业绩补偿及回购条款，便立即召集专业团队形成办理该案件的项目小组，连夜分析并充分研究客户提供的相关合同材料。尽管涉及主体众多，法律关系复杂，但经过团队律师仔细梳理，基本事实逐渐浮现在眼前。

在发生纠纷之前，某投资管理D公司与B先生曾签订《框架协议》，约定未来由B先生拟成立一家"香港公司"，通过该"香港公司"在中国境内设立"新公司"，而D公司及其管理的PE基金拟对"新公司"进行股权投资，《框架协议》还约定了一系列"新公司"的业绩承诺以及B先生及"香港公司"的业绩补偿义务，以及B先生、"香港公司"及"新公司"的回购义务，即当"新公司"无法实现业绩目标，B先生及"香港公司"将对D公司及其管理的基金进行补偿，且D公司及其管理的基金有权要求B先生、"香港公司"或"新公司"对其持有的全部股权或部分股权进行收购。《框架协议》签订后，B先生在香港设立C公司，并由C公司在中国境内设立A公司作为全资子公司，拟通过经营发展未来实现上市目标。随后，另一家投资管理公司即E公司管理下的F、G两家有限合伙制PE通过与C公司签订《增资扩股协议》的形式分别对A公司进行投资，经过相关政府部门审批后，A公司由最初的外商独资企业变更为中外合资企业。目前，由于A公司未能实现业绩目标，A公司股东F、G向中国经济贸易仲裁委员会提起仲裁，要求B先生及C公司依据《框架协议》的约定对支付业绩补偿款承担连带责任。

F、G作为仲裁申请人，对本案非常重视，高价聘请了来自知名律所且经验丰富的律师代理本案。而本案发生于最高人民法院海富投资诉甘肃世恒一案终审判决之后，该PE投资界标志性的案例树立了"股东与股东对赌有效，股东与公司对赌无效"的观点，对股权投资行业影响巨大。申请人的代理律师正是基于上述观点，主张鉴于F、G依据《框架协议》对A公司进行投资，而《框架协议》中的业绩补偿条款合法有效，则B先生及C公司应承担业绩补偿的连带责任。

二、抽丝剥茧　拨云见日

本案涉及众多法律主体及错综复杂的法律关系，而对方来势汹汹，在如此不利的局面下，李志强律师团队并未慌乱，沉着应战，经过对案件材料的仔细梳理分析，我方发现如下事实：

1. 《框架协议》签署主体为B先生与D公司，而《增资扩股协议》的签署主体为F、G以及A公司股东香港C公司。

2. 《框架协议》涉及业绩补偿条款，而《增资扩股协议》不涉及任何业绩补偿条款。

3. 《框架协议》中约定的"新公司"及"香港公司"在《增资扩股协议》中从未明确指代。

4. D公司并未依据《框架协议》向A公司投资，实际投资方F、G均为另一家投资管理公司E公司管理的基金。

5. 本案并非中外合资企业股东之间"对赌"，与最高人民法院海富投资诉甘肃世恒一案的案情不同，最高人民法院判例对本案的参考意义值得商榷。

因此，对方看似理由充分，实际上，《增资扩股协议》与《框架协议》的关联性并不强，若我方能根本上割裂《增资扩股协议》与《框架协议》之间的关联性，鉴于《增资扩股协议》仅约定中外合资企业股东间共享收益，共担风险，则F、G便无法依据《框架协议》的约定要求业绩补偿，其仲裁请求自然土崩瓦解。

三、深思熟虑　转守为攻

初步梳理案情发现思路后，李志强律师召集团队开始起草仲裁答辩状。与此同时，也在思考另外一个问题，即使最终驳回对方的仲裁请求，鉴于《框架协议》仍然存在，若无法明确《框架协议》的效力争议，对方可能依据《框架协议》以其他事由卷土重来，即无法从根本上解决问题。如何找到本案关键性的突破点，主动出击，李志强律师团队陷入了沉思当中。

当团队在讨论案情时，李志强律师突然注意到，《框架协议》中约定的争议解决方式为"向中国国际经济贸易委员会上海分会提起仲裁"。而于

2013年4月11日，经上海市政府批准，上海市机构编制委员会批复同意，中国国际经济贸易仲裁委员会上海分会更名为"上海国际经济贸易仲裁委员会"，并同时启用"上海国际仲裁中心"的名称，继续受理当事人约定由中国国际经济贸易仲裁委员会上海分会仲裁的案件。因此，本案的相关纠纷不应由中国国际经济贸易仲裁委员会管辖，而应向上海国际经济贸易仲裁委员会提起仲裁。而对于《框架协议》的效力争议，若我方能够确立《框架协议》无效的观点，便可釜底抽薪，从根本上解决问题。

当天，李志强律师团队便将灵光一现的思维记录转换成文字，立刻起草仲裁申请书并组织证据材料，代理B先生向上海国际经济贸易仲裁委员会提起仲裁，以《框架协议》的另一签署方D公司作为被申请人，请求裁决《框架协议》无效。不久之后，上海国际经济贸易仲裁委员会根据其仲裁规则受理了本案。与此同时，D公司代理律师也不甘示弱，果断提出管辖权异议，试图从程序上阻碍我方策略。但最终，上海国际经济贸易仲裁委员会驳回了D公司的管辖权异议。自此，我方运用合法有效的仲裁途径，由守转攻正式启动。

更为巧合的是，中国国际经济贸易仲裁委员会与上海国际经济贸易仲裁委员会的开庭安排仅相隔几日，这意味着在短短几天内，要在不同的仲裁机构连续出庭，且争议事实基本相同，但仲裁请求、策略及技巧却各有不同，这充分考验着律师的专业能力。在中国国际经济贸易仲裁委员会的仲裁庭上，我方作为防御者，侧重点在于阻碍对方仲裁请求，即试图割裂《增资扩股协议》与《框架协议》之间的关联性，辅以证明《框架协议》无效。而在上海国际经济贸易仲裁委员会的仲裁庭上，我方则必须主动出击，提出足够充分的证据及论述，使仲裁庭接受我方观点，认定《框架协议》无效。

四、庭上纷争 出奇制胜

庭前弥漫着无声的硝烟，激烈的交锋一触即发。双方首次交锋于中国国际经济贸易仲裁委员会仲裁庭，我方始终坚持《增资扩股协议》与《框架协议》不存在关联性，F、G作为A公司股东，应依据《增资扩股协议书》与C公司共享收益、共担风险，辅以《框架协议》无效的观点。而对方也针锋相对，主张E公司已通过委托管理协议的形式将其管理的F、G两家PE委托给

D公司管理，《框架协议》中的"新公司"及"香港公司"即《增资扩股协议》中的A公司及C公司，F、G与C公司签订《增资扩股协议》向A公司增资的行为即对《框架协议》的履行。仲裁庭上，双方难解难分。

首次交锋过后，双方旋即转战上海国际经济贸易仲裁委员会。在仲裁庭上，我方则一改首次交锋时的策略，主动出击。我方坚持《框架协议》性质上为合资协议，应受《中外合资经营企业法》的约束，应结合后续的合资合同、章程等向相关部门报批。在整个仲裁过程中，我方共提交了三份代理意见。在代理意见中，我方尖锐地指出，《增资扩股协议》与《框架协议》关联性较弱的原因正是考虑到当时签订的《框架协议》涉及业绩补偿及回购条款可能违反《中外合资经营企业法》所规定的共享收益、共担风险的原则，双方为了达到规避法律的目的，刻意未向相关部门报批，即构成"阴阳合同"，以合法形式掩盖非法目的。同时，《框架协议》未经第三人C公司签署同意或事后追认，为其设定业绩补偿相关义务，即损害第三人利益。综上，《框架协议》应属无效。

最终，上海国际经济贸易仲裁委员会仲裁庭裁决认定：本案系争《框架协议》在法律性质上属于中外合资经营企业协议，应当经主管机关审查批准，而"合营各方按注册资本比例分享利润和分担风险及亏损"系我国法律、行政法规的强制性规定，且该规定属于效力性强制性规定，违反该规定将直接导致合同不予批准。

关于对方引用的最高人民法院海富投资诉甘肃世恒一案终审判决，鉴于《框架协议》第7.2条约定，"甲方、新公司购买乙方全部股权的价格需确保乙方的年投资收益率。"其损害了公司利益及公司债权人利益，这一确保乙方取得相对固定的收益，脱离合资公司经营业绩的约定正是最高人民法院海富投资诉甘肃世恒一案终审判决中认定的无效约定。

综上，仲裁庭裁决《框架协议》无效。而这也意味着我方的全部观点均得到了上海国际经济贸易仲裁委员会仲裁庭的支持。自此，转战两家仲裁委员会，旷日持久的PE投资纠纷终于告一段落，我方终于收获胜利的果实。

五、律术精湛　保驾护航

在本案的裁决书作出前，即2014年12月31日，上海市第二中级人民法院作出"（2012）沪二中民认（仲协）字第5号"民事裁定书，查明并认定：第一，中国国际经济贸易仲裁委员会上海分会是经上海市人民政府于1988年批准设立的隶属于中国国际贸易促进委员会上海市分会管理的仲裁机构，经上海市机构编制管理机关依法登记为事业单位法人，并由上海市司法局依法进行了仲裁机构司法登记，取得中华人民共和国仲裁委员会登记证；第二，经上海市人民政府批准，上海市机构编制委员会批复同意，中国国际经济贸易仲裁委员会上海分会更名为"上海国际经济贸易仲裁委员会"，并同时启用"上海国际仲裁中心"的名称；第三，仲裁协议约定的"中国国际经济贸易仲裁委员会上海分会"（现已更名为上海国际经济贸易仲裁委员会）是依法设立的仲裁机构，上海国际经济贸易仲裁委员会（上海国际仲裁中心）有权根据当事人签订的仲裁协议受理仲裁案件并作出裁决，相关纠纷应由上海国际经济贸易仲裁委员会（上海国际仲裁中心）受理。

因此，上海市第二中级人民法院实际以法院裁定的方式确认了上海国际经济贸易仲裁委员会（上海国际仲裁中心）对于仲裁协议约定的"中国国际经济贸易仲裁委员会上海分会"具有管辖权。这也意味着中国国际贸易仲裁委员会对本案不应具有管辖权，无论仲裁结果如何，其作出的裁决最终也将无法得到上海法院的执行。而对于我方而言，获得上海国际经济贸易仲裁委员会的胜诉裁决，实质上已经在本次涉外仲裁纠纷中取得了全胜。

本案中，法律主体众多，法律关系复杂，且涉及仲裁管辖权、外商投资、PE投资、最高人民法院"对赌"判例的解读、"阴阳合同"的适用等领域的法律问题。从本案也可以看出，在最高人民法院已有判例的不利背景下，如何深入研究，发现其中差异，灵活运用法律，充分考验着承办律师的智慧。如何运用不同仲裁机构的规则，理解法律的滞后性与社会日益变化之间的冲突与融合，充分发挥律师在争议解决当中的主导作用，成为赢得最终胜利的关键。

参政议政篇

打造中国黄金第一区的建议

案　由：关于打造中国黄金第一区的建议

提案者：李志强

相关背景：

黄金市场是金融市场的重要组成部分。黄金兼具金融和商品两种属性，大力发展黄金市场，有利于发挥黄金不同于其他金融资产的独特作用，形成与其他金融市场互补协调发展的局面，进一步完善黄浦区金融市场体系，扩大金融市场的深度和广度，深化金融市场功能，提高金融市场的竞争力和应对危机的能力，维护金融稳定和安全。

上海黄浦区的黄金珠宝零售企业非常集中，仅城隍庙商圈就有中国黄金、老凤祥、老庙黄金、亚一金店、城隍珠宝、东华美钻、张铁军和周大福等多家知名商店。在产能和开采技术不断取得进步的同时，我国黄金市场也不断完善。2002年10月，上海黄金交易所在黄浦区正式开业，中国黄金市场走向全面开放。上海黄金交易所的建立，使中国的黄金市场与货币市场、证券市场、外汇市场一起构筑成中国完整的金融市场体系，为中国黄金市场的参与者提供了现货交易平台，使黄金生产与消费企业的产需供求实现了衔接，完成了黄金统购统配向市场交易的平稳过渡。

2012年9月11日上午，山东黄金集团与上海市黄浦区人民政府签订政企战略合作协议。协议中明确黄浦区将为山东黄金在金融板块的发展提供一系列服务保障，山东黄金也将为不断推进黄浦金融发展、上海国际金融中心建设作出应有的贡献。黄浦区作为上海的"心脏"和"窗口"，是上海市行政、金融、文化、商贸中心，也是海派文化的发源地。

对加强黄浦区打造中国黄金第一区的建议：

我国居民有消费和投资黄金的文化传统，随着国民经济健康快速的发展和人民生活水平的提高，居民对黄金首饰、金币和投资性黄金的需求稳步增长。未来黄金市场的发展，要服务于我国黄金产业发展大局，立足于提高我国金融市场竞争力，着力发挥黄金市场在完善金融市场中的重要作用。同时也要加大沟通协调力度，建立上海黄金交易所和上海期货交易所合作协调机制。要切实加大创新力度，积极开发人民币报价的黄金衍生产品，丰富交易品种，完善黄金市场体系，进一步深化市场功能，提高市场的规范性和开放性，促进形成多层次的市场体系。最后，还可以采取多种形式，切实加强对投资者的教育，培育成熟的黄金市场投资群体。加大对黄金市场从业人员的培训力度，提高从业人员素质。切实加强黄金市场的风险教育，提高市场参与主体的风险意识。

荣誉证书

李志强委员：

　　您在区政协三届三次会议期间提出的《关于成立我区金融服务办公室的建议》的提案被评为黄浦区政协第三届委员会优秀提案。

黄浦区政协

二〇一一年七月十九日

利用现代科技　展现伟人风采的建议

案　由：关于利用现代科技，展现伟人风采的建议

提案者：李志强

相关背景：

上海孙中山故居纪念馆位于繁华的淮海路以南，思南路东侧的香山路上，占地面积两千多平方米，内有孙中山故居和《孙中山文物馆》。其中上海孙中山故居位于上海香山路七号（原莫利爱路二十九号），是一幢欧洲乡村式小洋房。这幢楼房是当时旅居加拿大的华侨集资买下赠送给孙中山的，孙中山和夫人宋庆龄于1918年6月入住于此，孙中山逝世后，宋庆龄继续在此居住到一九三七年。故居楼下是客厅和餐厅，楼上是书房、卧室和小客厅。现故居的陈设绝大多数是原物原件并根据宋庆龄生前回忆，原样布置。孙中山文物馆于2006年11月12日正式开馆，毗邻孙中山故居，共三层，总展览面积为七百多平方米，展出文物、手迹、资料三百余件，其中绝大多数为第一次公开展出。文物馆中辅助以电子仿真书、原声重现、孙中山《实业计划》规划图电子沙盘、馆藏文物三维电脑仿真、系统查询等多媒体现代化手段生动形象地展示出孙中山的革命历程。文物馆中设有影视室，滚动播出由该馆拍摄的电视纪录片《走进孙中山》。但是由于各方面原因，文物馆播出的电视纪录片和其他电子影像记录设施都存在不同程度的影像不清晰或声音不清晰等情况，这不仅会对参观者直接、生动地体会孙中山生平伟大事迹造成影响，也会使得整个展馆的对外形象大打折扣。

改善孙中山故居现状的建议：

1. 利用现代科技手段最大程度上处理现有的影像和声音片段，在保留原有风貌的情况下，使得影片能够以更清晰、更完美的方式展现。这样也可以使观看者更直观、更清晰地领略到伟人的风采，更深度、更生动地领悟到伟人的爱国情怀。

2. 在原有影片的基础上，可以拍摄更多能够从不同侧面、以不同侧重点全方位地展现孙中山生平风采的影片。这样既可以丰富展馆的展览内容，吸引更多的参观者，也可以使得展馆的效用能够得到更大层次的发挥。

3. 除了可以以影片、电子仿真书、原声重现、电子沙盘等形式展现孙中山的生平事迹，还可以采用更多新颖的方式，借助更多的高科技手段展示伟人风采。在世博会期间，很多展馆的新颖展览方式都值得我们借鉴和参考，我们可以从当中选取切合展览风格的方式来丰富孙中山故居展览风格，使得所展出的内容更加生动、贴切。

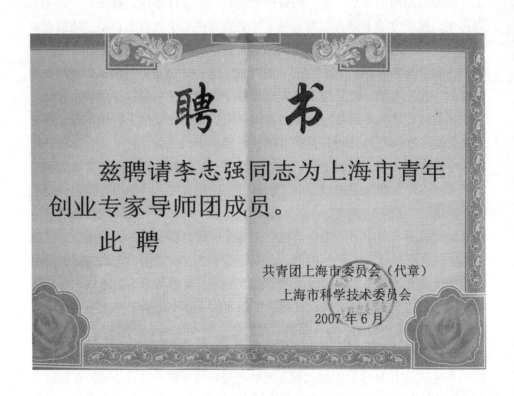

聘 书

兹聘请李志强同志为上海市青年创业专家导师团成员。

此 聘

共青团上海市委员会（代章）

上海市科学技术委员会

2007 年 6 月

为黄浦区四套班子配备
"三师"的建议

案　　由：关于为黄浦区四套班子配备"三师"的建议

提案者：李志强

相关背景：

2011年10月12日开始，融合经典黄浦和精品卢湾的新黄浦区横空出世，让人耳目一新，随着黄浦区第一次党代会和一届一次人大和政协会议的隆重召开，新的党政、人大和政协班子新鲜出炉，人员素质之高、干部配置之合理让人拍案叫绝。"撤二建一"运行一个多月来，四套班子领导超负荷工作，高强度为民服务，深入基层调研，踩点浦东和江西取经，他们的职业素养和敬业精神为"极品黄浦"开了一个亮丽的好头。为了创建和谐黄浦、平安黄浦和健康黄浦，打造法治城区，依法治区，让区委、区人大、区政府和区政协领导更充满生机和活力地投入工作，建议为四套班子领导配备律师、会计师和医师等"三师"。

解决该问题的相关建议：

1. 为四套班子的正职领导配备"三师"。配备在黄浦区金融、城建、争议解决和企业运营等专业领域有相当造诣和经验的专职律师和会计师，人数不限；配备黄浦区中西医医师各一名。"三师"配备工作由区司法局、区财政局和区卫生局行政正职领导牵头挂帅督办。为领导科学决策提供法律、会计专业支持，同时为领导健康把脉。

2. 为四套班子的副职领导配备"三师"，三师人数至少各一名。

3. 有条件时，为区属正处级单位的正职领导配备"三师"。

4. 上述配备过程中的相关服务以无偿为主。

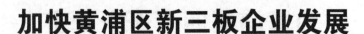

加快黄浦区新三板企业发展

案　　由： 加快黄浦区新三板企业发展

提案者： 李志强

相关背景：

通过六年的实践摸索，我国新三板市场正面临新的发展机遇，从中央到地方已引起高度重视并大力研究。新三板从区域走向全国，对我国资本市场的建设产生了深远的影响。它不仅仅支持了高新技术产业的政策落实，或者说是三板市场的另一次扩容试验，其更重要的意义在于，它为建立全国统一监管下的场外交易市场实现了积极的探索，并已经取得了一定的经验积累。此外，新三板还成为企业融资的平台，并促进了公司治理水平的提高。对投资者而言，其也为价值投资提供了平台，并成为私募股权基金退出的新方式。

而目前新三板实现的备案制，是以中国证券业协会自律管理为核心，协会对备案文件仅作形式性审核，主办券商承担推荐挂牌备案的全部责任，并对挂牌公司进行终身督导。中关村新三板试点六年来的改革实践证明，这种制度设计可以高效率满足大量创新类企业挂牌、定向增资等资本运营的需求，并有效降低市场的系统风险，提高了市场效率，为中国IPO最终与国际接轨迈向注册制打下了坚实的基础。但我们从制度上、立法上要进一步完善，加大对违规券商及其利益群体的处罚力度，更好地保护投资者的利益。

黄浦区是上海国际金融中心建设的重点核心区域。加快发展区域新三板企业责无旁贷。

关于黄浦区如何加快新三板企业发展的建议：

1. 加大新三板企业信息披露力度。新三板企业的发展面临着巨大的不确定性，其经营状况、财务状况、盈利能力等处于不断的变化中，而这些信息对普通投资者来说难以获取。如果企业不披露及时、准确、可靠的信息，那么投资者就很难对企业作出合理的价值评估。因此，应加大新三板企业的信息披露力度，要求企业及时披露年度报告、半年度报告和季度报告，降低投资者的信息收集成本，解决信息不对称问题。

2. 鼓励企业大力发展机构投资者并引入个人投资者。机构投资者具有投资管理专业化、投资结构组合化及投资行为规范化等特征，并且拥有信息优势，可以作出比较合理的投资决策。当机构投资者持有公司的股份达到一定比例时，可以通过派驻董事等方式促使挂牌企业规范经营，并在企业管理、发展战略等层面予以指导，降低企业的经营风险，从而使企业得以健康、快速发展。我们要大力发展机构投资者，引导他们积极参与新三板市场，发挥其稳定市场的作用。个人投资者是证券市场的重要参与者，是证券市场不断向前发展的重要推动力量。我们要逐步向个人投资者开新三板市场，活跃市场交易。外滩金融牛的背后是黄浦区对金融业蓬勃发展的期待。

3. 鼓励符合上市条件的企业实现转板。转板制度就是企业在不同层次的证券市场间流动的制度。新三板的转板通道指新三板挂牌企业在不同层次的证券市场流动的通道。要积极引导黄浦区新三板企业符合上海证券交易所主板、深圳证券交易所中小板和创业板上市公司上市条件，对于达到上市条件的，要鼓励这些企业转板，对成功实现转板的要加大扶持和奖励的力度。

4. 积极引入做市商制度。现行交易制度采取的被动交易机制导致新三板对企业、投资者和证券从业机构缺乏吸引力，在一定程度上也是现行新三板缺乏流动性的主要原因之一。新三板的持续发展，要关注市场如何扩容、如何吸引投资者、如何化解交易风险等关键问题，而这些问题的核心，在于如何建立一个行之有效的交易机制，而做市商制度正是改革者的不二选择。做市商制度在增强证券流动性，并形成有效发行价格等问题上，发挥着重要作用。

黄浦区用好《联合时报》
媒体平台的建议

案　由： 关于黄浦区用好《联合时报》媒体平台的建议

提案者： 李志强

相关背景及提案缘由：

2012年以来，黄浦区发挥、整合强大的媒体资源优势，陆续通过召开新闻发布会、电视、广播、报纸等传统媒体以及网络、多区域LED屏等新兴媒体的方式，对黄浦区已经取得的各项工作成果以及黄浦区特有的品牌企业、品牌活动等进行积极、主动、全面地推广及宣传，旨在树立一面旗帜，在彰显黄浦区综合影响力的同时，展现黄浦区以及进驻黄浦区的品牌企业、由黄浦区所举办的特色品牌活动的实力与魅力，为黄浦区未来的发展营造更好的氛围与环境，为黄浦区引入更多的商机与机遇。

黄浦区作为一个拥有丰富、优质、多元化媒体资源的中心城区，在宣传、推广自身建设成果及品牌效应上具有一定的经验与优势，在众多新兴媒体盛行的当下，如何更好、更有效地利用以传统媒体资源为主，同时引入新兴媒体技术拓宽传统媒体的路线，意在对黄浦区进行整体的、全方位的、立体式的宣传推广，是一个极其富有意义的课题。

在此，本提案人以上海政协创办的《联合时报》为例阐述提案建议，希望能够抛砖引玉，有待各位举一反三。《联合时报》原名《上海政协报》，1984年7月由上海市政协创办，1987年1月改为现名。从1993年1月起，开始向国外发行。《联合时报》是上海市政协机关报，在宣传中国共产党领导的多党合作和政治协商制度的前提下，立足统战，面向社会；立足上海，面向全国。创刊宗旨是：发扬民主，广开言路，针砭时弊，联络友谊。《联合时报》集权威性、教育性、知识性和应用性于一体，资讯量大，关注度高，作为一份创刊较早的面向国内外发行的上海市政协机关报，《联合时报》不仅早已成为上海市主流媒体之一，更在海内外具有广泛的影响及效应，享有良好的声誉与评价。同时，《联合时报》一贯秉持学术高度，探求专业深度，兼容并包，雅俗共赏，而且在近年间也通过采用新兴媒体技术，已经成功开发出上海市中、高档社区较大规模的灯箱广告传播网——《政协之窗》灯箱广告展示栏，并且也拥有了网络电子版《联合时报》，构建了网络平台，整合推广渠道，以优化配置资源，使得《联合时报》具有稳定、广泛、持续增长的读者群。《联合时报》的成功源于上海市政府的大力支持与鼓励以及上海市政协的辛勤耕耘，是立足上海，面向全国，放眼世界的上海市政协机关报。黄浦区应当紧跟步伐，通过借鉴并利用这一优秀媒体平台，将黄浦区在改革开发大潮中积淀的优秀形象与取得的重大成果推广出去，不仅要树立黄浦区的标杆地位，同时也力争将黄浦区打造成上海的又一张拿得出手的名片，为上海国际经济中心、国际金融中心、国际航运中心、国际贸易中心的建设贡献黄浦区的一份力量。

黄浦区应当利用好《联合时报》媒体平台的几点建议：

1. 建议黄浦区定期组织本区开展《联合时报》的征稿选稿活动，鼓励与支持广大人民群众在丰富自己业余生活的同时，大至将自己对新黄浦的未来展望，小至自己对新黄浦的个人情愫都用笔书写下来，用相机拍摄下来，用画卷描绘下来，使得老百姓心目中新黄浦的形象活生生地洋溢在字里行间、映衬在相片之中，也可流淌在画作之上，以使更多人更加深入地了解黄浦区的点点滴滴。对于来稿中优秀的、具有创意的或是触动人心的作品给予适当的奖励，为《联合时报》中黄浦区的部分增光添彩。

2. 建议黄浦区合理利用《联合时报》已成功开发的较大规模的灯箱广告传播网——《政协之窗》灯箱广告展示栏，该项目已遍布全市12个中心城区，各高校、医院，项目一期已达2000个。同时，黄浦区也可积极配合、支持《联合时报》开发更大规模的灯箱广告传播网，并鼓励与支持黄浦区的企业、单位能够加入项目之中，在宣传企业自身实力、魅力的同时，推广黄浦区企业的品牌效应，黄浦区应当充分发挥黄浦区自身的优势，尤其需要利用好黄浦区拥有大型中、高档住宅区，大型商业、商务办公综合区以及大型金融综合区的特点，专门定制配套的灯箱广告，并且定期开展征集活动，征集与黄浦区或黄浦区品牌企业形象宣传等有关的广告创意、广告素材或广告成品等。

3. 建议黄浦区与《联合时报》建立长远的合作发展战略关系，或在可行的情况下单独印发《联合时报——新黄浦专刊》，依托老牌、成熟且具有一定历史积淀与海派文化底蕴的多元化上海市政协机关媒体平台，借助其作为政协机关报所特有权威性、秉承"发扬民主，广开言路，针砭时弊，联络友谊"的创刊宗旨以及其作为上海市主流媒体之一的社会地位、较早在海内外共同发行所日积月累的广泛社会影响、效应同良好的声誉、评价，参考其作为专业媒体平台所具有的丰富的宣传及推广手法，加强对黄浦区形象及建设成果的宣传力度，争取树立黄浦区的标杆形象，将这块上海城市的绝对中心推上世界的大舞台。同时，协力合作开发并引入有别于传统媒体技术的新兴媒体技术，如云端网络、手机与多媒体应用软件、灯箱广告、多媒介LED屏幕技术等，立足于黄浦区所独具的城区特点与优势，力求建立一个适用于黄浦区、服务于黄浦区，也只属于黄浦区的整体的、立体式的、全方位的媒体宣传平台，并可定期配套举办大型活动，推出具有黄浦区特色的专题、专刊及有关活动，以达到各方多赢互动以及社会效应、经济效益的兼顾，也希望能够成为上海形象工程的排头兵，争取未来可以给上海城市的整体宣传推广提供些许借鉴与经验，也为使上海在世界舞台上成为更多人目光的焦点，赢得更多认同、赞许与机遇，最终为上海城市未来的发展与建设添砖加瓦，在让世界更了解上海的同时，也深深爱上新黄浦这一颗上海城市中最耀眼的明星。

荣誉证书

李志强同志

被评为2011年度上海市司法行政系统先进个人。

特颁此证，以资鼓励。

上海市司法局

二〇一二年 月

在信访工作中引入第三方机制的建议

案　由：关于在信访工作中引入第三方机制的建议

提案者：李志强

背景：

2011年12月8日，黄浦区信访办召开信访工作会议，其中提到了目前信访工作的几个难点，包括信访案件终结率不高，解决矛盾的渠道少等，同时，会议中还提到了黄浦区解决上述问题的部分方法：一方面要加强社会工作队伍，并发挥社区功能，在社会服务中缓解可能造成信访的不和谐因素；另一方面要完善基层民主协商机制、深化听证会、协调会、评议会制度，这些措施都显示了黄浦区做好信访工作、解决信访矛盾的决心。

除了上面提到的几个方面，从法律层面上保障信访工作的高效、和谐推进也是非常重要的。信访一般由法律问题引发，而律师作为提供法律服务的专业人士，在解决信访过程中可以从法律角度提出自己的见解。因此，律师在信访程序中有很多的工作可做，包括对信访事件的法律责任作初步的判断；向信访的各方当事人提供法律方面的咨询；作为第三方参与听证会等。这些由律师提供的法律服务可以更好地完善信访解决机制的层次和途径，将会对保障社会和谐稳定起到一定的作用。

建议：

1. 律师积极参与到信访案件的各个环节中，在听取信访案件的过程中对信访事件各方的责任进行初步的判别，并且参与到信访案件的协商之中。

2. 律师与相关部门签订常年法律顾问协议，对信访事件中的法律事项发表法律意见，供行政部门参考。为事件的圆满解决，提供更多、更好的解决途径。

3. 律师作为第三方参与到信访程序中的听证会中，对信访事件发表法律意见。

4. 在听证过程中，允许各方自由选择听证人员，始终坚持以"自由、和谐"的原则温和、圆满地解决信访案件，不激化矛盾，避免造成不必要的损失。

借鉴自贸区负面清单管理模式
加快黄浦区政府职能转型与升级

案　由：关于借鉴自贸区负面清单管理模式，加快黄浦区政府职能转型与升级

提案者：李志强

相关背景：

2013年8月30日，为加快政府职能转变，创新对外开放模式，进一步探索深化改革开放的经验，第十二届全国人大常务委员会第四次会议通过《关于授权国务院在中国（上海）自由贸易试验区暂时调整有关法律规定的行政审批的决定》，授权国务院在上海外高桥保税区、上海外高桥保税物流园区、洋山保税港区和上海浦东机场综合保税区基础上设立的中国（上海）自由贸易试验区内，对国家规定实施准入特别管理措施之外的外商投资，暂时调整《中华人民共和国外资企业法》、《中华人民共和国中外合资经营企业法》和《中华人民共和国中外合作经营企业法》规定的有关行政审批。

2013年9月18日，国务院颁布《中国（上海）自由贸易试验区总体方案》，提出在新时期加快政府职能转变、积极探索管理模式创新、促进贸易和投资便利化的总体要求。

2013年9月29日，上海市人民政府公布《中国（上海）自由贸易试验区外商投资准入特别管理措施（负面清单）（2013年）》，列明中国（上海）自由贸易试验区（以下简称自贸区）内对外商投资项目和设立外商投资企业采取的与国民待遇等不符的准入措施。

2013年12月10日，广东省佛山市南海区发布行政审批负面清单，向社会公开355项禁限项目，且同时公布准许清单和监管清单，一并纳入网络审批和监督系统。

负面清单管理模式对于建设黄浦区外滩金融集聚带的内涵：

1. 助推国际金融中心建设法治环境的健全和完善。努力营造公平、公正、高效的金融法治环境，形成洲际性金融司法优势是任何一个世界级国际金融中心的核心竞争力。充分借鉴自贸区负面清单的示范作用，利用这一国际通行规则，探索黄浦区与国际接轨的外商投资管理制度，提升政府职能转换和效率，可以激发黄浦区的金融改革和创新的活力和实践连接点，为黄浦区政府部门不断完善监管体系，改进监管方式，建立贴近市场、促进创新、信息共享、风险可控的金融监管平台和制度提供，为维护健康的、可持续发展的金融秩序提供有效的保障。

2. 助推黄浦区政府职能的升级和社会效益。随着负面清单管理实践不断深入，必然会提高政府行政的透明度，增强社会整体对政府行政的参与度和认可度，在显著提升政府行为的可预见性、政策执行的稳定性和公众知情保障性的同时，也必然能提升经营环境的公平性，并造就一批高素质政策法规研究服务提供者，为健全和完善金融法治环境提供良好的专业基础和充裕的人力资源，从而推动金融法律服务在专业领域上和服务的层次上的整体发展。

对加强黄浦区外滩金融集聚带建设中负面清单管理模式助推作用的建议：

建议尽快在黄浦区研究、制定并发布行政审批负面清单，明确非国民待遇领域，真正形成市场导向的管理职能转变，理顺市场与政府的关系，激发创新与经营的活力。

建议以更强的力度研究、制定、发布并执行政府监管清单，明确政府的职能范围和行为方式，充分保障公共利益相关的法规或政策调整的公众知情权、参与听证权，切实提升和拓展社会监督渠道，准确定位政府职能并加强公共服务与秩序维护能力，从而大幅提升黄浦区在上海作为金融集聚带的内涵及外在形象。

金融文化聚合发展
打造全球一家并购博物馆的建议

案　由：关于金融文化聚合发展，打造全球一家并购博物馆的建议

提案者：李志强

相关背景：

对于黄浦区来讲，黄浦区一直是上海的商务和金融中心，在上海的金融业发展规划中，黄浦区也是上海建设国际金融中心中布局"一城一带"中的"带"，也即外滩。两区合并，其最大的诉求就是黄浦区业已成熟的金融业将迎来十分有利的整合契机。而金融的发展往往与所在区域的文化积累密切相关。

北京东路上的盐业银行大楼正在进行紧锣密鼓的内部整修和改造，这里将入驻一座并购博物馆。相比普通的金融博物馆，并购博物馆集三项功能于一体：博物馆、并购俱乐部和并购讲习所，有望成为全球第一家并购博物馆。有着八十多年历史的老大楼原本用于招商，每年可以带来数亿元的财政收入，但黄浦区政府决定，把有限的资源用于金融文化的传承。因为金融文化的传承将使有限的资源被无限地放大，最终为经济的繁荣和发展所带来的推动力，将不可估量。将金融与文化整合发展，也将成为未来经济格局的基调。

对打造并购博物馆的建议：

1. 广泛收集整理区域内的优势与并购有关的资源，保证所整合的并购资源能够兼具专业性和趣味性，既能向参观者展现并购活动所蕴含的专业性，又能够以兼具趣味性的方式向参观者展示并购世界独具风采的一面。

2. 除并购博物馆以外，在并购博物馆周边形成聚合式发展，发展周边经济，推动周边相关产业的能动式发展。

3. 在建立并购博物馆时，应不仅仅只是建构整合一家并购博物馆，更重

要的是通过展现并购文化来进一步发展黄浦区的并购经济，并在发展并购经济的同时衍生出更多服务或相关产业。如此便能将建立并购博物馆之初所希望达到的效果放到最大。将外滩的深厚文化积淀与雄厚的经济实力完美地结合并迸发出新的火花。

聘任书

现聘任 **李志强** 同志为上海市人民政府行政复议委员会委员，任期四年。

2014年10月

深化黄浦区国资国企改革
促进区域经济发展

案　　由：深化黄浦区国资国企改革　促进区域经济发展

提案人：李志强

相关背景：

党的十八大、十八届三中全会和习近平总书记一系列重要讲话均要求切实加强党对国资国企改革发展的领导，营造鼓励改革创新的良好环境。《中共中央关于全面深化改革若干重大问题的决定》（以下简称《决定》）提出，公有制为主体、多种所有制经济共同发展的基本经济制度，是中国特色社会主义制度的重要支柱，也是社会主义市场经济体制的根基。公有制经济和非公有制经济都是社会主义市场经济的重要组成部分，都是我国经济社会发展的重要基础。《决定》提出积极发展混合所有制经济，国有资本、集体资本、非公有资本等交叉持股、相互融合的混合所有制经济，是基本经济制度的重要实现形式，有利于国有资本放大功能、保值增值、提高竞争力，有利于各种所有制资本取长补短、相互促进、共同发展。

2013年12月17日，上海市深化国资改革促进企业发展工作会议正式发布了《关于进一步深化上海国资改革促进企业发展的意见》（以下简称《意见》）（"上海国资国企改革20条"），《意见》进一步明确了深化国资改革、促进企业发展的重要意义、指导思想、基本原则和主要目标，对黄浦区的国资改革有重要的指导意义。

截至2011年底，黄浦区国有及国有控股企业（以下简称国有企业）共计568家。国有企业资产总额953.57亿元；净资产总额270.67亿元。多年来，黄浦区国有企业的国有资产保值增值情况、经营规模情况和经济效益情况都有稳步提升。现阶段，《决定》和《意见》为国有企业改革指明了道路和方向，黄浦区国有企业应利用本区现有的金融产业、现代服务业和高层次专业的服务体系，并与之形成优势互动，加强本区的国有企业改革。

建议：

一是加强国有企业与民营企业的优势互补、劣势对冲。国有企业、国有经济、国有资本有优势也有弊端，民营经济也一样，因此最好的形式就是两种资本结构融合在一起，使两个优势互补、劣势对冲，这就是最适合现阶段的生产力发展的制度形式。黄浦区的民营企业特别是以外滩金融集聚带为代表的金融业发展较为迅速，区内国有企业应加强与民营企业的沟通、交流和互动，加强创新，互为补充。

二是理顺国企内部关系、完善法人治理结构。理顺企业内部各组织的关系，完善法人治理结构，关键是明确各组织的职能定位并建立相应制度予以保障。从目前情况看，法人治理结构普遍存在的问题是：有的股东大会不健全或者基本不发挥作用；有的董事会职能越位，包揽过宽，甚至雷同于行政管理机构；有的监事会作用发挥不好（实行外派监事会有较大改善）；有的经理层职责与董事会职责不清。同时，由于国企的特殊性，改制后建立了"新三会"，但"老三会"（党委会、工会、职代会）仍然存在，如何处理好它们之间的关系十分重要。要按照《公司法》和中央关于国企改革改制的精神，明确规定国企内部的组织设置及其职能、职责、权利、义务、工作程序等，使企业实现法人治理结构的制度化、规范化。

三是以权责统一、透明监管为着力点，完善各类国资监管体系。国有企业存在诸多经营方面的问题的根本原因之一就是缺乏透明化。明确各类国资监管的责任主体、增强国资监管的规范性和透明度是解决当前国有企业一些固有弊病的必由之路。按照公开、透明、规范、全覆盖的原则，进一步完善以财务监督为重点的国资监管制度，指导和督促企业加强内控管理，提高企业的管控能力。

四是加强市场化管理，鼓励国有企业引进优质中介服务。市场经济中的中介服务对解决国有企业的部分问题有不可忽视的作用，黄浦区内咨询、律师、会计、评级等中介服务业稳步发展、资源丰富。国有企业应积极引进第三方中介服务，加强市场化经营，利用市场的力量进一步完善国有企业改革。

五是推进黄浦区国资国企改革发展，利用资本市场发展区域经济。黄浦区上市公司资源较多，新世界、益民商业等市场影响较大。2013年12月17日在黄浦区举办的上海上市公司黄浦行活动反响强烈。区委、区政府和区统战部主要领导到会，在黄浦区办公和入驻的上市公司和拟上市公司资源丰富。如何利用好上市公司的壳资源、利用好资本市场为区域经济服务是2014年和今后若干年黄浦区国资国企发展的重大课题。建议适时解决同在黄浦区的上市公司"同业竞争"问题，推动黄浦区优质企业改制上市和通过并购重组实现资源有效配置，发挥黄浦区优质金融专业服务机构为区域经济发展服务，建立国资国企工作领导小组和咨询顾问小组，加强政府在国资国企改革发展中的领导作用。

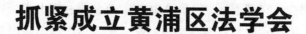

抓紧成立黄浦区法学会

案　由：抓紧成立黄浦区法学会

提案者：李志强

相关背景：

上海市法学会成立于1956年，是中国共产党领导的人民团体，是上海法学、法律界的全市性群众团体和学术团体，是本市政法战线的重要组成部分。

2011年7月11日，上海市首家区级法学会——浦东新区法学会正式成立。2013年9月24日，松江区法学会正式成立，成为继浦东新区法学会后，上海市第二家区级法学会。

黄浦区是"上海的心脏、窗口和名片"，黄浦区一直致力于建设全国法治城区，并将法治建设作为地区战略、目标战略，注重法治政府、法治社会、法治公民的建设。同时，黄浦区在建设法治城区上实力雄厚，黄浦区范围内的公检法机关在法治建设方面经验丰富，且黄浦区范围内不仅拥有上海市社会科学院、上海市黄浦公证处、上海市新黄浦公证处、上海市卢湾公证处，还拥有百余家律师事务所等与法律相关的单位。抓紧成立黄浦区法学会责无旁贷。

黄浦区应当借鉴与吸收浦东新区、松江区的经验，抓紧成立黄浦区法学会，推进黄浦区法治建设、促进依法治区和法治城区的建设。

关于建议成立黄浦区法学会的建议：

1. 加快推进黄浦区法学会的成立工作。设立区级法学会是上海贯彻落实中国法学会关于加强地方法学会建设要求的一项重要措施，是各区县先行先试、贯彻落实综合配套改革精神的一项重要举措，对于进一步提升各区县的法治化水平，推进法治建设、促进依法治区，服务各区县建设、保障和改善民生、提高城市现代化水平等，均具有重要的意义。所以，加快推进黄浦区法学会的成立工作是十分重要且具有意义的。

2. 定编定人加快推进区法学会各项建设。推进黄浦区法学会的成立工作，离不开黄浦区有关领导的大力支持与鼓励。同时，也需要定编定人，特别是选择具有丰富的法制工作领导经验的政法领军人物充实法学会领导岗位，在法学会机构设置上也要有相当高度，以与市法学会的定位上下呼应。

3. 学习借鉴浦东新区、松江区法学会经验。作为上海最早成立的区级法学会，浦东新区法学会及松江区法学会在建设、发展区级法学会上已积累了一定的经验，取得了一定的成果。黄浦区在积极推进黄浦区法学会的过程中，应当学习、借鉴浦东新区、松江区在建设区级法学会上的领先经验，以建设好、发展好黄浦区法学会。

4. 黄浦区法学会的人才培养。一方面，黄浦区法学会的建设与发展，需要一批具备相应背景与经验的高层次、高素质的人才。同时，黄浦区法学会在建设与发展中，也会为黄浦区、为上海市乃至为国家培养一批批具有丰富法治建设经验的专业人才。未来法学会应当积极建立一套人才培养机制，吸引及培养优秀的专业人才。

5. 积极开展学术活动。黄浦区法学会成立后，应积极开展学术活动。黄浦区作为一个优秀的法治城区，应当将平时在法治实践上的经验与探索汇总、体现到学术活动中，并且定期拿出一定的学术著作、学术成果来。

完善我国《民事诉讼法》之公益诉讼制度的建议

案　由：关于完善我国《民事诉讼法》之公益诉讼制度的建议

提案者：李志强

相关背景：

原《民事诉讼法》没有将公益诉讼作为案件类型，但近年来，诸如三鹿奶粉事件、康菲溢油事件等食品安全和环境污染事故不断发生，社会各界急切呼吁通过公益诉讼来维护公众及相关人群的合法权益，其中，也包括一些人大代表和政协代表，多次提出在民事诉讼法中增加公益诉讼（Public Interest Litigation）制度的立法建议。为此，新修改的《民事诉讼法》第五十五条规定："对污染环境、侵害众多消费者合法权益等损害社会公共利益的行为，法律规定的机关和有关组织可以向人民法院提起诉讼。"

针对司法实践中的情况，本次民事诉讼法大修首次写入公益诉讼内容，被视为最大亮点。新规定使中国公益诉讼制度迈出了法律制度破冰的一大步。

关于完善公益诉讼制度的内涵：

新《民事诉讼法》新增了公益诉讼案件类型，将环境污染、大范围侵犯消费者权益等损害社会公共利益的案件，列入公益诉讼的范畴，并规定法律授权的机关和有关组织可以作为原告起诉。目前，我国还无任何法律授权有关机关或组织提起公益诉讼，同时，公益诉讼的诉讼请求类型、诉讼程序等一系列理论和制度问题，还需不断摸索、研究和完善。

关于完善公益诉讼制度的建议：

1. 关于公益诉讼的起诉主体。

（1）"机关"：建议将"机关"范围限定为检察机关、行政机关。理由为：① 检察机关在我国宪政中居于法律监督者的特殊地位，检察机关作为国家利益和社会公共利益的代表者、维护者和实现者的职能角色；检察机关在收集证据、调查证据的权限、担负诉讼成本的能力和进行诉讼所必需的法律专业素养等方面具有优越于享有公益诉权的社会团体或民间组织；②行政机关掌握有关环境评价、环境监测、检验、评估报告、现场检查记录等方面的信息资料，行政机关收集证据的能力也比较高。

（2）"有关组织"："有关组织"众多，类型有社会团体、民办非企业单位、基金会。上述各种组织，良莠不齐。因此，有必要对可以起诉的有关组织的范围作必要的限制，例如：①依法登记或备案；②起诉必须符合组织或团体章程规定的目的和业务范围；③应当具有一定的经费来源和经费保障；④社团法人应当有一定数量的会员；⑤组织或团体须配备有相关的法律专业人士。

2. 公益诉讼请求的类型。在2000年之前的大陆法系国家中，民事公益诉讼实际上仅限于提供预防性救济，原告只能提起不作为之诉或撤销之诉，诉讼请求仅为预防性请求，即要求被告停止侵害、排除妨碍、消除影响、恢复原状等作为或不作为请求，不得提出私益损害的赔偿请求。在长达近百年的民事诉讼法史中，"不作为型公益诉讼"成为大陆法系公益诉讼的典型特征。直到2000年后，德国、法国等少数欧洲国家规定，在特定类型的公益诉讼中，原告也可以请求损害赔偿，由此，损害赔偿型公益诉讼是一种趋势，这在一定程度上能对公益侵权者产生震慑力和惩罚力，尤其是在类似三鹿奶粉事件、康菲溢油事件上，使受害者得到一定经济性赔偿。因此，建议将损害赔偿请求作为我国的公益诉讼请求类型之一。

3. 增设公益诉讼的特别程序。《民事诉讼法》是以私益诉讼为中心制定的，而公益诉讼程序的立法明显不足。例如，对于特定环境公益案件，管辖法院如何确定、诉讼请求如何限定、原告收集证据的权利有多大、环境损害鉴定如何进行、要不要缴纳诉讼费用、原告能否放弃诉讼请求或者能否与对方和解、法院能否调解、能否发布禁止令、如何确定裁判的效力范围、裁判文书如何执行，等等，诸如此类的特殊程序问题，均须通过司法解释予以明确。

（本建议作为社情民意上报全国政协）

进一步确立新《刑事诉讼法》之"不得自证其罪"原则的建议

案　由：关于进一步确立新《刑事诉讼法》之"不得自证其罪"原则的建议

提案者：李志强

相关背景：

2012年3月14日，《刑事诉讼法》修正案经全国人大会议表决通过后，国家主席胡锦涛签署第55号主席令予以公布，并已于2013年1月1日起施行。新《刑事诉讼法》共计111条，将修改前的《刑事诉讼法》的225条增至290条，修改法律条文的广度和深度堪称空前，是一次全面、深度的修订。而这次修法从《刑事诉讼法》修正案（草案）的公布到修正案正式表决前后，引发社会各界广泛讨论和关注，有学者认为这次修法是"我国刑事诉讼制度的较大进步和发展"。新《刑事诉讼法》的一大亮点是规定了"不得强迫任何人证实自己有罪"，从而确立了"不得自证其罪"的刑诉原则。但我们同时也注意到在整个新《刑事诉讼法》体系中，存在着与"不得自证其罪"原则相矛盾的规定。

关于"不得自证其罪"原则的内涵：

我国首次在《刑事诉讼法》中明确了"不得自证其罪"原则，从制度上遏制了刑讯逼供行为，彰显了《刑事诉讼法》人权保障和程序正义精神。不得强迫自证其罪原则首先源于1639年英国的李尔本案件，1640年得到英国议会确认，至20世纪60年代已成为一项特点鲜明并在世界各国具有广泛影响的刑事诉讼规则，《公民权利和政治权利国际公约》第14条规定："受刑事追诉人不得被强迫作不利于自己的证言或强迫承认犯罪"，并将此确定为一项刑事诉讼国际准则，截至2010年8月该公约已经有158个成员国，而我国政府已于1998年10月签署加入了《公民权利和政治权利国际公约》，但该条约仍未对我国生效。所以这次《刑事诉讼法》修改写入不得自证其罪原则既是国内法满足国际法的要求，也是借助修法提升我国法律文明与进步，将国外先进的尤其是经过司法实践证明切实可行的司法制度引进来的大胆尝试。

关于进一步确立"不得自证其罪"原则的建议：

此次修法在增加了"不得强迫任何人证实自己有罪"的同时，却没有删除有关"犯罪嫌疑人对侦查人员的提问应该如实回答"的规定。从两个条文的位置关系看，二者基本都是处于具体条文中没有地位上的高低之分。这就出现新《刑事诉讼法》一方面授予犯罪嫌疑人有反对强迫自证其罪的权利，另一方面又规定他有如实回答的义务，在法条上出现矛盾。

为保障法律实施的权威性，建议通过相对合理的法律解释来协调好条文内部的矛盾。目前，本人认为一个较为妥当的解释方案是：将《刑事诉讼法》第一百一十八条中规定的犯罪嫌疑人"应该如实回答"的义务重点放在"如实"上而非"回答"上，即：犯罪嫌疑人愿意回答就应当如实回答，否则将失去从宽的机会；如不愿意回答，侦查人员就不能强迫他回答，但告知犯罪嫌疑人将失去辩驳的机会。

（本建议作为社情民意上报全国政协）

聘书

李志强 先生：

兹聘请您为"青春世博行动"上海轨道交通荣誉站长。

共青团上海市委员会
上海申通地铁集团有限公司
上海杰出青年协会

二〇〇九年十二月五日

聘　书

李志强 先生/女士：

　　兹聘请您担任

　　"接力世博 牵手梦想" 2011 上海青年就业创业

大讲堂系列讲座主讲嘉宾

　　特颁此证

共青团上海市委员会
2011 年 3 月 30 日

荣誉证书
HONORARY CREDENTIAL

李志强 律师：

　　在 "平安世博 律师同行" 活动中，表现

突出，荣获 "服务世博先进律师" 称号。

　　特颁此证，以资鼓励。

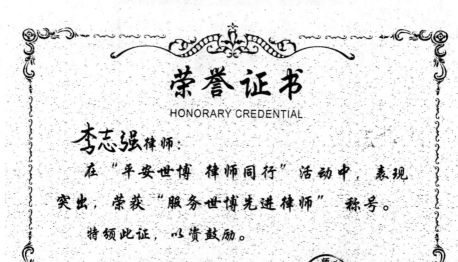

上海市律师协会

自主建言篇

On the Further Opening-up of the Legal Profession in Shanghai

——At the Centenary of the Shanghai Bar Association

By Zhi Qiang Li, Council Member of IBA

On December 8th 1912, the Shanghai Bar Association, the largest and most significant lawyers' professional organization in modern history of China, was founded. Since its founding, the Shanghai Bar Association, pursing the ideals of justice and rule of law, has left a remarkable and precious page in promoting the development of lawyer profession, as well as the social development and progress of China.

December 8th 2012, the centenary of the Shanghai Bar Association, it is not only a day to review the history, but also the day to take efforts to inherit and carry forward the spirit, responsibility and culture of lawyers. Never a time as good as today is full of opportunities and challenges. It is time for us to seize the opportunity, to overcome Challenges, to look forward to the prospects of development of the legal profession in Shanghai. My Fellow lawyers, let's hold this ambition and bear this responsibility.

The centenary history of the Shanghai Bar Association has shaped the contemporary lawyer culture. As the famous Chinese Jurist Changdao Li highly summarized, "contemporary lawyer culture contains the belief of the supremacy of law, the courage to fight against the power, the yearning for independence and freedom, the willingness to aid to the weak, the self-discipline to professional ethics, good faith of not driven by self-interest, and respect for counterparts and a fair play. Whenever and wherever, the lawyer culture leads, incents, connects and regulates the society." Looking back to the past, since the profession of lawyer introduced to China from the Western a hundred year ago, it has already taken deep root in Shanghai. The early republic of china witnessed the sprout of the legal profession in Shanghai. Over the last century, especially in the last 33 years since the restoration of lawyer-system, guided by the reform and opening policy, the lawyers industry in Shanghai has achieved remarkable success which attracts worldwide attention. Shanghai lawyers are the vanguard of reform and opening up, who have written a glorious page in the development the lawyers industry in China. Shanghai is the birthplace of cooperative lawoffice. The first law firm named after an individual was opened up beside the Huangpu River. The first foreign-related firm created by overseas student stands beside the Oriental Pearl. A Hong Kong-based law firm set up its first office in Shanghai. Shanghai lawyers have created histories and written miracles once and once again.

China's first International Service Trade Fair concluded in Beijing on June 12012, demonstrated to the world that China's services trade volume, legal service included, has ranked the fourth largest globally. As an important part of service trade, legal service attracts highly attention of the government. The administrative organs of justice and industry associations are taking practical measures to encourage the Chinese lawyers to compete in the world market and to win more orders of international or transnational legal services. Legal service playing a large part in the service trade is the result of rethinking the function and role of the lawyers after China's entry into WTO in 2001.

Today, in the 11th year since china joined the WTO, lawyers industry has gradually become the backbone of the international service trade market. The ever-increasing international and cross-border legal service orders have been a bright spotlight of Shanghai's lawyers industry. Driven by the external motivation, together with Shanghai's inner needs of innovation and transformation, to cultivate and expand the service trade market including the legal service has become a consensus among Shanghai's Municipal Committee, administrative organs of justice and the industry association.

To develop the lawyers industry is to promote Chinese legal culture, which is diversified and profound to be a ground for legal diplomacy and unofficial diplomacy, for the communication of overseas and Chinese enterprises. More grandly, it not only benefits China for building a harmonious society, but also benefits the great course of economic integration, global governance and a world of fairness, justice and peace. Therefore, the lawyers industry is attractive, promising and of incredible potential. In the cosmopolitan city of Shanghai, the further development of lawyers industry goes with the tide of developing the socialism legal culture with Chinese characteristics, conforms to Shanghai's constructive goal of an international economic, financial, trade and shipping center, and complies with our strategy of the rule of law, the necessity of democratic political development and the trend of times.

1. The Further Opening-up of Lawyers industry is a necessary choice

As early as 1992, we had started pilot project that foreign and Hong Kong law firms setting up offices in the mainland. Regulations on the Administration of Representative Agencies of Foreign

Law Firms in China jointly published by the Department of Justice and the State Administration for Industry and Commerce started the Opening-up of Lawyers industry. Shanghai lead the trend, where the first Hong Kong-based law firm Shanghai office-Ganheng Huang & Yinghao Huang Co.Law Firm- was set up at the center district of Xujiahui.

On November 20th 2001, WTO Director General Michael Moore sent a letter to WTO members to declare that the central government of China had accepted the protocol on its accession to the WTO on November11 2001, meanwhile China officially become a member of WTO from then on. China had promised in the protocol that it would further open service trade market in 15 years.

Since the entry of WTO, our government has been earnestly fulfilling its commitments. Regulations on the Administration of Representative Agencies of Foreign Law Firms in China formulated by the State Council has taken effect since January 2002. Provisions of the Ministry of Justice on the Execution of the Regulations on the Administration of Foreign Law Firms' Representative Offices in China was enacted by the Ministry of Justice of the People's Republic of China in September 2002. On January 6, 2003, General Office of the Ministry of Justice replied to China International Economic and Trade Arbitration Commission (CIETAC) by letter and confirmed that representative agencies and their employees of foreign law firms might participate in the activities of international arbitration in China. In September 2004, the Ministry of Justice revised and issued the Provisions of the Ministry of Justice on the Execution of the Regulations on the Administration of Foreign Law Firms' Representative Offices in China, which further speed up the pace of the legal service market's opening up to outside, lifted restrictions on amount and locations of foreign law firms' representative offices, broadened the scope of business activities, and lowered qualification requirements of their chief representatives and representatives.

In June 2003, Mainland China respectively with Hong Kong and Macao Special Administrative Region (SAR), signed The Closer Economic Partnership Arrangement. To further open up the legal service market, the Central Government enacted Measures for the Administration of the Representative Offices Stationed in the Mainland of China by Law Firms of the Hong Kong Special Administrative Region and the Macao Special Administrative Region . According to which, law firms of mainland China may employ practicing lawyers of Hong Kong, and jointly operate with law firms of Hong Kong. What's more, the permanent residents of Hong Kong and Macao with Chinese nationality may sit for the National Uniform Judicial Examination of Mainland China to make it easier for lawyers of Hong Kong and Macao to entry legal service market of the Mainland of China so that cooperation between lawyers of the Mainland, Hong Kong and Macao will become closer and more institutionalized.

In December 2008, the Ministry of Justice enacted Administrative Measures for the Practice of Law in the Mainland by Taiwan Residents Holding the National Legal Profession Qualifications which for the first time allow Taiwan residents practice laws in the Mainland China.

As early as one hundred years ago, foreign lawyers landed in Shanghai which has always been a treasure place for them. Shanghai is an international city, which makes it so attractive. By the end of Year 2011, the amount of representative agencies of foreign law firms in Shanghai was 142, ranking the first all over the country. 44 firms among the World's 100 largest law firms have set up representative offices in Shanghai, and 13 firms among the top 15 law firms in the world have landed in Shanghai. Zhongding Liu, the Deputy Secretary of the Shanghai Municipal Bureau of Justice and the party secretary of Shanghai Bar Association, pointed out that the level of internationalization of Shanghai bar has taken the forefront of the country.

The entry of foreign lawyers to the legal service market in Shanghai makes local legal profession more active, improves the local lawyers service skills and service standards. However, it also makes the legal service market more competitive in Shanghai. It's urgent to make local lawyers more professional, large-scale, international and branding. From the perspective of the development of trade in services, it's necessary for Shanghai bar to open up to foreign countries. On one hand, development of Shanghai cannot live without foreign lawyers since foreign financial oligarchs and enterprises entered into Shanghai accompanied by lawyers. On the other hand, we still have a lot to learn from foreign lawyers because they are more skilled. It is time for us to learn advanced service concept and service skills from developed countries' legal profession. Meanwhile, we the local lawyers are also familiar with the Chinese legal culture and legal environment.

2. The choice of Further Opening-up of Lawyers industry

China has opened its legal services market to participation by foreign law firms. For instance, the geographic restrictions have been progressively removed for foreign lawyers. However, if foreign law firms can not employ Chinese lawyers provide litigation legal services in China, how to further open up the legal industry? I believe that Shanghai could learn from Singapore, and Korea's open policy, as long as it does not violate under the framework of the existing laws and regulations, Shanghai should play the pivotal role of being the first one to try new ways for further open up the legal industry so as to provide reference experience for China, on the condition that they take the existing and development space for local lawyers into consideration and implement principle of reciprocity between

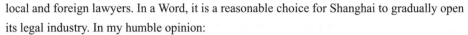

local and foreign lawyers. In a Word, it is a reasonable choice for Shanghai to gradually open its legal industry. In my humble opinion:

（1）Encourage overseas Chinese who has obtained the foreign legal qualification to join the Shanghai law firm in the name of the legal counsel;

（2）Allow foreign law firms to reach a joint venture or alliance with the Shanghai law firms, common to share the name and office space, hire Chinese and foreign lawyers;

（3）Allow foreign law firms to establish similar organizational form of Sino-foreign cooperative enterprises in the field of finance, shipping and other professional institutions of limited partnership law with the law firm of Shanghai. Promote and encourage cooperation contracts or leases in China's legal services market, Shanghai lawyer should have more right or power to influence action or decision;

（4）Encourage lawyers to take the foreign bar exam and obtain qualifications, to hire foreign lawyers and foreign legal consultants in Shanghai;

（5）Consider Hong Kong, Macao and Taiwan residents have been allowed to participate in the local judicial examination. Allow the establishment of cross-straits four eligible legal practitioners together in partnership to provide professional services for mainland China, Hong Kong, Macao and Taiwan law firm;

（6）Establish a transitional period of several years, allow foreign lawyers to participate in the local judicial examination after the expiration and employ by local law firm practice.

3. The strategy of Further Opening-up of Lawyers industry

There is no doubt that trade further opening up of the local Shanghai lawyers legal services market presents opportunities, such as legal services lawyers can deeply take part in transnational corporations in Shanghai markets and multinational cross-border legal services order, expand areas of geographical and practice services. But at the same time, lawyers in Shanghai will also face a series of tough tests. Facing increasingly uncertain situations in the future, only when we improve ourselves constantly, by self-denial, self-perfection, can we better ourselves. There is no doubt that further opening up to the outside puts forward new challenge on Shanghai lawyers.

Multinational services

In order to adapt to the new trends, Shanghai lawyer services need to break through the traditional geographical services, the implementation of transnational services. Transnational services aimed at globally to achieve optimal disposition of intelligence, information

management can legal services become a multidimensional, comprehensive and integrated advanced services trade. Currently, all global top 50 international law firms take cross-border services as a preferred method of service. Shanghai's lawyers have to advance with times and bring services to Asia, Europe, America, and even the whole world.

Chain operation

The legal profession is also an industry, which need first-class business to do bigger and stronger, which requires high quality lawyer services to become a brand and intangible "goods" operating on a global scale. Successful brands and services each can be use d to obtain benefits, like the McDonald's fast-food industry, "Fujifilm wash phase industry," "Louis Vuitton" in the leather industry, will be a unique way for lower-cost expansion of unique charm.

"Mixed" operation

Lawyer Service is to provide customers with a full range of services. Relying on simple "legal" professional consulting services has been insufficient; we also need accountants, appraisers, architects, tax agents, actuaries and other professionals. Therefore, the legal profession needs to recruit professionals in all aspects, and expands the area and scope of advisory services.

Joint venture

In fact, many large multinational legal firms have joint ventures experience, particularly in firms of the same law States or similar jurisdictions, the joint venture has a more mature business philosophy and rules.

Capital management

It is necessary for lawyer industry to achieve maximum benefits and fast low-cost expansion of capital management for their development. Capital management leads the competition into cooperation, and facilitates intellectual, and management in the full range. Capital management also takes the maximum control of the market share in lawyer service, and creates consolidated the-multi- win-win situation.

Centenary of the establishment of the Shanghai Lawyers Association history shows that, only by recognizing the dominant situation of the development of international law industry, can lawyers in Shanghai be more vibrant and dynamic industry and embrace the next century. The progressively opening-up of legal service in China poses an unprecedented challenge to Shanghai lawyer. At the same time, Shanghai Lawyers also face with historical opportunities in the new century. We should appreciate that more and more intellectuals attached much weight to Shanghai lawyer industry and explored how it can be adapt to the new requirements of further opening -up trade in services.

Shanghai judicial administrative organs "encourages law firms moving towards large scale, including merger, consolidation, restructuring direction", "encourage the outstanding young lawyers to participate in other national lawyer qualification examination, and get a lawyer licensing abroad. " We have every reason to believe that the lawyers in Shanghai will carry out more breadth and depth exchanges and cooperation with the international law community as China's entry into the WTO after 15 years. We are sure to keep the warm and spirited State, to meet, to further promote exchanges and cooperation between Chinese lawyers and international lawyers. Chinese lawyers will play their rightful role in national development.

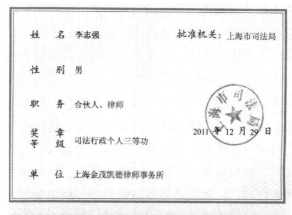

金融法律服务助推依法治区

——在黄浦区2011年宪法宣传周主题论坛上的发言

各位领导、来宾和同仁，大家下午好!

我在首届东方大律师江宪后发言很有压力，因为他伶牙俐齿的论辩会让法庭上的对手也拍案叫好，好在我们共同的导师，著名法学家，原上海市高级人民法院副院长、上海市人民政府参事室主任、复旦大学法学院院长、上海仲裁委员会副主任、上海市法学会副会长、上海市律师协会专家顾问李昌道教授在会场指点，好在黄浦区政府吕南停副区长、上海市司法局刘忠定副局长、黄浦区司法局翟世骐书记、潘鹰芳局长和市律师协会盛雷鸣会长在现场指教，所以我鼓足勇气，谈几点不成熟的看法。

众所周知，黄浦是上海的"心脏、窗口和名片"，在上海的心脏依法行政影响巨大，在上海的窗口提供法律服务意义深远，优质高效的法律服务是依法治区的亮丽名片，从外滩、豫园到中共一大会址和新天地，从人民广场到文化广场，无不闪现经典黄浦和精品卢湾的身姿，而黄浦更承载着建设国际金融中心的国家战略，从陆家嘴金融城到外滩金融集聚带，这一城一带的功能建设是上海2020年基本建成国际金融中心城市的押宝之作。自2008年以来，我有幸担任黄浦区人民政府法律顾问团成员，在团长，也是全国法律援助先进个人的潘鹰芳局长的指导和带领下，为黄浦区设立全区第一家，也是上海中心城区第一批小额贷款股份有限公司提供了全程法律服务，在法律服务过程中，我深感依法行政离不开法律服务，而法律服务为依法行政助推助力，律师提供法律服务具有四大功能：

一、律师是"设计师"，一流的设计为依法行政开路

邓小平是改革开放的总设计师，19年前，他在南巡讲话中说过一句振聋发

聩的话："不坚持社会主义，不改革开放，不发展经济，不改善人民生活，只能是死路一条"。治国安邦离不开设计师，同样依法行政更离不开包括律师在内的设计师参与设计。20世纪90年代初，中央政府刚宣布浦东开发开放不久，浦东人提出，浦东开发，金融先行，时任浦东新区管委会负责人的黄奇帆同志召集新区综合规划土地局的相关人员研究利用国际成熟经验进行市政基础设施开发建设的方案，我被政府找去，一周内翻译长达100多页的国际辛迪加贷款英文法律文本供领导决策，而后我们参与设计用辛迪加贷款模式为两桥一嘴，即金桥和外高桥以及陆家嘴引进中外资金融机构用国际银团贷款（LIBOR伦敦同业银行拆放利率+1.125%）的低成本融资10多亿元资金为浦东城市基础设施建设下了几场"及时雨"。无独有偶，刚刚谢幕一年的2010年中国上海世博会就是在律师参与设计的前提下，采用以往世博会从未采用的发行世博债券的金融工具为办博引资，我为首批15亿元的世博债券的发行上市提供了法律服务。今年4月，上海国际旅游度假区暨迪士尼项目开工，市政府专门出台上海国际旅游度假区条例，围绕建园的资金筹措，我有幸以法律顾问的身份为国内10多家著名金融机构的项目公司的投资人设计结合项目运行特点的融资方案。

二、律师是"保健医生"，为依法行政建路

依法行政的精髓就是合规审查，依规行事。不依规矩，不成方圆，而律师可以帮助政府进行合规审查，保证政府在合规的轨道上运行，如金茂凯德律师事务所的律师在帮助黄浦区政府和上海市政府金融主管部门审核区属企业设立小额贷款公司和融资性担保公司设立时就承担了"保健医生"的功能。

三、律师是"开刀医生"，为依法行政修路

开好刀，是医生的天职，帮助政府解决各种争端，更是律师的天生职责，在危难中挺身而出，解政府之燃眉之急，方显律师的英雄本色。2011年小年夜，当我在深圳参加国内第一家从事ERP业务的公司汉得信息登陆创业板上市仪式时，东部沿海某省某市政府所属企业正在与一家中央企业签署一

特大投资项目的合同，协议约定，该市政府下属企业与当地一家大型外资企业共同与某中央企业合资成立公司，首期注册资本1亿元，该中央企业作为第一大股东以项目融资的方式引进百亿元资金，2011年上半年到位10亿元资金，但截至8月上旬，颗粒未进，当地政府十分焦急，一段时间几乎天天与我通话商议。我仔细研究了合资合同，发现合同设置了仲裁条款，但启动仲裁规定了严格的前置程序，就是30天提议沟通，30天上交各自股东和实际控制人商议，10天内最后通牒，70天后开始仲裁，一方向对方发函敦促，但另一方居然声称从未违约，封住仲裁程序启动的按钮，作为律师，我向政府建言任何合同不能封住当事人以仲裁或诉讼方式最终救济解决争议的通道。在得到政府的首肯后，我果断开刀，向合同约定的某著名国际仲裁机构提出仲裁申请，案件受理后，对方一再以当事人意思自治为理由要求仲裁机构撤案，但最终在仲裁庭组成前，以对方同意无条件退出，化解了巨额争议。

四、律师是"心理咨询师"，为依法行政拓路

现代都市，发展快速，人们工作压力巨大，家庭矛盾、社会矛盾凸显，急需心理咨询师帮助人们进行心理咨询和心理干预，实现心态平和平衡和社会和谐。同样，政府依法行政过程中，面对各种社会问题和社会矛盾，面对各种利益协调平衡，也需要律师这样的角色充当心理咨询师，帮助政府调处各种矛盾。如我所律师为某省某市政府发改局遴选该市国有控股企业实现资产证券化时，及时做好政府和相关企业工作，以案说法，进行心理干预，让其中某些有承担社会职能的企业和城建在建工程未出经济效益的企业放弃资产证券化的想法，资本市场的投资者买了没有成长性的企业股票是害人害己，未选上的企业进行改制，政企分离，政府和相关企业都找到了新的发展路径。

各位领导，各位同仁，新黄浦的大幕已经拉开，1000多名黄浦律师有了新的更广阔的发展舞台，相信在区委、区政府和市局、区局的领导和市律协的指导下，作为政府依法行政的设计师、保健医生、开刀医生和心理咨询师的律师一定会有新的更大的作为。

谢谢大家！

加强法律风险控制　保障有效政府治理

习近平总书记2014年5月在上海视察时要求上海继续当好全国改革开放排头兵和科学发展先行者，不断提高城市核心竞争力，开创各项工作新局面。我个人愚见，加强法律风险控制，保障有效政府治理是提高城市核心竞争力的重要抓手和突破口。有效的政府治理是和效益、法治等有机联系在一起的，上海市各级政府的有效治理，要以政府公共管理效能为着眼点，以高效和善治为目的，而达到该等目的的前提是管理成本的控制，其中包含法律风险的控制。

政府治理隐含高法律风险，官方公布的2014年上海"两高"报告中的数字可以印证。2013年上海法院共审理行政案件2710件，审结2692件，同比分别上升23.7%和26.5%。行政机关败诉率为4.2%，同比持平，反映了政府治理中存在很高的行政法律风险。

2013年上海各级检察机关共立案侦查贪污贿赂案件325件405人，人数同比上升1.3%，其中大案308件，局级干部4人，处级干部39人，查处损害群众利益的贪污贿赂案件106件、129人，占全部反贪案件的1/3。查处征地拆迁和保障型住房领域案件21件、23人。立案侦查国家机关工作人员玩忽职守、滥用职权等渎职侵权犯罪48人，同比上升11.6%，其中，重特大案件26件，占81.3%，处级以上干部要案2人。职务犯罪大多发生于公共管理中，与政府治理关联度很高，从本市查办职务犯罪的数量分析，政府治理的刑事法律风险不可忽视。究其原因，一是法律意识和法治思维淡薄，管理者往往重实体、轻程序，管理者往往习惯于用权，但不习惯于用法；二是管理者内部缺乏有效的风险控制机制和决策程序，重大经济决策往往缺乏法律专家和专业人员的参与。

为此，我建议：

一、完善政府法律顾问制度

进一步落实沪委办发〔2010〕16号文《关于进一步发挥律师在法治政府、法治社会建设中重要作用的若干意见》，按照党的十八届三中全会关于普遍建立法律顾问制度的重要决定，把法律顾问制度作为防范、预警、降低和消除法律风险的制度保障。

党的十八届三中全会在《中共中央关于全面深化改革若干重大问题的决定》中提出，要推进法治中国建设，普遍建立法律顾问制度。政府法律顾问制度有利于提升政府依法决策和依法行政水平，对加快推进政府职能转变，促进经济发展、加强社会管理、维护社会稳定、推进社会主义法治国家建设作出了积极贡献。我国政府在20世纪80年代就开始建立法律顾问制度，但在很多地方未受到重视，法律顾问工作仅局限在为政府提供一般法律咨询、参与行政复议及行政诉讼等一些简单、传统法律服务事项上。在政府有关重大行政决策过程中几乎见不到法律顾问的身影，完全没有全面发挥顾问应有的重要作用。为探索科学规范、运行有效的政府法律顾问制度，进一步发挥政府法律顾问制度在法治政府、法治社会建设中的重要作用，为此建议以下几点：

1. 普遍建立法律顾问制度。建议上海市政府明确要求各级政府必须建立法律顾问制度，将聘请政府法律顾问作为依法行政工作和政府治理的一项考核内容。同时，政府法律顾问工作要全面覆盖政府的主要行为，且必须切实运转、有效实施，防止政府法律顾问制度流于形式。建议将政府法律顾问对政府重大决策事项的合法性审查机制作为政府工作会议讨论的前置程序，未经合法性审查或者经审查不合法的，不能提交会议讨论、作出决策。

2. 明确政府法律顾问职责范围。建议上海市政府将政府法律顾问的职责以法定形式予以明确，这是充分发挥其职能的重要前提和根本保证。明确政府法律顾问职责范围也有利于划清政府法律顾问与政府法制机构及司法行政部门的职能界限。建议上海市政府或人大尽快制订一份"正面清单"，将哪些重大决策或行政行为须经法律顾问论证或评估，予以明确规定。政府法律顾问的职责应当包括但不限于：根据法律、行政法规和地方性法规，对政府机关作出的重大具体行政行为提供法律意见；对政府机关在法律规定的范围内制定的规范性文件进行合法性审查或法律论证；为政府机关的重大行政决策提供法律风险评估；协助政府参与协调政府各部门之间因职责不清引起的行政执法争议；参与协调政府重大投资、采购合同的谈判和重大涉外商务合同的谈判；为政府机关工作人员举办法制讲座等。

3. 提升政府法律顾问的服务能力。为增强政府法律顾问制度的独立性、客观性和专业性，提升政府法律顾问的服务能力，除了律师以外，还应该邀请具有独立性和较高社会公信力的专家学者、调解员、仲裁员等专业人士参与到政府法律顾问团队的组成中来。此外，可以建立公开透明的政府法律顾问遴选机制、健全评价考核激励体系、规范法律顾问的聘用形式以遴选出最适合的政府法律顾问团队，激励政府法律顾问不断提升服务能力。

二、规范政府重大事项的行政决策程序，建立法律风险的责任追究制度

我国正处于经济高速发展的战略机遇时期，也是社会矛盾的凸显期和不稳定因素的多发期。新时期的这些特点，增大了政府重大决策的难度，对政府行政决策提出了更高要求。政府重大决策失误可能造成一系列无可挽回的严重后果，诸如社会群体性事件、严重降低政府威信、阻碍地方经济发展等。因此，为防范政府在治理过程中可能出现的法律风险，必须规范政府的行政行为，规范政府重大事项的行政决策程序，建立健全政府治理法律风险的责任追究制度。

首先，通过行政立法以规范重大行政决策程序，建立事前审查、事中监督、事后评估机制。为了保障重大行政决策的科学、民主、合法，提高决策质量，维护人民群众根本利益，上海市政府已公布《上海市重大行政决策程序规定（草案）》征询意见稿，但是政府仍需要进一步完善相关法律的配套措施，保障该法规在实践中能够得到切实有效地施行。

其次，政府应建立健全政府治理法律风险的责任追究制度，对于未遵守法律、法规规定的行政程序造成严重法律后果的，要追究有关人员的法律责任。对重大行政决策未经法定程序进行评估、审查，或虽经评估、审查但

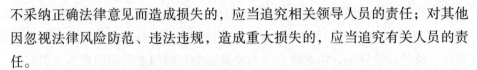

不采纳正确法律意见而造成损失的，应当追究相关领导人员的责任；对其他因忽视法律风险防范、违法违规，造成重大损失的，应当追究有关人员的责任。

最后，政府还应当健全反腐倡廉法规制度体系，完善惩治和预防腐败、防控廉政风险、防止利益冲突、任职回避等方面法律法规，推行新提任领导干部有关事项公开制度试点。健全民主监督、法律监督、舆论监督机制，运用和规范互联网监督。

三、树立政府法律风险意识，深化行政执法体制改革

树立政府法律风险意识，加强对领导干部的法律意识教育，领导干部的法律素质是实现依法行政、防范法律风险的有效保证。对领导干部进行定期的法律知识教育，建立专家学者与领导干部法律学习与探讨的互动机制，使领导干部在实务工作中就具体的行政事务与专家适时沟通。

深化行政执法体制改革，建议整合执法主体，相对集中执法权，推进综合执法，着力解决权责交叉、多头执法问题，建立权责统一、权威高效的行政执法体制。减少行政执法层级，加强食品药品、安全生产、环境保护、劳动保障、海域海岛等重点领域基层执法力量。理顺城管执法体制，提高执法和服务水平。完善行政执法程序，规范执法自由裁量权，加强对行政执法的监督，全面落实行政执法责任制和执法经费由财政保障制度，做到严格规范公正文明执法，完善行政执法与刑事司法衔接机制。

四、全面加强政府合同规范化管理，提升政府合同合法性

政府合同不仅数量在增长，而且规模也变得越来越大，其在公共管理领域将扮演越来越重要的角色。但政府部门有效合同管理能力的缺乏却是当前一个不争的事实。缺乏行之有效的政府合同规范化管理机制，大大增加了行政官员们道德风险、权力寻租风险的产生，衍生出许多特权垄断、商业贿赂和贪污腐败案件的发生，使行政合同的签订演变为一场权钱交易的过程。为保障政府依法履行职责，加强政府合同的规范化管理，防范政府合同风险，

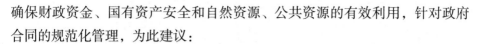

确保财政资金、国有资产安全和自然资源、公共资源的有效利用，针对政府合同的规范化管理，为此建议：

1. 制定规范政府合同管理的法律法规。建议上海市政府及时制定、出台《上海市政府合同管理办法》，明确政府合同审查的范围、程序、内容和机构，从而在制度层面上对政府合同形成全流程管理，确保政府合同管理纳入法制化、规范化的轨道。把市政府重大行政、民事合同列入必须经过法制审查的范畴，规定未经法制审查或者审查不符合相关法律规定的政府合同一律不得签订。

2. 发挥政府法律顾问的作用。以国有资产出让、招商引资、合作开发、政府投融资等重大的政府民事合同为重点，依托政府法律顾问，参与重大经济项目、重大招商引资活动的谈判以及有关政府合同的起草、审查和修订，为政府合同提供书面法律审查意见，防范、审查法律漏洞以及合同履行中可能出现的法律风险。

3. 强化监督，促进政府合同及时全面履行。对于合法性审查完毕并已签订的政府合同，应当由法制办强化监督管理机制，全程监督该合同的及时全面履行。首先，建立监督指导机制。履行合同的政府部门应当按照合同约定进度及时向法制办报告合同履行情况。其次，建立预警机制。当出现不可抗力阻碍合同目的实现或者合同的客观履行情况发生重大变化时，履行合同的政府部门应当立即报告，由法制办协同政府法律顾问及时向市政府提交预警报告，提出相应对策或者建议。最后，建立定期报告机制。履行合同的政府部门应定期将合同的履行、争议及其处理情况上报法制办，由法制办进行汇总，协同政府法律顾问，及时查找存在的问题，提出相应的对策或者建议。

破除体制壁垒　广纳天下贤才

随着经济知识化、信息化、网络化进程的加快，人才的价值与地位更加凸显，大型城市转型发展的根本是用好各种人才，发挥各种人才的作用。党的十八届三中全会提出，要建立集聚人才的体制机制，择天下英才而用之。打破体制壁垒，扫除身份障碍，让人人都有成长成才、脱颖而出的通道，让各类人才都有施展才华的广阔天地。习近平总书记2014年5月在上海考察时也强调，上海建设现代化国际大都市，要进一步提高干部队伍的知识水平和干事创业本领。上海各级干部要放眼全球、放眼全国，不断提高战略思维、战略把握、战略运作能力，谋发展、创业绩不仅争创国内一流，而且敢于到国际上去比较、去竞争。要力戒浮躁，多用一些时间静心读书、静心思考，主动加快知识更新、优化知识结构，使自己任何时候才不枯、智不竭。要牢牢把握集聚人才大举措，加强科研院所和高等院校创新条件建设，完善知识产权运用和保护机制，让各类人才的创新智慧竞相迸发。

人才是科学发展的核心竞争力，培育、引进优秀人才，促进人才资源在体制内外合理流动是上海建设四个中心发展目标、建设现代化国际大都市的必然要求，也是上海提升城市国际竞争力、融入经济全球化的必然选择。体制内拥有一大批相当优秀的人才，体制外也存在相当数量的有国际竞争力的人才。

近年来，从中央到地方相继出台了一大批人才政策措施，人才竞争日趋激烈，但还有不少地方的人才工作仍局限于体制内开展，使得大量体制外的人才难以进入党政干部和公务员队伍，严重影响了人才事业的科学发展。因此，分析、研究如何破除现有人才体制的桎梏，广开进贤之路，充分吸纳社会各届优秀人才，尤其是使用好各类金融、法律、经济等社会科学人才，显得重要而紧迫。

如何让体制内和体制外的人才打开合理使用的通道，让各种人才在上海的舞台上将聪明才智发挥到极致，加快提升上海城市的核心竞争力，我提出如下建议：

一、我国现有人才管理体制的问题

对党政干部和公务员队伍来源体制内外有别的现象，过去人们习以为常。但随着社会主义市场经济体制的日益完善以及社会主义和谐社会建设的深入推进，其中弊病为越来越多的有识之士所关注，引起中央及各级党组织的高度重视。

分析体制外人才向体制内流动的障碍，主要可以体现为以下几个方面：（1）政府人才工作部门和体制内有关人员理念上存在偏差；（2）人才培养着力点、培养方式、培养人才带来的效应、用人选人方式、薪酬体系、组织文化类型等有差异；（3）政府人才政策与工作机制脱节，各人才工作部门缺乏协调；（4）体制外人才进入体制内的方式主要是通过考试录用和招聘录用，且公务员考试成体制外人员进入党政机关的主要方式，限制了各类中高端经营管理人才、优秀海外归国人才和高级专家的进入。

党的事业涵盖经济、政治、文化、社会、生态建设等方方面面，要求党政干部对各行各业的专业知识都要有良好的把握。《公务员法》的实施和"凡进必考"准入机制的设立，对于规范公务员招录、保证公务员队伍基本素质、促进科学化管理发挥了极为重要的作用，但一些地方和单位在招录公务员时，对实际需求研究不够，所设定的招录资格条件年龄限定越来越低而学历门槛越来越高，致使体制外的一批优秀人才无法进入体制内为党和国家事业的发展作出自己的贡献。

面对复杂的经济社会格局和国际发展态势，党政干部和公务员队伍只有突破地域、行业、身份限制，在党的领导和引领下广泛聚集各方面优秀人才，实现优势互补，领导班子整体功能才有保证，执政使命才能得以完成。因此，选任体制外干部是改善干部队伍结构、建设高素质干部队伍的必然要求。

二、国外人才资源管理的实践借鉴

美国一直能够维持其作为世界上最发达和最富有的国家的地位，最主要的原因就在于对人才资源的重视。美国政府不仅通过各种政策吸引了大量世

界上最优秀的人才，更主要的是形成了自己独特的人才资源模式，主要体现在以下几点。

（一）人才资源配置的市场化

美国政府在对人才资源的使用上，反映了国家的开放性和成熟性。政府在宏观上采取的是灵活宽松的政策，从美国成为世界头号超级大国以来，政府管理精英们深谙市场经济对国家发展的推动力，采用市场化的成熟手段留住人才、激励人才、保障人才。美国各类用人机构通常采用向社会劳动力市场公布人员需求信息，并在市场上以公开、公平和完全双向选择的方式进行各类员工的招聘和录用。美国的人才资源管理社会化程度很高，人才的住房、医疗和保险等都实现了社会化。所以，人才可以不受户籍、地域等制约，在全国范围内自由流动。在人才择业方面，美国政府实行的是自主择业政策。美国选用人才不存在行政行为，完全由市场调节。用人单位为选到优秀人才，十分注重应聘者的能力与潜力，在使用中依据个人的业绩决定提拔或淘汰，在这种竞争机制下，人才时刻面临压力，需要不断更新自己的知识结构并积极进取才能立于不败之地。

（二）人才引进的国际化

美国能成为世界头号经济和科技强国，与其成功的人才引进战略密切相关。到目前为止，通过各种方式吸引了世界上数百万最优秀的人才为其服务。

1. 技术移民政策。美国之所以能在全球范围内汇聚人才，得益于其20世纪50年代以来实行的积极的技术移民政策。美国《移民法》规定每年至少为吸引国外各类人才保留十四万个入籍名额。而且美国并不要求入籍的外国移民放弃其原国籍，也不强制他们只能选择一个国籍。

2. 灵活有效的H-1B签证计划。H-1B签证始于1990年，是美国吸引外国具有专门技术人才的特殊政策。克林顿签署的技术工作法案规定：2001年到2003年，签证数额增长300%，为19.5万人；同时，对持有美国大学颁发的硕士以上学位的外国留学生，根据需要还可以不受此签证的限制，随时给予办理美国工作签证。

3. 提供有利于各类人才发挥才干的优越环境。美国学术环境自由宽松，信息资源丰富，大师云集，加之人才流动方便，一旦找到适合自己的位置，

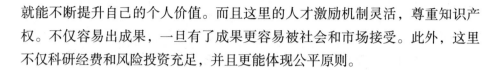

就能不断提升自己的个人价值。而且这里的人才激励机制灵活，尊重知识产权。不仅容易出成果，一旦有了成果更容易被社会和市场接受。此外，这里不仅科研经费和风险投资充足，并且更能体现公平原则。

（三）人才资源培养的广泛化

1. 把教育放在国家发展战略的突出地位。美国政府将发展教育事业视为人才培养的关键，历届政府均给予高度重视。美国政府对教育的投入十分巨大，州政府税收的40%左右用于教育。教育投资已占美国GDP的7%以上，成为世界上教育经费投入最多的国家。

2. 落实"终身教育"理念，强化继续教育。美国政府高度重视继续教育，把继续教育作为提高国民素质、综合竞争能力的一项重要战略，每年用于国民知识培训的资金达1000亿美元。1996年颁布了《成人教育法》，从法律上保障继续教育的发展。

3. 强调转变观念，培养使用创新型人才。美国政府非常重视培养创新型人才，20世纪80年代后，美国大学有20多个专业课程运用了创造性思维技巧进行了改革，形成了高等教育的创新结构。产学研合作是西方高等教育改革和发展的重要趋势之一，美国高校采取了一系列改革措施，开创了产学研新模式，如科技工业园区模式、企业孵化器模式、专利许可和技术转让模式、高技术企业发展模式、工业大学合作研究中心及工程研究中心模式等。

三、我国人才资源管理模式的完善

我国的社会制度和国情不同于美国，这就决定了我国的人才资源管理不能简单地照搬美国在人才资源管理中的做法。我们必须从自己的国情出发，坚持党管人才、营造良好社会环境、强化人才权益的监督保障机制的大原则、大方向。

对破除体制外人才向体制内流动的障碍，本人愚见：

（一）变革人才培养管理体制

首先，以产学研结合为导向，拓宽人才培养途径。依托各大高校拓宽人才培养途径，培养学生良好的知识、能力、素质，把课堂教学、科学研究和社会实践活动更好地结合起来。产学研模式是一种比较常用的、有效地培养学生实践能力、创造能力的人才培养途径。它旨在鼓励学生的亲身体验，要求学生应用知识于实际的探索性活动、分析并解决实际问题，使学生在实践中锻炼出良好的社会实践能力和创造能力。

其次，把人才培训作为人才资源开发管理的重要手段，调动各方面力量积极参与，整合现有培训资源，形成社会化的培训体系，成为人才资源开发管理的强有力工具。以市场为导向，加快培训发展社会经济需要的专门人才；发展产业化、专业化的培训机构。

（二）实现人才配置的市场化

社会主义市场经济体制的建立和完善，需要我们进一步更新观念，按照人才资源的市场配置原则加快改革人才管理体制。社会主义市场经济体制的建立和完善，需要我们进一步更新观念，按照人才资源的市场配置原则加快改革人才管理体制。

要打破不同所有制单位人才流动的藩篱。切实采取有效措施，将人才的选拔拓展到非公有制经济和自由职业领域。打破国有与非国有部门人才流动的藩篱，利用当前产业结构调整的契机，加大多元结构的资产重组，以资产重组带动人才结构的重组，形成一个体制内外合理双向流动的人才流动新模式。通过消除所有制方面的障碍，建立国家、用人单位和人才个体之间法制化、公开化、动态化和契约化的平等关系，实现政府对人才资源的管理模式向价值化、间接化和信息化方向转变。要以人才工作的大开放促进经济和社会的大发展。要创造适合人才成长与发展的社会环境，促进人才管理的市场化。要用世界的眼光和开放思维在更大的思维、更广阔的领域、更高的层次上集聚、吸引和配置人才资本。

（三）逐渐打通体制内外人才流动渠道

广开进贤之路，就是要紧紧围绕建设宏大的高素质干部队伍总体目标，畅通社会优秀人才进入党政干部队伍的渠道。彻底去除门第、身份、行业、地域偏见，摒弃僵化的评判标准，坚持任人唯贤，坚持一视同仁，为全社会各类人才提供公开、平等、竞争、择优的平台。要疏通党政人才，企业经营管理人才和专业技术人才这三支队伍之间的流动渠道，消除人才市场发展的体制性障碍。

根据经济社会发展的实际需求，针对党政领导班子和干部队伍的结构功能需要，有针对性地引进、使用和储备人才。具体来说，对社会影响力比较大、业绩贡献比较突出的社会优秀人才，可通过公推公选、公开选拔等方式进入党政领导岗位；对社区主职干部、大学生村官等，可采取定向招录、定向选拔的方法拔；对博士和留学归国人员等高学历人才，可通过人才引进的方式进入党政干部队伍；对社会上一批金融、科技、法律、管理、航运、城建、环保等企事业单位的专业人才，可实行聘任制，采取挂职或招聘的方式进入党政干部队伍；对境外、国外的高级人才，可采取雇员制的方法进入政府部门工作；对工商界和"两新组织"中的知名人士和民主党派、无党派人士，可通过政治性安排经协商和选举进入各级人大、政府、政协领导班子任职。

为了对公务员队伍的结构进行优化，上海于2014年初在浦东新区开展了聘任制公务员的试点工作，但由于薪酬不高，部分岗位没有招到合适人选。而在浙江义乌高薪聘请聘任制公务员就取得不错效果，社会反响很大，非常值得上海借鉴。

（四）完善人才资源的保障机制

要创造适合人才成长与发展的社会环境，为了让体制外的社会优秀人才进得来、留得住、安心发挥作用，在不断拓展进贤渠道的同时，还要积极建立健全各项配套政策和措施。要建立健全人才养老、医疗、伤残社会保险、人才流动服务、人才流动争议仲裁等社会化服务体系，加快户籍管理制度的改革，实现行政手段向经济手段管理人才的转变，促进人才管理的市场化、规范化、合理化。要研究制定社会人才的技术职称、岗位职级、工龄工资等与党政干部相应层级的对接政策，为社会优秀人才进入党政领导岗位创造条件。要建立风险防控机制，新选拔的社会优秀人才一般宜先安排到各级副职岗位，可采取先挂职后转任、设立试用期、实行任期制等办法，防范选拔时的失察失准。要加强选任后的教育培训，帮助他们熟悉工作规则、提升领导能力，尽快成为合格的党政人才。

（五）建立体制内人员的退出机制

如何科学有效地规范"体制内"人员的正常退出机制，已成为各级组织人事部门的一项改革重点。政府可以借鉴企业的管理经验，建立合适的"体制内"人员的退出机制。不称职、不胜任的人员要退出，让位给更称职、更能干的人员，而且称职的、优秀的人员，到规定的任期也要退出。疏通"体制外"人才向"体制内"流通的入海口，保障体制内充满新鲜血液。

（六）充分发挥社会科学人才的决策辅助作用

党的十八届三中全会在《中共中央关于全面深化改革若干重大问题的决定》中指出：要加强中国特色新型智库建设，建立健全决策咨询制度，深入开展立法协商、行政协商、民主协商、参政协商、社会协商，从而构建程序合理、环节完整的协商民主体系，拓宽国家政权机关、政协组织、党派团体、基层组织、社会组织的协商渠道。在美国，咨询是政府决策过程中的法定程序，政府项目的运作与论证等各个阶段都必须要有不同的咨询报告为参考。这为智库充分发挥资政作用创造了条件。随着全面深化改革蓝图的展开，党和政府更需要法律、金融、经济等领域的社会科学人才为决策者处理经济、社会、军事、外交等公共事务和应对突发事件出谋划策，提供处理事务和解决问题的方法方案、战略策略、理论思想。

人才是上海城市科学发展的核心竞争力，随着中国（上海）自由贸易试验区建设的不断深入，上海越来越成为世界各国优秀人才施展才华的热土，出现了一大批有国际化视野、有驾驭市场经济能力、有较强社会责任感的优秀人才，可以为党政干部队伍建设提供丰富的人才储备。为了上海的明天更美好，我们必须加快破除现有人才管理体制的壁垒，通过变革人才培养管理体制、实现人才配置的市场化、打通体制内外人才流动渠道、完善人才资源的保障机制、建立体制内人员的退出机制等各种途径，广纳天下英才，尤其应着重优先考虑具有金融、科技、法律、管理、航运、城建、环保等背景的复合型人才，充分发挥社会科学人才的决策辅助作用，为上海提升城市核心竞争力、建设四个中心发展目标、建设现代化国际大都市提供源源不断的智力支持和人才保障。

我国中央企业防范
境外法律风险的建议

各位领导、各位来宾：

党的十八大提出，"增强企业国际化经营能力，培育一大批世界水平的跨国公司。"在我国进一步扩大对外开放的大背景下，中央企业（以下简称"央企"）"走出去"仍是中央国有资本经营预算支持重点。我国企业的境外投资已经步入快速发展时期，大批企业在境外上市、企业并购、承揽重大项目、引进战略投资等涉外经营活动正全方位展开。与此同时，面临的外部政策法律环境日趋复杂严峻。"央企"是我国境外投资的主力军，涉外纠纷的数量也明显增多。提高"央企"防范和管控境外法律风险的能力，是政府、企业和法律人面临的紧迫任务。

我们认为，要进一步健全境外法律风险防范机制，构建法律风险防范的完整链条，"央企"应当做到如下五个方面。

第一，应熟悉境外法律环境，提高法律风险评估能力。"央企"应当依法加强对驻外机构和境外企业的管理，确保其充分知晓和熟悉被投资国的法律环境状况。风险评估是开展项目的前提。要防控法律风险，必须在项目运作之前，就对所在国法律环境做出分析与评价。企业法律部门或外聘律师事务所要做好涉外法律风险的识别评估和防范控制工作，对项目法律风险进行全面识别、评价和论证，及时提出法律建议。建议明确法律意见书作为法律风险评估的重要载体，聘任符合资质和具备经验的律师事务所出具专业法律意见书，揭示和判断法律风险。明确由法律专业人士深入研究境外投资的法律环境，系统收集国外投资、贸易、劳工、税收和环境保护等方面法律制度的信息。在法律环境明确和项目开展后，还应当及时对项目运作的不同阶段做出法律风险的评估和全过程的跟踪。

第二，应建立以企业总法律顾问制度为核心的企业法律顾问制度。明确总法律顾问的职级和权限，参与中央企业的核心决策。在企业部门中增设企业法律顾问部门，应当成为"央企"最应先着手之处。绝大多数英美等发达国家的跨国公司、大型企业都赋予法律顾问全面负责公司法律事务的职责。法律顾问的主要职责是负责领导法律部门开展公司规章制度起草、合同管理、诉讼及外部律师选聘等日常事务。但是，同世界一流企业相比，我国部分企业的法治理念比较单薄，法律顾问总体上得不到重视，其履职现状很不尽如人意。例如，法律顾问很少能够全程参与公司经营管理重大决策、公司内部调查、知识产权工作和项目合规管理等工作环节。因此，"央企"应将总法律顾问制度写入章程，确立总法律顾问作为企业高级管理人员的定位，赋予其发现、识别、分析、控制、监控和处理好各项法律风险的职责，以全面促进提升企业法制工作的层次和水平。

第三，应加强合同管理。全球经济形势的复杂多变，因市场需求萎缩、资金链断裂引发的违约风险大为增加。因此，"央企"要进一步强化合同集中管理，突出合同管理重点，加大对资产重组、投资并购、股权转让、对外担保等重大非日常性合同的法律审核力度。企业法律部门或外聘律师事务所应全程参与境外重大项目的方案、交易结构设计及谈判过程中，对境外业务合同履行情况进行动态跟踪和管控，以将法律风险防范措施具体落实到合同谈判、履行等各个环节。为便于监管和风险防范，建议中央企业建立向国务院国有资产监督管理委员会每半年定期重大合同报备制度。

第四，应加强与当地使领馆、法律事务机构和公共关系顾问公司的交流与合作，建议中央企业与海外使领馆等建立全天候的对口联络机制。海外项目的运营，一个是及时得到项目驻地使领馆的指导，一个是要得到律师事务所、公共关系顾问公司等外部力量的帮助。法律事务的主要问题是要做到和当地商务文化、社区环境的融合，这些问题处理不好，在国内可能是个小问题，但在国外可能马上转变为诉讼或者仲裁。在法律争端出现时，应组织企业法律人员制订详细应对方案，必要时聘请律师等专业人员协助解决。

各位领导和专家，法律风险已经成为"央企""走出去"过程中面临的挑战之一。这些风险包括：资金链断裂、尽职调查难度增加、境外法律变动、工程款拖欠、劳动合同纠纷、历史债权遗留问题及贸易保护主义抬头而导致滥用世界贸易组织规则等。在新的经济形势下，"央企"面临的境外法律风险正不断加大。"央企"应确保法律部门或外聘律师事务所全程参与境外投资尽职调查、立项决策、谈判签约和运营管理,努力实现法律风险防范全覆盖,形成依法决策、防控风险、高效运转的境外项目团队,以切实提高"央企"国际化经营能力。

企业法律风险管理体系建立是极其复杂和专业的事情,应由具备一定规模和法律风险管理专业水平的律师事务所协助进行。上海金茂凯德律师事务所拥有一批经验丰富的专业律师,一直致力于为中国企业境外业务的开展提供优质高效的专业法律服务,在跨境并购、境外上市、国际投资及公司融资方面积累着丰富的经验。我们愿意也有能力协助"央企"完善以事前防范、事中控制为主、事后补救为辅的法律风险控制管理体系,为其加强境外法律风险防范提供一流的法律服务。

(此文系作者在2013年国务院国有资产监督管理委员会中央企业法律风险防范专家座谈会上的发言)

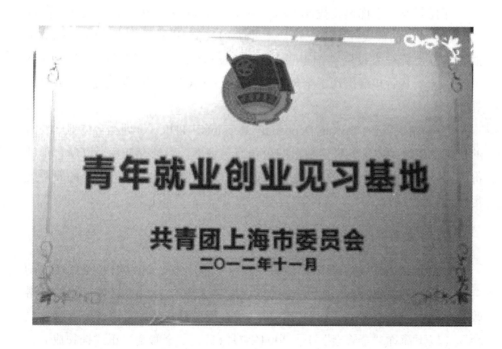

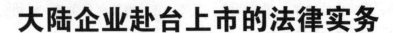

大陆企业赴台上市的法律实务

——兼论两岸投资法律协调

随着两岸关系的缓和与发展，大陆和台湾两地的经济、金融和贸易、投资往来日益频繁，法律专业人士的交流日益广泛，两地合作日益增强，两岸投资法律现实需求强劲，呈现出令人鼓舞的美好前景。

一、大陆企业赴台上市成为新时尚

（一）TDR 的含义

存托凭证，也称预托凭证（Depository Receipts，DR），是指在一国证券市场上流通的代表外国（境外）公司有价证券的可转让凭证。1927年J.P.摩根为了方便美国人投资英国零售商Selfridge的股票，首创了美国存托凭证（ADR），其后相继出现了全球存托凭证（GDR）、国际存托凭证（IDR）等。

台湾存托凭证（Taiwan Depositary Receipts，TDR），即在台湾地区发行的代表台湾地区以外的一定数量的公司有价证券。台湾存托凭证以新台币计价买卖，其交易单位、价格、交易时间、价格升降等均与台湾地区的股票规定相同。

（二）台湾存托凭证的监管体系

台湾地区的金融监管法律体系经过了多次调整，20世纪90年代岛内的金融业的严峻局势推动了台湾地区以金融体系整合为核心的新一轮的金融改革。其中十分重要的一项即设立单一的金融监管机构"金融监督管理委员会"（以下简称"金管会"）。2004年7月1日，"金管会"正式挂牌成立，合并监管银行、证券、期货和保险业务。自此，台湾证券市场的重要申请案均需通过"金管会"的批准，在"金管会"中，"证券期货局"是直接负责证券市场的部门。

二、大陆企业发行台湾存托凭证的背景和现状

（一）两岸资本市场沟通日益加深

大陆企业去台湾地区发行存托凭证不是一蹴而就的，而是基于两岸关系改善、台湾经济发展需要、台湾当局逐步对大陆资本开放的大背景。

2008年6月26日，台湾当局通过"调整两岸证券投资方案"，开放相关交易所挂牌企业赴台第二上市及发行台湾存托凭证，但该方案不包括在大陆注册登记、大陆资本持股超过20%、大陆资本有主要影响力的香港上市企业。

2009年4月30日，台湾当局通过了"大陆地区投资人赴台从事证券投资及期货交易管理办法"，在符合一定前提条件下允许大陆投资人赴台投资证券期货。上述方案、办法体现了台湾资本市场逐步对大陆资本开放的措施和态度，为陆企赴台发行台湾存托凭证创造了法律基础。

在不到两年的时间里，两岸签署并生效了三个具有划时代意义的金融文件，即《海峡两岸金融合作协议》、《海峡两岸经济合作框架协议》、《海峡两岸银行业监督管理合作谅解备忘录》，这标志着两岸的金融监管机构建立了合作监管机制，从原则上、措施上促进了两岸今后加强经济金融合作的趋势，增强了两岸三地金融市场互动的空间。

（二）陆企踊跃发行台湾存托凭证

虽然近几年来两岸上层的互动表明了陆企全面进入台湾资本市场的美好前景，但陆企最终赴台上市仍有较长的路要走，此前，在台湾发行台湾存托凭证无疑是更加现实、更具操作性的选择。

目前根据当前台湾"金管会证券期货局"的有关要求，大陆的红筹股公司可以发行台湾存托凭证，但该红筹股公司必须满足大陆资本在30%以下、并在核定的16个交易所上市。所以目前大陆A股公司尚不能发行台湾存托凭

证，但在香港交易所、新加坡交易所或纽约交易所上市的大陆企业在满足条件下则可以发行存托凭证。

内地企业赴台上市已经破题，沪安电力、扬子江船业、金卫医疗等拥有陆资背景的企业纷纷成功发行台湾存托凭证。上海金茂凯德律师事务所有幸成为首批赴台上市的中国内地企业首选的中国律师事务所，作为大陆律师为陆资的新加坡上市公司沪安电力控股有限公司首批成功发行TDR提供法律服务。

三、大陆企业发行 TDR 的中国法律服务的比较

相同点：核查并出具中国法律意见书

在陆企发行TDR的过程中，中国境内律师需对中国境内子公司进行核查并出具中国法律意见书，法律意见书成为中国律师参与大陆企业赴台上市法律服务的重要内容，法律意见书的内容来源于律师的核查。一般来说，中国境内律师需要核查并出具法律意见的主要涉及事项以及对事项的法律核查是基本相同的。

不同点：法律制度、监管理念及资本市场的发展

尽管中国大陆和台湾地区同属于大陆法体系，但由于两岸的语言习惯、法律文化和法律制度的不同，中国律师在提供法律服务过程中，往往需要了解台湾地区的法律制度和法律语言所表达的内涵和立法意图，以便更好地提供有针对性的服务。台湾地区的资本市场发展得比中国大陆早，开放程度也更高，监管相比较而言更加侧重企业自律和注重发挥中介机构的作用。

以下就中国律师进行法律核查主要的五个方面，展现一下大陆企业发行TDR的中国法律服务的同与异。在此之前，说明以下两点：其一，因为台湾地区主管机构要求核查的年度为申报上一完整年度和本年度至申报日为止，所以作者所述情况如无特别说明，均指该期间（"核查期"）；其二，因为目前可以发行台湾存托凭证的陆企都是红筹企业，所以下文所述公司均指海外上市公司的境内子公司。

（一）公司基本面

公司基本面主要是指公司的基本情况、业务情况、资产状况、管理结构

和财务情况。

1. 基本情况。一般包括境内子公司包括哪些公司，是否依法设立、有效存续、历次变更是否合法有效、是否存在重大的合并、分立情形等。

2. 业务情况。公司的业务情况方面，关注点一般集中在中国境内子公司的总体概况、营业模式、业务发展前景和在核查期内的收购、兼并情况。大陆律师需对公司业务的存续情况和业务模式进行核查，即要关注公司业务是否存在让与或受让营业、是否存在委托经营、与他人联合经营的情况，如有，则需深入核查该等让与、受让、委托、联合行为是否有合法的合同、符合法定的形式；如果存在重要备忘录、策略联盟或其他业务合作计划等可能改变公司原有的业务经营或开拓新的业务领域的，则要对其现状和变更情况进行核查；核查收购兼并情况，需对其收购兼并是否履行内部决议及外部审批手续、支付对价的定价方式、是否对中国境内子公司存在不利影响等进行核查。

3. 资产状况。这部分，律师的工作集中在对房地产、知识产权的核查上。房地产方面，如果是自有的房地产，必须具备合法的房地产权证以表明公司对房地产的所有权，并核查是否存在抵押；如果是租赁的房地产，则必须租赁有合法出租权的房地产、签订房地产租赁合同并最好进行登记备案。知识产权方面，则必须对公司的专利权、商标专用权、著作权及其他知识产权的权属状况进行核查，是否存在权利到期或被他人抢先登记的情形，是否存在允许他人使用的情形等，并对这些情况可能对公司造成的影响进行核查。

4. 管理结构。管理结构主要需列明公司目前的董事、监事、总经理、实质负责人和持股比例达10%以上的股东的情况，并核查公司董事长、总经理、法人董监事或代表三分之一以上董事在核查期内是否发生变动。由于按照中国现行法律，不存在法人董监事，所以不存在对其进行核查的问题，但如果自然人董监事更换过多、过于频繁，则明显不利于公司的管理结构。

5. 财务情况。律师对财务情况的核查比较简单，集中在对公司基本财务情况的核查。

（二）重大合同

重大合同是指对公司的运营和今后的发展构成重大影响的合同，中国

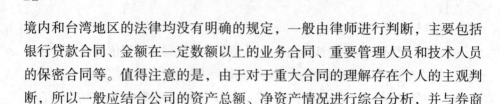

境内和台湾地区的法律均没有明确的规定，一般由律师进行判断，主要包括银行贷款合同、金额在一定数额以上的业务合同、重要管理人员和技术人员的保密合同等。值得注意的是，由于对于重大合同的理解存在个人的主观判断，所以一般应结合公司的资产总额、净资产情况进行综合分析，并与券商进行沟通。

另外还要对公司是否有重大非常规交易进行核查，所谓重大非常规交易，是指进货或销售的目的、价格、条件或处理程序，与一般正常交易明显不相当或明显欠合理。

（三）关联交易

按照中国有关法律规定和企业会计制度对关联交易的定义，包括一方有能力直接或间接控制、共同控制另一方或对另一方具有重大影响，或两方或多方受同一方的控制，这些主体之间存在的买卖、接受或提供劳务、租赁、担保、赠予等的资源或权利义务的转移就是关联交易。具体到企业，即上市公司与子公司之间、子公司之间、子公司与外部第三方关系人之间、子公司与其高级管理人员之间的交易。

对于关联交易，律师一方面要做到信息披露，另一方面要核查关联交易之间是否存在交易必要性、决策过程是否合法、价格与款项的收付情形是否合理等。由于按照中国法律法规规定，母公司可以对母公司及其子公司之间的关联交易的程序作出规定，而母公司由于是境外上市公司，遵守境外上市地的法律规定，所以还需确定母公司上市地的法律是否对此类关联交易的程序有特别规定。

值得注意的是，由于母公司与中国境内子公司之间的关联交易通常会由母公司的财务报表反映，而母公司发行地国家的财务会计制度可能在会计科目、文字表述、金额计算上与国内有所不同，所以律师在核查披露过程中应当做好与会计师、券商的信息沟通和共享。

（四）劳工和环保

台湾地区对劳工权利和环境保护比较重视，所以对这方面的审查也比较严格。就劳工方面，需对公司的劳动合同范本和劳工的工作现场进行查验，对公司是否按期足额缴纳社会保险、住房公积金进行核查，以确认没有违反中国劳动法律制度，并要核查公司不存在劳资纠纷、员工罢工的情形；就环境保护方面，公司如有经营活动，需经有关主管机构的项目环保审批、取得相应资质（如排污许可证）并且证件在有效期内，并没有因为发生环保问题而受到行政处罚的情况。为了使出具的法律意见更具有公信力，一般应当要求上级政府主管部门出具证明公司没有违反相关劳动和社会保障、环境保护法律法规出具证明，而且一般证明以不早于公司申报台湾存托凭证当月的上一个月为宜。对于新设立不到一个月的子公司，也可以不要求上述政府证明。

（五）违法状况

律师应当对公司在核查期内是否存在重大违章欠税、租税行政救济①、诉讼、非讼、行政处分、行政争讼、保全程序、强制执行事件、仲裁案件，对公司董事、监事、总经理、实质负责人、持股比例达10%以上股东及从属公司的诉讼、非讼和行政争讼事件进行核查并发表意见。如果存在上述状况，则应当结合争议金额、进展、预期发展等进行综合判断并发表独立意见。

四、两岸投资的法律协调

两岸跨境投资活动的促进和保障一直是两岸最热门的经济话题，但是任何投资一定涉及投资环境、投资法令、投资风险及投资报酬率等议题。陆资赴台投资方面，2013年1~2月核准陆资在台投资件数为20件，较上年同期减少20.00%；投（增）资金额计959.2万美元，较上年同期减少90.61%，金额减少主要是因为上年同期核准大陆商交通银行及中国银行来台设立分行等较大金额案件，致比较基期偏高。对大陆投资方面，2013年1~2月台湾地区核准对大陆投资件数为89件，较上年同期增加48.33%；核准投（增）资金额计1349017000美元，较上年同期减少5.89%②。

---

① 租税行政救济，即指公司因课税而与主管机关之间产生的争议或争讼，例如超额征缴、课税项目错误或金额错误或应有优惠而未给予优惠等。

② 中新社香港4月22日电台北消息，台湾"经济部"22日公布的最新数据显示，自2009年6月30日开放大陆资金赴台投资以来，累计核准陆资投资件数为371件，核准投资金额近6.43亿美元。

大陆投资台湾的法律诉求主要集中在投资准入问题上；而台商投资大陆的法律诉求则更多集中在投资保障问题上。在ECFA项下《海峡两岸投资保护和促进协议》（以下简称《两岸投保协议》）已于2013年2月1日正式生效，其内容对于两岸设立协处机制、定义受保护投资人范围、投资待遇设定、投资便捷化、争端解决等问题均有涉及，这较以往是很大的突破，但两岸投保协议究竟能够发挥多大的效果，后续的落实和政策的协调与执行是重中之重，此涉两岸各自法律法规和衔接。

本文兼论部分，分别从投资许可和资金与金融业往来许可议题，举其重要之法令、案例和最新政策走向，期望能有助于两岸投资人了解目前两岸投资生态与法治环境，必事先妥为规划，拟定投资策略，让两岸投资人无论在实际投资决定或商务纠纷解决当中，皆得作出正确判断，确保投资权益。同时，上海金茂凯德律师事务所也期以本文尽本所推动两岸经济与法治发展之社会义务。

（一）"投资人"的定义及"投资"范围的扩大

两岸投保协议的重大突破之一，便是扩大对投资人的保障范围，除直接投资的自然人或企业（包括公司、信托、商行、合伙或其他组织）可受到保障外，许多台商投资大陆采取是经第三地转投资的方式，为了尊重两岸投资现状，回应投资者关切，两岸投保协议把经第三地投资的台商也纳入了保护范围。同样地，对于陆资企业赴台投资，不论采直接投资，或是间接由第三地区设立的企业来台投资，均同样受到《两岸投保协议》的保障。

大陆方面为积极落实投保协议中的投资认定规定，在广泛征求台商意见的基础上，于2013年2月20日发布了《台湾投资者经第三地转投资认定暂行办法》，明确了认定标准和认定程序，并对台商的"诠释"扩张到最大范围；换言之，"台商"不仅包括直接投资的台商，也包括经由第三方投资的台商；不仅包括台商本人，还包括台商的家属，对保护台湾同胞在大陆的合法投资权益、促进台商投资发挥积极的作用。反观，陆资投资人赴台进行事业投资，最主要的规范仍为2010年6月修定的《大陆地区人民来台投资许可办法》（以下简称《投资许可办法》），可选择投资方式包含投资台湾现有公司、设立台湾子公司、台湾分公司或办事处。

1. 陆资投资人及认定标准。依《投资许可办法》第三条，陆资投资人可区分为"直接投资"以及"间接投资"，其认定标准如下：

（1）直接投资：大陆地区人民、法人、团体或其他机构直接来台投资者。

（2）间接投资：大陆地区人民、法人、团体或其他机构经第三地区投资之公司来台投资者。所谓第三地区陆资公司之认定标准系符合下列条件之一者：① 陆资直接或间接持有第三地区投资公司股份或出资总额逾30％；② 陆资对该第三地区公司具有控制能力。

针对上述控制能力之判断，依据台湾地区"经济部"2010年8月18日经审字第09904605070号令，所称之"具有控制能力"，是指大陆地区人民、法人、团体或其他机构对第三地区公司具有下列情形之一者：① 与其他投资人约定下，具超过半数之有表决权股份之能力；② 依法令或契约约定，可操控公司之财务、营运及人事方针；③ 有权任免董事会（或约当组织）超过半数之主要成员，且公司之控制操控于该董事会（或约当组织）；④ 有权主导董事会（或约当组织）超过半数之投票权，且公司之控制操控于该董事会（或约当组织）；⑤ 依据财团法人会计研究发展基金会公布之财务会计准则公报第五号、第七号所规定之其他具有控制能力。

2. 投资人资格限制及禁止投资规定。依据《投资许可办法》的规定，大陆军方投资或具有军事目的之投资人，应限制其赴台投资，因此，大陆国务院所属大陆国有企业若具有军方投资背景之企业，目前不得入台投资。其他无军方投资背景之国有企业，则应视其是否具有下述法规列举之敏感性问题，台湾地区主管机关针对具体投资个案尚有一定程度的否决权，此条款或称为防御条款：

（1）在经济上具有独占、寡占或垄断性地位。

（2）在政治、社会、文化上具有敏感性或影响国家安全。

（3）对国内经济发展或金融稳定有不利影响。

3. 陆资赴台投资开放项目列表。台湾对于陆资投资台湾之限制，目前系采取正面表列之方式，也即必须属于正面表列之业务项目，始为陆资得投资之项目。具体而言，陆资来台设立子公司，其营业项目必须属于正面表列之业务项目，而若为参股台湾公司时，该被投资之台湾公司所有营业项目，亦均须属于正面表列之业务项目。"大陆地区人民来台投资业别项目"表，目前最新之版本为2012年3月30日更新，标志着第三阶段开放陆资赴台投资新增开放业别项目，包括制造业115项、服务业23项及公共建设23项，并修正部分已开放陆资投资制造业项目的限制条件。

4. 转投资及控管机制。针对转投资的限制，依据《投资许可办法》第5条规定，陆资在台投资之事业，若大陆投资人持有该事业股份或出资额超过三分之一以上，其转投资行为仍应适用陆资投资相关规范申请核准。

2013年4月据台湾地区"经济部"积极开放松绑的宣布，台湾5都及桃园6家地方政府，首度面对陆企端出多项BOT①方案，吸引陆企赴台投资，又随着两岸第3次金银会的登场，两岸服贸协议有望尽快达成协议，开放第4波陆资来台，有望较原先预期大，包括面板、LED等7大关键产业，将取消持股上限的限制，改采项目审查，此外，第4波松绑范围也将扩及至金融服务业②。

（二）两岸资金与金融业往来之许可

两岸两会第九次高层会谈已于2013年6月21日在上海举行，会中顺利签署《海峡两岸服务贸易协议》，为两岸服务贸易的往来提供制度化基础，促进两岸服务业相互投资与贸易，为两岸优势互补及竞争力之提升带来效益。其中在金融服务业部分，台湾向大陆方面争取到15项优惠措施（银行业6项、证券期货业8项、保险业1项），台湾也作出9项开放的具体承诺，包含银行4项、证券期货业4项、保险业1项。

有关台湾方面金融服务部门的开放承诺，在证券业、期货业及其相关服务方面，提出承诺包括：（1）大陆证券期货机构按照台湾有关规定申请在台湾设立代表人办事处须具备的海外证券、期货业务经验为2年以上，且包括香港及澳门。（2）循序放宽大陆合格境内机构投资者投资台湾证券之限额，初期可考虑由5亿美元提高至10亿美元。（3）积极研议放宽大陆证券期货机构参股投资台湾证券期货机构的有关限制。（4）积极研议大陆合格境内个人投

---

① BOT（Build—Operate—Transfer）即建设—经营—转让，是指政府通过契约授予私营企业（包括外国企业）以一定期限的特许专营权，许可其融资建设和经营特定的公用基础设施，并准许其通过向用户收取费用或出售产品以清偿贷款，回收投资并赚取利润；特许权期限届满时，该基础设施无偿移交给政府。
② 《两岸投保协议》将两岸政府对于他方"投资人及其投资采取或维持的措施"均纳入适用范围，但将涉及金融服务、公共采购、由一方提供补贴或补助及租税措施事项则加以排除。

资者投资台湾资本市场。

大陆方面在银行业、证券期货业及保险业，分别对台湾方面作出的开放承诺，台湾地区银行公会理事长刘灯城指出，肯定服贸协议的内容，原来国银要求的项目，这次大陆几乎都采纳，对银行业来说，机会大于威胁、利大于弊，但这次很多地方开放的后续执行细节还有一些定义没有很明确，希望主管机关多帮忙落实后续执行。证券公会理事长简鸿文表示，这次谈判有很大进展，部分突破WTO框架，甚至超越香港CEPA，未来证券业将发挥帮助台资企业功能，协助转型、升格，让台资企业回来上市，并可与大陆同业合作甚至同盟。寿险公会理事长许舒博说，服贸协议对台湾保险业有极大帮助，由于大陆很多人对大陆保险业不信任，未来只要台湾保险业建立好的口碑、好的理赔经验，就会在大陆快速成长，且台湾最强就是服务，台湾服务产业有家乡的味道，希望在对岸开拓出更大的市场。产险公会理事长戴英祥表示，大陆这几年进步很快，如何促进两岸既竞争又合作，让台湾在产险业不能只是满足于过去的发展，更要积极认知大陆的环境市场，进入大陆，确实掌握市场。期货公会理事长贺鸣珩说，台湾期货业现在大陆的门都还没进去，随着大陆倍数成长，很多现在大陆热门的商品，如期货、选择权等，台湾都早就有10多年经验，未来有了服贸协议，可让有前景、有优势的期货业进入大陆市场，避免原地踏步。投信投顾公会理事长林弘立表示，服贸协议让投信业是最直接的受益者，包含设立合资基金管理公司的持股比率上限、申请QFII、RQFII资格，也让投信可以发行人民币相关或投资于大陆的股债相关基金，销售给有需求的台湾民众。

依据台湾地区2009年4月30日公布实施《大陆地区投资人来台从事证券投资及期货交易管理办法》，大陆地区限于机构投资人、台湾上市或上柜公司大陆籍员工、台湾上市或上柜公司大陆籍股东方可从事证券投资或期货交易，且于2010年1月15日以金管证券第099002770号令，对于陆资赴台投资证券之额度及项目为限制规定，其内容略为：大陆地区投资人投资台湾地区产业持股限额，其汇入投资台湾地区证券之全体资金不得超过5亿美元（此次由海基会及海协会于6月21日签署《海峡两岸服务贸易协议》中，台方主管机关已承诺陆方将循序放宽大陆合格境内机构投资者投资台湾证券之限额，初期可考虑由5亿美元提高至10亿美元）、每家合格机构申请投资限8000万美

元；且在个别产业投资限额（《两岸服务业贸易协议》中有关期货部分，台湾承诺将积极研议放宽大陆对台参股投资期货机构限制；大陆方面则允许台资期货公司在大陆申请设立合资期货经纪公司，最高持股比例可达49%，如顺利签订，两岸期货公司有双赢机会可期。另外，台湾也积极研议放宽大陆证券机构参股投资台湾证券期货机构的有关限制。依现行《台湾地区与大陆地区证券期货业务往来及投资许可管理办法》第37条，个别及全部陆资证券期货业参股投资国内单一上市（柜）证券期货业的持股比例上限分别为5%及10%；参股投资国内单一未上市（柜）证券期货业、保险业的持股比例上限分别为10%及15%。）方面：（1）经济部所属的公用天然气事业、经济部直接投资事业，单一及全体大陆地区投资人（QDII）均不得达百分之十。（2）交通部主管海运服务业，单一及全体大陆地区投资人（QDII）均不得达百分之八。（3）金管会主管的金融业，单一QDII不得达百分之五、全体QDII不得达百分之十；而QDII的保管银行须事前向台湾证交所申请汇入额度，单只QDII限额8000万美元。

1. 两岸资金双向流动和机构准入。长期以来，两岸在人流、物流往来方面成果显著，在"金流"方面则相对滞后。直到2009年11月两岸签署金融监理合作备忘录（MOU），两岸才走上了金融合作机制化的道路。2013年1月29日两岸证券期货监理合作平台首次会议达成多项共识，在推动两岸资本市场资金双向流动及机构准入方面获得重大突破。记者会上，大陆代表宣布正积极考虑允许在大陆工作和生活的台湾、香港和澳门居民，使用人民币直接投资A股市场。在此之前，大陆规定境外人士不得投资A股，仅能投资B股，但B股成交量小，且波动剧烈风险较大。过去，为了投资A股，许多在大陆居住的台湾人想尽办法找"人头"，风险很大，经常衍生出法律纠纷。相对地，台湾方面也宣布将开放大陆合格境内自然人投资台湾资本市场（"金管会"6月20日表示，柜买中心2013年设定宝岛债券发行目标10文件、金额人民币100亿元，未来将朝开放大陆企业发行方向审慎规划。关于开放陆企发行宝岛债券一事，因为涉及两岸政策，需要相关部会共同讨论，"金管会"正审慎规划与研议，并朝向开放角度；未来若开放，也可让台资企业回台发行宝岛债券，有助台资企业融资需求。目前岛内推出宝岛债券有最好的机会，因为自2月6日开放DBU人民币存款以来，到5月底金额达344亿元，已超过

OBU319亿元。至6月11日止，人民币存款两者合计就有702亿元，所以需求端有一个快速成长中的"人民币资金池"），此意味两岸股民可以互投股市，宣告两岸民众资金大流通的时代来临。另外，大陆方面允许符合条件的台资证券公司在大陆上海、福建、深圳各新设一家合资的全牌照证券公司，台资证券公司的持股比例可达51%，且合资对象不限于大陆证券公司。此外，台湾证券商也可在大陆合资证券公司下设立合资证券咨询公司，持股上限49%；在若干金融改革试验区内，台资持股可达50%。此一持股比例的放宽，可以解决目前在大陆的15家台资证券，因受持股比例限制，即便登陆10多年也无法顺利开展业务的困境。

2. 两岸货币清算机制和银行代客境外理财业务。2013年2月6日，两岸的货币清算机制也已经开始实质运作，台湾首批46家银行开办人民币业务，开局良好。大陆证监会此次在资金双向流动上，循序放宽大陆合格境内机构投资者（QDII）的投资额度限制，开放大陆地区银行业QDII经由代客进行境外理财业务，投资台湾证券市场及金融商品，预计于2013年6月生效〔两岸金银会将银行业增纳入QDII身份，大陆QDII投资台股扩大至银行业，额度仍限10亿美元，但大陆开放台资RQFII投资额度为1000亿元人民币（相当于170亿美元），以大陆上海证券交易所其市值为台股4倍来看，若两岸都以市值比例计算，仍有很大开放空间，可提高至40亿美元以上。〕台湾方面正在积极研议大陆合格境内个人投资者（QDII2）投资台湾资本市场；此外，根据台湾金融业者的需求，规划开展人民币合格境外机构投资者试点（RQFII），初期投资额度达到1000亿元人民币，大陆方面也将予以积极考虑。此等措施打造了人民币回流的重要管道，是横跨初级市场和次级市场的新平台构建工程，有其深层的意义和复杂的配套。大陆证监会此次在资金双向流通上给予台湾的开放程度甚至优于香港，例如，初期台版RQFII额度达1000亿元人民币，而香港初期额度仅700亿元人民币，充分展现了大陆的诚意和善意。对台商企业而言，两岸货币直通、台湾人民币离岸中心的建立，不仅扩大了资金池，企业资金流动不必透过中介机构，不再需要新台币换成美元再换成人民币，台湾企业每年可以节省大量成本。〔台湾"金管会"正研议双管齐下争取人民币回流机制，包括比照香港开放人民币1000亿元RQFII（人民币合格境外机构投资者）适用对象及商品范围，并参照深圳前海特区，对台提供昆山等台商聚集地区人民币资金汇回机制。台湾境内人民币存款金额迅速累积，根据央行统计，到6月11日，已有人民币700亿元，银行业者预估年底将突破人民币千亿元。为替快速成长的人民币资金寻找出路，提高资金运用效率，台湾"金管会"正两路并进，积极争取RQFII最佳适用条件，以及在昆山或苏州等台商聚集地区，比照前海特区允许当地台商在台筹措的人民币资金，可直接汇回特区投资。台湾"金管会"已请证交所规划，未来拿到RQFII额度后，可以有哪些商品在岛内挂牌推出，如人民币计价ETF等。至于可适用RQFII的金融机构，台湾目前并没有大陆基金公司或券商来台设点。因此，将争取比照现行香港规定，主要业务在台湾的金融机构，包括投信、证券、保险公司及银行业等，都可适用。］

3. 两岸银行合作拓新局。目前台资银行入股大陆银行的上限是20%，但大陆银行入股台湾银行的上限则仅为5%。2013年4月1日大陆银行业监督管理委员会与台湾"金管会"在台北举行两岸银行业监理平台第三次会议，双方同意放宽银行进入对方市场的条件，台湾方面把大陆银行入股台湾上市金融机构的上限比例，从原来5%提升至10%。此一提升仍与台湾金融机构期待的20%有一定距离，能否提高陆银投资台湾银行的意愿，尚有疑义[①]（目前已核定《两岸金融业务往来及投资许可管理办法》，待两岸在正式签署服务贸易协议后，经"立法院"备查，两岸银行业的进一步往来，即可鸣枪起跑。"金管会"松绑后，陆银来台参股金控子银行上限提高到20%，单一陆银参股上市柜银行、金控持股比率，自5%提高到10%，加计大陆的合格境内机构投资者（QDII）的总持股，由现行10%提高到15%；陆银参股"非上市柜"银行及金控，持股比率不超过15%。）相较于实力雄厚的大陆银行，台湾不少银行规模较小，无不希望增加资本强度，并借助陆银在大陆如蜘蛛网般密集的分行网络，开拓庞大的大陆市场。但台湾当局却担心陆资乘机掌握台湾经济命脉，对此态度谨慎。（财经立法促进院8日上午见马英九，呼吁台湾政府加速推动金改，并希望"立法院"临时会尽快通过服贸协议，让台湾的

[①] 投资台湾电子报20130507期引述经济日报报道中国建设银行登台拼"王三条"达阵。全球市值第二大的中国建设银行台北分行即将开业，董事长王洪章已订下三大目标，要成为在台获利动能最强的陆资银行。王董事长表示，台北分行开业后最大的挑战，就是传统新台币融资业务的存放款利差太小，很难赚到钱，未来会随台湾地区监管机关对陆资银行开展业务的松绑，逐步拉高"中间业务"比重。在大陆所指的"中间业务"，即是能为银行带来手续费收入的业务。

银行到大陆开枝散叶。财经立法促进院院长黄达业表示，大陆有庞大市场，开放后，台湾的银行将得以扩大规模，因此台湾应该把握服贸协议中两岸金融业能互补的项目。他说："……如果服贸法案不通过，我们跟大陆不交流，我们银行不能过去，或我们过去速度很慢、规模很小，对我们都不利。台湾的银行不怕竞争，只怕没市场；不怕打不赢，只怕没有对手。所以现在要积极推动服贸，让台湾金融机构能够松绑。"财促院表示，服贸协议通过后，政府也应推动金融改革，让公股银行释股，使公股银行与民营银行合并，壮大规模，将来争取到大陆广设分行、分支机构，发展才会更快速。）

大陆方面则同意开放台资银行到内地设立村镇银行。2013年3月"两会"期间时任国务院总理的温家宝作政府工作报告时强调，坚持在工业化、信息化、城镇化深入发展中同步推进农业现代化，加大财政投入，迄今中央财政"三农"累计支出4.47万亿元人民币，年均增长23.5%。显而易见，大陆农村金融业务大有可为。台湾金融机构凭借过去经历过信用合作社经营和改制为银行的丰富经验，如以村镇银行或贷款公司形式进军大陆农村金融，将有很大的发展空间。

五、结语

从2009年台湾开放陆资入台以来，卡陆资投资领域，限陆资投资金额、缓审陆资投资案，是陆资赴台向来必须面临的不公平待遇。虽然面对台湾当局种种卡、限、缓的措施，陆资入台走得艰辛，但总体来看，入台开放规模、项目和范围都有逐年扩大。从近4年陆资入台带来的效益来看，一方面为台湾经济发展注入活力，利于提升经济发展活力；另一方面扩大台湾社会就业，其对经济社会发展可能产生的积极推动效应，不是一蹴而就，而是后面的持续追加投资才能保证效应的连锁性和可持续性。此意味着，台湾地区是否能实时修改陆资入台法令，既考验主管机关的智慧，也影响两岸经济交流的成果，身为大中华共同体的一分子，均应关注并投入投资环境及法令的改善，使两岸关系深化巩固，共创双赢荣景［岛内反对6月21日签署服贸协议者认为，台湾开放陆资来台，完全不设防，会让陆资大举来台。其实在协议的过程中，台湾方面已经考虑到两岸市场自由度不同的问题，因此在协议的文本中，就特别针对上述的问题有专门的条文来处理。比方说，台湾不提供大陆"最惠国待遇"及"国民待遇"（文本第四条）；台方保留对于陆资来台政策的主导权，也就是说，陆资来台审查机制仍然继续保留（文本第四条）；为处理未来台资企业在大陆可能遇到潜规则的问题，台湾方面特别要求强化协议执行效率及联系机制（文本第六条及第十八条）；最后，如果协议执行过程中，造成某一方的负面影响时，该方得以要求紧急磋商，积极寻求解决方案（文本第八条）〕。

值得关注的是，中国内地企业赴台上市的律师实务与其他海外上市业务既有共同点，又有所侧重和不同，需要中国律师与国外的投行、律师、会计师等密切合作、密切沟通有待在实践中不断深入总结。海峡两岸经济合作大幕已经拉开，中国内地企业未来赴台上市的前景十分广阔，只要我们积极探索、大胆实践、勇于创新，相信中国境内律师在共同推动两岸关系和平发展、共同分享两岸关系发展成果、共同成就中华民族的盛世伟业上必将大有可为，也必将大有作为。

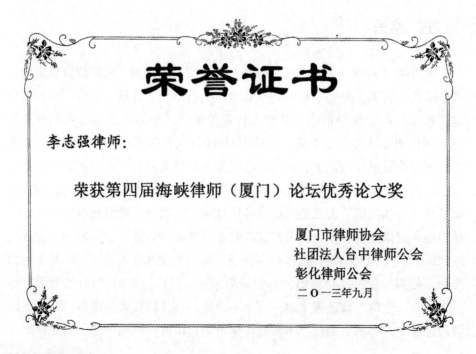

荣誉证书

李志强律师：

荣获第四届海峡律师（厦门）论坛优秀论文奖

厦门市律师协会
社团法人台中律师公会
彰化律师公会
二〇一三年九月

中国资本市场法治建设若干建议

自1992年中国证券监督管理委员会（以下简称证监会）成立以来，我国证券市场开始了统一监管的里程，中国资本市场健康发展离不开法制的规范和法治的引领，资本市场作为社会主义市场经济和现代金融体系的重要组成部分，为促进改革开放和经济社会发展作出了突出贡献，而随着国家对法治的不断重视，如何依法治理资本市场也将成为富有挑战性的重大课题。

一、借《中华人民共和国证券法》修订之契机，促《中华人民共和国公司法》立法之联动

《中华人民共和国公司法》（以下简称《公司法》）与《中华人民共和国证券法》（以下简称《证券法》）是我国资本市场健康发展的有力保障与坚强后盾，而《公司法》与《证券法》又有着密不可分的联系。根据全国人大常委会2014年立法工作计划，将于2014年12月对《证券法》的修改进行初次审议。但是，至今尚未有与《证券法》联动修改《公司法》的计划。

修改《公司法》是对"依法治市"的有效保障与重要前提，同时也是深化我国经济体制改革、完善社会主义市场经济体制的要求。"依法治市"首先要求有法可依，并且也要有与时俱进的法律可依，随着社会的不断发展，我国资本市场不断壮大，《公司法》的修订势在必行。同时，资本市场从根本上来说也是一个法治市场，法治强，则市场兴。要想做好"依法治市"，《公司法》的修订刻不容缓。

修改《公司法》是推动与保障《证券法》顺利修改与实施的需要。资本市场不仅受到《证券法》的调整，也同样受到《公司法》的规制，《公司法》与《证券法》相辅相成。倘若《公司法》没有能够及时跟进，那么《证券法》修改后也将难以实施，同时也会对《公司法》的修订工作带来难度，

立法者也将难以在《公司法》与《证券法》之间进行调整与权衡。

《公司法》与《证券法》联动也是对成功立法经验的总结与承继。2003年7月，全国人大财经委就已成立了《证券法》修改起草组，而根据2003年的立法规划，全国人大常委会将于2003年12月审议《证券法》修订草案。不过，实际上全国人大常委会一直推迟至2005年4月才一读审议了《证券法》修正案草案，并在此之前于2005年2月一读审议了《公司法》修订草案。如此操作，究其原因正是考虑到了《公司法》与《证券法》的联动修改。正因为如此，此后联动出台的《公司法》与《证券法》才能够相得益彰。

二、优化执法资源、完善执法协作配合机制

行政执法是证监会的基本职责和核心工作，是加快资本市场改革开放、实现市场创新发展的重要基础，是维护公开、公平、公正的市场秩序，维护投资者合法权益，促进资本市场健康发展的根本保障。2014年6月4日，国务院发布了《关于促进市场公平竞争维护市场正常秩序的若干意见》，指出要整合优化执法资源，减少执法层级，健全协作机制，提高监管效能。肖钢主席在证监会党委学习"十八届四中全会精神"的会议上指出，要不断深化以权力制衡为核心的执法体制改革，坚持和完善查审分离制度，加强执法力量配备。

为进一步加强行政执法工作，切实做到严格执法、公正执法、文明执法，必须大胆探索监管执法模式创新，丰富行政执法方式，总结新的执法经验，建议规范和完善监管执法协作配合机制。完善稽查局、稽查总队、行政处罚委员会、投资者保护局等各部门间各司其职、各负其责、相互配合、齐抓共管的工作机制。各部门间实现信息资源开放共享、互联互通。建立健全跨部门、跨区域执法协作联动机制；加强监管执法与司法的衔接。完善案件移送标准和程序，细化并严格执行执法协作相关规定。建立监管部门、公安机关、检察机关间案情通报机制。

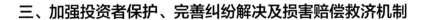

三、加强投资者保护、完善纠纷解决及损害赔偿救济机制

加强投资者保护是证监会工作的重中之重。近年来，侵害投资者合法权益事件发生变化，呈现由机构侵害转向上市公司与投资者信息不对称导致损失的趋势，加之司法维权难、追偿难等客观情况，投资者合法权益有时难以得到有效保障，如何建立多元化纠纷解决机制，是维护投资者合法权益的重要手段。2013年12月27日，国务院办公厅发布了《关于进一步加强资本市场中小投资者合法权益保护工作的意见》，围绕中小投资者权益保护构建了九方面八十二项政策举措，为今后的投资者保护提供了全面的指引。肖钢主席曾强调，要认真做好保护投资者特别是中小投资者合法权益工作，探索多元化纠纷解决和投资者损害赔偿救济机制。

"保护投资者就是保护资本市场"，按照保护投资者利益和维护市场效率相统一、行政监管与多元化维权相结合原则，为健全中小投资者赔偿机制、建立多元化纠纷解决机制，建议如下：

一要加强投资者教育，提高投资者自我保护和维权意识。目前我国中小投资者主动维权意识不强，抗风险能力和自我保护能力较弱，重要原因之一是法律知识欠缺，加之社会宣传和服务不够，对维权途径不知晓。为此，继续督促证券经营机构承担投资者保护教育的首要责任，加大公益性投资者教育投入力度。

二要组建投资者保护和教育讲师团，整合高等院校、立法机关、司法机关、专业律师、社会公益组织及媒体等各方力量，开展依法维权有关的各种培训教育活动，营造懂法、学法、用法的资本文明和投资文化氛围。

三要创新诉讼模式，探索建立第三方维权机制。中国台湾"投保中心"可以进行团体诉讼，由20人以上投资者授予诉讼或仲裁实施权后，以投保中心名义起诉或提起仲裁。建议证监会投资者保护机构借鉴此种做法。

四要适当引导投资者依法成立自己的维权中心，或鼓励证券期货公司、律师事务所等中介机构提供增值服务，代表中小投资者参与维权、处理与上市公司及大股东之间的纠纷。

五要构建包括投诉、调解、仲裁、和解等多元化纠纷解决及损害赔偿救济机制。美国的集团诉讼制度，判决效力直接及于所有未"明示退出"的投资者，大大降低了受害投资者诉讼成本。建立监管部门与地方司法和仲裁机构沟通协作、互动互促的工作机制，加大行政司法衔接配合力度，切实拓宽维护投资者权益的途径和方式。积极探索创新，推动市场主体通过民事和解主动赔偿投资者损失。"督促违规或者涉案主体或当事人主动赔偿投资者；利用计提风险准备金完善自主救济机制，依法赔偿投资者损失；开展行政和解试点"都是平衡行政处罚与赔偿投资者之间利益冲突的重要利器。

四、进一步加强资本市场警示措施

回顾2013年，中国证监会共作出84项行政处罚决定（含派出机构），同比增加41.1%；被市场禁入人数大幅增加至38人，同比增加216.7%。这其中包括对IPO涉及的信息披露违法案件和中介机构案件的查处等，也包括对内部交易案件的处罚和警示。过去一年多，包括绿大地、万福生科等在内的多家拟上市公司，平安证券在内的多家券商，竞天公诚、大成、国浩等多家知名律师事务所，大华等会计师事务所，及相关中介机构的从业人员，先后受到证监会的处罚、警示或市场禁入。

近年来，证券监管部门频现的问责和处罚一次次敲响了拟上市公司和其他已上市公司的警钟，也让资本市场的中介组织和服务机构重新自我审视也自我规范，并在其后的中介服务中更为审慎守法。

当今我国资本市场正处于兴盛发展的时期，证监会的强力监督与适时处罚正是市场健康成长和步入正轨的一剂良药，及时且不可或缺。市场的参与者更诚信，中介机构的服务更中立，市场信息披露更透明，依靠有效制度的到位和适合国情的制度执行手段。证监会有效的监管惩处正是这一制度的体现。

建议将证监会成立22年来的所有监管处罚决定包括市场禁入决定、警示函等汇编成册，一是加强监管机构处罚措施的警示力度和威慑作用，督促发行人诚信守法和中介机构归位尽责；二是保障资本市场信息的进一步透明公开，为发行人和服务机构的双向选择提供更多有效信息，促进资本市场参与者的优胜劣汰；三是也以发行人的诚信守法和中介机构的归位尽责为保障，逐渐实现"转变政府职能，推进监管转型，由过多的事前审批转向强化事中、事后监管，切实加强执法，强化市场主体责任"。

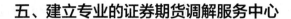

五、建立专业的证券期货调解服务中心

为响应国务院《关于进一步加强资本市场中小投资者合法权益保护工作的意见》及《关于进一步促进资本市场健康发展的若干意见》对于支持证券期货专业调解、开展证券期货仲裁服务，建立调解与仲裁、诉讼的对接机制、中介机构创新发展的要求，建议如下：

一要由资本市场比较活跃的城市所在地证监监管机构、证券期货业协会、商事仲裁机构、调解组织或专业律师机构等机构或组织发起、组建证券期货调解与服务中心，探索市场化组建证券期货调解与服务中心的可行性；提升调解专业性，聘请优秀的证券期货律师、仲裁员、法学教授等业内专业人士参与调解工作。

二要构建"诉调对接"、"仲调对接"机制，推动证券期货调解与服务中心与当地法院、当地仲裁机构签订合作备忘录，纠纷双方可就调解协议书直接申请法院审查和司法确认、提请仲裁委员会制作裁决书。

六、建立"沪港通"跨境监管机制

2014年4月10日，中国证券监督管理委员会、香港证券及期货事务监察委员会发布联合公告，自此沪港两市互通成为资本市场引人注目的焦点，同时也承载着无数投资者的期望。"沪港通"的有效运行，离不开跨境监管机制的强有力保障，建议如下：

一要加强两地的跨境监管与合作机制，具体而言，实现调查线索等信息互相通报共享，使两地监管机构分享交易的相关信息；建立跨境证券违法行为协助调查、联合调查制度，一方证券监管机构委托另一方证券监管机构对证券违法行为调查取证、给予相应处罚，也可通过双方联合调查的形式互相协作。

二要对存在认定标准差异的内幕交易、操纵市场等违法交易行为根据适当时机进一步统一标准，防止违法者逃脱相应的惩罚；进一步完善内地与香港相关的司法协助协定，加强司法措施执行的有效性；建立交流与培训制度，双方人员定期互访，交流经验，加强合作，共同打击利用沪港通实施证券违法与犯罪的行为。

三要除上述监管机制外，对于沪港两市发生的争议案件，可考虑通过仲裁或调解的方式解决。如在沪港两市仲裁机构或调解组织中明确"沪港通"案件的仲裁或调解功能，在各自管辖范围内处理证券纠纷。

七、充分发挥并完善上市公司协会职能

中国上市公司协会（以下简称协会）是我国资本市场上市公司群体的自律性组织，自2012年2月15日成立伊始，就以"服务、自律、规范、提高"为基本职责和宗旨，在反映会员诉求、维护上市公司整体利益、促进提高上市公司质量和自律规范等方面开展了大量工作。为促进协会在"依法治市"中发挥其应有的价值与作用，发挥好作为政府、上市公司之间桥梁与纽带的作用，建议如下：

一要加强协会与地方协会间的联动。除于北京召开的年度峰会外，也可以增加每年一次至两次的于地方协会举行的会议、培训或实践等相关活动，加强协会与地方协会间的联动，分享服务理念，拓展服务技巧，探索构建共同的服务平台，建立长效的合作工作机制。

二要制定与完善自律规则。由协会牵头、地方协会协办，并邀请协会会员单位一同出谋划策，继续与时俱进地制定与完善上市公司的自律规则，并促进上市公司自觉遵守有关的自律规则，提高上市公司自律水平、质量和社会形象。

三要进一步推进与开展培训工作，拓展培训服务范围。除对于上市公司董事、监事及其高级管理人员等培训外，也可以拓展到针对上市公司的股东层面进行。

四要依托互联网发展，建立健全网上平台。目前，协会的网上论坛尚在建设中，建议加快推进相关工作。同时，除了协会与地方协会现场举办外，也可以采取网络等更为便捷高效的方式。

五要发挥协会会员的主体作用，展现主人翁意识，更多地参与和投身到协会的建设以及协会会员间的联动中来。充分利用好各会员的优势，互相分享经验、排忧解难。反映会员诉求、维护上市公司整体利益。

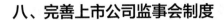

八、完善上市公司监事会制度

上市公司监事会制度的相关规定主要体现在《公司法》、《上市公司治理准则》、《上市公司章程指引》、《上市公司股东大会规则》等各层级法律法规中，主要包括监事会组织架构、监事会权力与义务以及监事的任职资格等。监事会制度在我国上市公司中已有二十年的实践，我国借鉴大陆法系国家监事会制度，结合自身特点，逐步确立了具有中国特色的监事会制度。然而，现有监事会制度在实践中也存在一些问题，如监事会严重缺乏独立性、监事会履职能力有所欠缺、激励约束机制不够完善、监事会相关法规缺乏实施细则、监事会法律地位无法保障等，对于上述问题的解决与完善，建议如下：

一要强化监事会的独立性。监事会成员除大股东代表、职工代表外，还应包括中小股东代表、独立监事等。同时，代表不同利益群体的监事应保持合理比例，以形成有效的制衡机制。中小股东代表、独立监事可以通过修订监事提名、选举规则予以保证；加大力度推广独立监事制度。通过制度设计强制推广独立监事，独立监事的选聘可参考现行独立董事制度，从社会上选聘会计、法律或行业专家。引入独立监事，有利于提高监事整体素质和监督能力，更可以在一定程度上约束大股东对监事会的控制，增强监事会决策的客观公正性和独立性；监事薪酬取得要相对独立。上市公司应制定完善合理的监事薪酬管理办法，在薪酬中更多体现监事工作的价值，并通过制度设计既保证监事积极履职又避免监事因履职而使个人经济利益受损。

二要提高监事会的履职能力。监事任职资格要明确，监事会专业构成要合理，保证监事会履职资源，差别化规定监事会人数，引导国资控股公司派驻职级较高的人员担任监事；建立科学的激励约束机制，完善物质及声誉上的激励机制以及监事约束机制；细化监事会监督职责与权力，以章程形式明确监事会具体职责，以制度形式保障监事会具体职权。

三要创建良好的监事履职环境。优化监事会内部及外部的履职环境。第一，政府相关部门应加强对上市公司监事会工作的重视和支持，与监事会建立良好的沟通机制。第二，加强对中小投资者的教育，提高其参与意识，引导投资者利用手中的投票权选举能够真正代表自己利益并行使监督权的监事。监事可以包括股东委派的股东监事、其他外部监事、独立监事和通过公

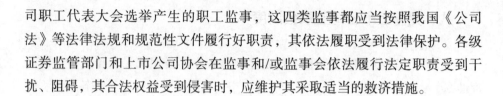
司职工代表大会选举产生的职工监事，这四类监事都应当按照我国《公司法》等法律法规和规范性文件履行好职责，其依法履职受到法律保护。各级证券监管部门和上市公司协会在监事和/或监事会依法履行法定职责受到干扰、阻碍，其合法权益受到侵害时，应维护其采取适当的救济措施。

九、完善证券监管机构人才选拔制度

党的十八届四中全会在《中共中央关于全面推进依法治国若干重大问题的决定》一文中明确提出，推进法治专门队伍正规化、专业化、职业化，提高职业素养和专业水平。建立从符合条件的律师、法学专家中招录立法工作者、法官、检察官制度，畅通具备条件的军队转业干部进入法治专门队伍的通道，健全从政法专业毕业生中招录人才的规范便捷机制。该指导思想对于完善证券监管部门人才选拔，促进资本市场依法治理具有借鉴意义，建议如下：

一要加强依法治市的组织和机制建设，补充法律、财务等专业人才，尤其吸收一定比例的法律、财务人才参与重大决策的制定，积极推进依法行政，不断提高依法治市的水平。

二要进一步打通人才流动的体制性障碍，促进人才在体制内与体制外之间互通流动，使宝贵的人才资源得到优化配置。可采用选派证券监管部门人员到上市公司或其控股股东和实际控制人、券商、银行、保险公司等机构挂职锻炼；从符合条件的律师、法学法律专家、财务人员中招录人才进入证券监管部门工作等方式促进人才流动，充分发挥人才作用。

三要逐步推动高级专业职位聘任制试点工作，针对重点领域急需紧缺人才，继续加大投入，包括体制外高端人才、海外人才等引进工作。

发挥律师作用　建设法治城市

"国以才立，政以才治，业以才兴。"依法治国的伟大事业离不开律师。建设好律师队伍并充分发挥其作用，依法治国和依法治市才有兴业之本和发展之源。上海律师制度恢复重建以来，广大律师忠于党和国家、忠于宪法和法律，以良好的思想政治素质、专业的工作技能和较强的道德操守，在政治、经济、文化、社会等各个领域发挥了重要作用，在化解社会矛盾、解决突发事件、举办中国上海世界博览会和上海"四个中心"建设、中国（上海）自由贸易试验区建设等方面都积极提供了专业服务，已经成为社会主义法治建设和上海城市转型发展的一支不可或缺的重要力量。

一、发挥律师在地方性立法中的专业优势

"法者，天下之程式，万事之仪表。"从宪法、法律到地方性法规，律师可以利用专业优势，为立法的立、废、改、释提供专业意见。未来上海要继续成为改革开放的排头兵和科学发展的先行者，完善地方性立法是基础和前提。2013年9月29日，上海市市委书记韩正为中国（上海）自由贸易（以下简称上海自贸区）试验区揭牌，运行不到一年上海就颁布实施了《自贸区条例》，堪称上海地方立法史上最具影响的"第一法"。韩正书记还亲自到市人大常委会视察并讲话，指导立法的细节和进程。这一地方性立法已经成为上海自贸区可复制、可推广和可辐射的"基本法"，凸显了上海全面深化改革新时期立法领域的先行先试，折射出以立法引领和推动改革发展的生动范例。其中，律师也积极参与该条例的制定，提出了不少有价值的意见。

建议在今后上海市地方性立法的实践中吸收符合条件的律师参与立法工作，除了在地方性立法公布前听取市律师协会等意见外，可遴选一批政治坚定、业务精湛的专业律师专职或兼职参与立法工作。

二、发挥律师在司法改革中的专业作用

《中共中央关于全面推进依法治国若干重大问题的决定》提出，司法公正对社会公正具有重要引领作用，司法不公对社会公正具有致命破坏作用。必须完善司法管理体制和司法权力运行机制，规范司法行为，加强对司法活动的监督，努力让人民群众在每一个司法案件中感受到公平正义。

建议在上海市司法改革中，对参与刑事、民事和行政诉讼活动的出庭律师实行分级制度，规范各级法院出庭律师的资质条件。选拔一批符合条件的律师充实上海市高级人民法院、第一中级人民法院、第二中级人民法院、海事法院和即将设立的知识产权法院及17个基层人民法院的法官队伍和各级人民检察院的检察官队伍。

三、发挥律师在依法行政中的独特作用

目前，上海市所有区县都建立了政府法律顾问团，聘请律师担任法律顾问的政府部门也日益增加，提高了依法行政水平。律师参与市委、市政府领导信访接待已坚持十多年，17个区县政府全部建立了律师参与领导信访接待制度，律师参与街镇领导信访接待和窗口信访接待也基本普及。街镇司法所与律师事务所结对、居（村）委会与律师结对的"双结对"活动已实现全覆盖，有效提升了基层依法治理的水平。

《中共中央关于全面推进依法治国若干重大问题的决定》提出，各级政府必须坚持在党的领导下、在法治轨道上开展工作，加快建设职能科学、权责法定、执法严明、公开公正、廉洁高效、守法诚信的法治政府。依法全面履行政府职能，推进机构、职能、权限、程序、责任法定化，推行政府权力清单制度。健全依法决策机制，把公众参与、专家论证、风险评估、合法性审查、集体讨论决定确定为重大行政决策法定程序，建立行政机关内部重大决策合法性审查机制，建立重大决策终身责任追究制度及责任倒查机制。

建议上海各级政府和相关政府部门在重大行政决定出台前，聘请律师作为法律专家进行论证，出具法律意见书。

建议上海市委、市政府成立法治顾问团，遴选一批政治坚定和业务精湛

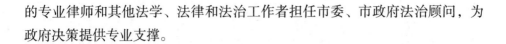

的专业律师和其他法学、法律和法治工作者担任市委、市政府法治顾问，为政府决策提供专业支撑。

四、发挥律师在全民守法和法律普及中的宣导作用

《中共中央关于全面推进依法治国若干重大问题的决定》提出创新法治人才培养机制，形成完善的中国特色社会主义法学理论体系、学科体系、课程体系，推动中国特色社会主义法治理论进教材、进课堂、进头脑，培养造就熟悉和坚持中国特色社会主义法治体系的法治人才及后备力量。

为此，建议组织包括律师在内的法学、法律和法治工作者成立上海法治宣讲团，到学校、社区、街道和企业、事业单位和"两新"组织宣讲宪法和法律、法规及上海市地方性法规，为全民守法和市民法治素养的提高发挥宣导作用。

五、培养一支德技双馨具有国际竞争力的专业律师队伍

十八届四中全会提出，大力提高法治工作队伍思想政治素质、业务工作能力、职业道德水准，着力建设一支忠于党、忠于国家、忠于人民、忠于法律的社会主义法治工作队伍。加强法律服务队伍建设，增强广大律师走中国特色社会主义法治道路的自觉性和坚定性，构建社会律师、公职律师和公司律师等优势互补、结构合理的律师队伍。

建议对上海律师队伍按照社会律师、公职律师和公司律师进行分类监管；遴选出一批德技双馨的律师人才，送往各级党校进行培养教育提高，打通体制内法治人才和体制外法治人才的使用和对接通道；施行符合条件的律师到立法、司法和检察机关任职的机制和探索优秀律师人才到党政机关挂职锻炼的机制，培养出一支能参与国际竞争的高素质涉外律师队伍，为上海自贸区建设和国际金融中心等建设目标的实现培育高素质法治人才，为上海新一轮改革发展和城市转型储备优秀律师人才。

中国律师如何服务法治政府建设

一、前言

党的十八届四中全会（以下简称四中全会），于2014年10月20日至23日在北京举行。全会听取和讨论了习近平总书记的工作报告，强调推进依法治国，坚持法治国家、法治政府、法治社会一体建设，其中法治政府是关键和核心。

在国家推进法治建设的进程中，政府是参与社会层面最多的主体，与百姓生活、国家命运息息相关。著名法学家江平教授认为，谈到法治政府，就是讲公权力怎么来实现法治化，政府的权力不能过大。

在实现公权力法治化的过程中，律师须当仁不让地承担起为法治政府建设服务的责任。

二、律师服务法治政府建设的制度正不断完善

1989年，司法部颁布了《关于律师担任政府法律顾问的若干规定》，该规定首次提出了律师可以担任政府法律顾问。1993年，国务院批准《司法部关于深化律师工作改革的方案》，提出了在国家机关进行政府律师试点的要求。2002年，司法部出台了《关于开展公职律师试点工作的意见》，对建立有中国特色的公职律师制度进行了探索。

目前，全国受聘担任各级政府部门法律顾问的律师，占到了律师总数的十分之一以上，公职律师队伍人数已经出具规模，一支政治可靠、综合素质好、专业化程度高的法治政府建设律师队伍初步建立。各地也结合实际以组建政府顾问团、聘请法律顾问、公职律师试点等多种形式推动律师参与政府法律服务工作。

司法部副部长赵大程指出："这次四中全会提出来，要对重大行政决策事项实行内部的审查机制，我们的行政人员在推进行政决策过程当中，他的这些行为、言行能不能适合法律的规定，符合不符合法治的精神，他不仅自己要有意识，更重要的是通过专门的人员提供参谋的意见，所以我以为法律顾问就是政府依法行政一个具体的帮手，应该说是很重要的。"可见，律师服务法治政府建设的各项制度正在不断完善，律师将逐步推进政府科学决策、依法行政，并为促进经济发展、加强社会管理、推进社会主义法治建设发挥积极作用。

三、中国律师服务法治政府建设的实践

早在2008年，上海市司法局联合上海市发展与改革委员会，就律师为政府投资建设项目提供全程法律服务，联合发文指导律师工作。2010年4月，中共上海市委、上海市人民政府以办公厅名义颁发了《关于进一步发挥律师在法治政府、法治社会建设中重要作用的若干意见》，明确提出政府投资的重大项目应从立项审批项目之前，就组织律师提供相应法律服务。

无独有偶，浙江省秉承"平安浙江、法治浙江"的指导思想，积极推动律师服务政府重大建设项目业务法定化。2008年12月，浙江省律师协会下发了《关于律师为法律顾问企业、重大建设项目单位开展"法律体检"活动的通知》；2009年2月，浙江省司法厅下发了《千家企业"法律体检"专项行动方案》。

笔者认为，如何更好地为法治政府服务，其重要性不仅体现在过去，也将是未来全国律师队伍建设的主题之一。

四、中国律师如何更好地服务法治政府建设

（一）充分利用中国（上海）自由贸易试验区平台

在《国务院关于印发中国（上海）自由贸易试验区总体方案的通知》（以下简称《方案》）中，明确要求"上海市人民政府要精心组织好《方

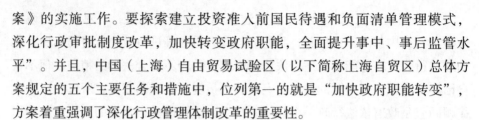

案》的实施工作。要探索建立投资准入前国民待遇和负面清单管理模式，深化行政审批制度改革，加快转变政府职能，全面提升事中、事后监管水平"。并且，中国（上海）自由贸易试验区（以下简称上海自贸区）总体方案规定的五个主要任务和措施中，位列第一的就是"加快政府职能转变"，方案着重强调了深化行政管理体制改革的重要性。

中国律师在参与政府负面清单管理的过程中，应发挥专业特长，对政府行政行为的合法、合规性发表专业法律意见，从而成为政府实施行政行为的重要抓手。律师队伍作为具有较高水平法律知识又深谙市场经济主体需求的专业团体，还应力争成为监管者与被监管者之间的润滑剂，在二者发生摩擦时发挥其法律专业性，为上海自贸区建设贡献力量，从而实现法律人的价值。

上海自贸区成立以来，已形成一批可复制、可推广的经验。在刚刚闭幕的第22届APEC峰会中，中国政府提出建设亚太自贸区的倡议，未来自贸区将在更大范围内推广，法治政府建设大有作为。中国律师不仅可以协助政府加快推广和复制创新成果和成熟经验，也可以协助各级政府积极借鉴上海自贸区的成熟经验，促进制度创新经验的复制、推广和辐射。

（二）重视行政相对人的权益保护

对于中国律师而言，保护行政相对人的权益是提升社会综合效益的重要体现，对法治建设的贡献不言而喻。

政府的宗旨是为人民服务。律师为人民服务和为法治政府服务本质上是一个问题的两个方面：为法治政府建设服务的根本目的在于保护人民利益，进而为人民服务；而为人民服务也更有助于实现为法治政府服务的目的。

律师积极参与行政诉讼是保护行政相对人权益的重要途径。在我国，行政诉讼的胜诉率低已成为众所周知的事实，而其中政府对判决的直接或间接影响是导致该结果的最主要原因之一，因此，如果中国律师积极参与行政诉讼，逐渐积累行政诉讼的实务经验，不失为一条保护行政相对人利益、监督政府行为、推进法治政府建设的有效途径。

此外，在人民调解、法律援助、政府信访接待、防范群起突发事件等领域，中国律师也大有可为。

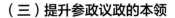

（三）提升参政议政的本领

四中全会提出，建立从符合条件的律师中招录立法工作者、法官、检察官制度，加强法律服务队伍建设，构建社会律师、公职律师、公司律师等优势互补、结构合理的律师队伍。

之前，律师参政议政的方式有担任人大代表、政协委员、政府法律顾问等，这些方式至今对推动法治政府进程意义重大，但是由于政府的权力过于集中以及律师社会地位的限制，导致律师推动法治政府建设的实际作用还相当有限。

四中全会后，律师有了"储备法官"的第二重身份，社会地位将逐步提高，在传统领域参政议政的话语权也将增强，律师也被寄予更高的期望。

律师具有丰富的法律实务经验，深谙运用法律的方式，但实现从律师身份到法官身份的转变绝非易事，小到工作时间，大到法律思维，每一点转变都是考验。法治建设的车轮一刻不息地转动，留给律师适应新身份的时间十分有限，为充分保障诉讼当事人的合法权益，有进入法官队伍意向和志向的律师应注意学习借鉴法官的思维方式，在为当事人服务的过程中，尝试跳出自己固有的思维习惯，换一种角度，更加全面地考虑法律关系、争议解决方法，为适应新角色打下基础。只有尽快明晰法官的职业身份，才能更好地履行法官职能，这种转变不仅可以提升中国律师的社会地位，为服务法治政府建设提供便利；也可以在身份转变后，通过履行司法职能直接推动法治政府的建设。

五、结语

四中全会的胜利召开为法治政府的建设描绘了崭新蓝图，也为中国律师的职业发展开辟了更广阔的道路。虽然中国律师服务法治政府建设的事业注定充满挑战，但是笔者深信，只要我们深入领会学习四中全会精神，学习借鉴但绝不照搬照抄其他国家做法，中国律师可以把握住上海自贸区的机遇，更加深刻认识行政相对人权益保护的重要性，并尽快为从律师到法官的身份转变做好准备，就一定可以化挑战为机遇，为我国社会主义法治建设的宏伟事业作出新的贡献。

上海市商务委员会
上海市司法局 文件

沪商服贸〔2013〕649 号

市商务委 市司法局关于认定
上海金茂凯德律师事务所等 14 家单位为
"上海市专业服务贸易重点单位(法律服务类)"
的通知

各有关单位:

为推动本市专业服务贸易的发展,促进律师事务所等相关单位积极开展国际间的交流与合作,推进上海国际贸易中心建设,根据《上海市专业服务贸易重点单位(法律服务类)认定管理办法》,经审核,现认定下列 14 家单位为"上海市专业服务贸易重点单位(法律服务类)"(有效期三年,2013年 9 月 17 日-2016 年 9 月 16 日):

1、上海金茂凯德律师事务所

2、上海市方达律师事务所

3、上海元达律师事务所

4、上海市锦天城律师事务所

中国上市公司协会

中上协函〔2014〕51 号

关于同意上海金茂凯德律师事务所
成为联系会员的函

上海金茂凯德律师事务所:

你所提交的联系会员申请文件收悉。按照中国上市公司协会章程、会员管理办法及发展联系会员通告的有关规定,经会长办公会审议,同意你所的入会申请,成为中国上市公司协会联系会员。

特此函复。

中国上市公司协会

2014 年 9 月 30 日

-1-

裁决公断篇

中国国际经济贸易仲裁委员会
设备争议裁决书

申请人： A公司

地　　址： ××××

仲裁代理人： ××××律师事务所

　　　　　　　××××律师

被申请人： B公司

地　　址： ××××

仲裁代理人： ××××律师事务所

　　　　　　　××××律师

北　京

二〇一〇年×月×日

裁 决 书

中国国际经济贸易仲裁委员会（以下简称仲裁委员会）根据申请人A公司（以下简称申请人）与被申请人B公司（以下简称被申请人）于2005年10月28日签订的SH2005130号合同（以下简称130合同）中的仲裁条款，以及申请人于2009年3月3日提交的仲裁申请书受理了本案。本案编号为××××。

本案仲裁程序适用仲裁委员会自2005年5月1日起施行的《中国国际经济贸易仲裁委员会仲裁规则》（以下简称《仲裁规则》）。

2009年3月5日，仲裁委员会秘书局以特快专递方式向申请人和被申请人分别寄送了本案仲裁通知、《仲裁规则》和仲裁员名册，同时向被申请人附去申请人提交的仲裁申请书及其附件。

申请人选定×××担任仲裁员。被申请人选定×××为仲裁员。由于双方未在规定的时间内共同选定或共同委托仲裁委员会主任指定首席仲裁员，仲裁委员会主任根据《仲裁规则》的规定指定×××为首席仲裁员。上述三位仲裁员于2009年4月10日组成仲裁庭，共同审理本案。

经商仲裁委员会秘书局，仲裁庭决定于2009年5月15日在北京开庭审理本案。

2009年4月20日，被申请人提交了仲裁答辩书及证据材料。

2009年5月15日，仲裁庭如期在北京开庭审理本案。申请人和被申请人均委派仲裁代理人到庭。申请人陈述了其仲裁请求，双方当事人就本案事实作了陈述，出示了证据原件，进行了质证和辩论，并回答了仲裁庭的提问。

庭后，申请人提交了"仲裁请求之最后确定"、"代理意见"、"补充证据"和"补充陈述意见"；被申请人提交了"代理词"和"补充意见"。

鉴于本案案情比较复杂，仲裁庭要求延长本案裁决的审理期限，经仲裁委员会主任同意，本案裁决期限延长至2010年1月10日。

有关本案的所有书面通知和当事人提交的文件均已由仲裁委员会秘书局按照《仲裁规则》的规定有效送达给双方当事人和仲裁庭。

本案现已审理终结。仲裁庭根据现有书面材料以及庭审调查所查清的事实，并根据《仲裁规则》第四十三条规定，依多数仲裁员的意见作出本裁决。

现将本案案情、仲裁庭意见和裁决内容分述如下：

一、案情

2005年10月，申请人出资邀请被申请人去德国考察。2005年10月28日，双方当事人签订了130合同。130合同约定：由申请人向被申请人出售"地板铣型线（多层实木复合地板）"设备，其中包括进料装置、纵向加工双端铣、转向输送带和横向加工双端铣各一台；合同总金额为380000欧元；交货时间为2006年3月31日；交货地点为上海保税仓库；付款方式为"买方需于合同签订后十四天内付合同总额的30%按金予卖方，并于货物付运前将合同余款之70%结清"。

申请人诉称：

130合同签订后，被申请人于2005年11月2日向申请人支付了定金人民币60万元，但是支付的定金金额小于130合同约定的人民币1140000元。申请人将该笔定金兑换为55003.50欧元，并于2005年12月16日支付给货物制造商德国C公司。C公司随即安排生产，并按时完成了有关设备。申请人多次要求被申请人支付130合同余款提货，被申请人一直予以拖延。申请人又与被申请人交涉，要求被申请人补足定金并依130合同约定先行结清货款，以便申请人安排送货。被申请人既主张变更130合同约定的定金条款又不支付货款，并多次提出解除130合同的主张。

申请人认为，130合同项下货物为非标准设备。申请人为履行130合同已经支付了差旅费用，并向C公司支付了定金。如果解除合同，申请人将要承担C公司包括设备改造费用、储存费用和利息在内的所有费用。已经向C公司支付的定金也将不能索回。申请人的全部损失都是被申请人拒不履行130合同造成的，为了保护申请人的正当权益，申请人提出仲裁请求如下：

1. 被申请人继续履行合同。

2. 如被申请人不愿继续履行合同，则请求确认申请人执行定金罚则（扣

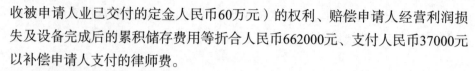

收被申请人业已交付的定金人民币60万元）的权利、赔偿申请人经营利润损失及设备完成后的累积储存费用等折合人民币662000元、支付人民币37000元以补偿申请人支付的律师费。

3. 被申请人承担本案仲裁费。

本案进行庭审之后，申请人书面提交了"仲裁请求之最后确定"，最后确定其仲裁请求如下：

1. 确认申请人执行定金罚则，即扣收被申请人业已交付的定金人民币60万元）之权利。

2. 被申请人赔偿因其违约、毁约，所造成申请人之直接损失和应得利益损失合计人民币662000元。

3. 被申请人赔偿申请人业已支付的律师费人民币37000元。

4. 准予被申请人承担1、2、3项违约、毁约之民事责任后，解除合同。

5. 被申请人承担本案全部仲裁费。

被申请人答辩称：

1. 双方当事人确已签订了130合同，但130合同早已约定解除，并未实际履行。在签订130合同之前，双方当事人于2005年10月8日签订了旨在买卖德国D公司生产的框锯机及相关设备材料的SH2005131号合同（以下简称131合同）。2006年2月20日，本案双方当事人又与进口代理商E公司重新签订了内容没有变化的131合同。被申请人向申请人支付的60万元人民币定金是履行131合同项下的义务，在130合同中并不存在被申请人支付定金的情形。人民币60万元比130合同约定的总货款30%的定金金额人民币1140000元低近一半，显然不合常理。双方当事人的往来信函表明：申请人已经在131合同中收到被申请人支付的人民币60万元定金；双方始终在围绕131合同的信用证支付条件进行反复磋商；自被申请人通过2005年11月30日致申请人的"告知函"明确表示终止130合同履行之后，130合同涉及的"地板双端铣设备"从未出现在往来信函的任何一处，丝毫反映不出130合同在履行的迹象。

2. 双方当事人同去德国考察是为131合同框锯机买卖事宜，并不涉及130合同。130合同涉及的地板双端铣设备是由申请人与德国生产商在上海松江的合资企业制造的市场通用产品。130合同的文本样式、货款支付方式和货物运输方法的约定都表明130合同属于国内交易。

3. 130合同自2005年10月28日签订后不久，双方当事人即已约定解除并终止履行，之后双方均未就此提出过任何异议。申请人时隔三年多提出本案仲裁申请，已超过法律规定的诉讼时效。综上，申请人的仲裁请求应予驳回。

申请人在其"代理意见"中发表意见如下：

1. 被申请人未能举证证明130合同已经约定解除。根据《中华人民共和国合同法》第九十四条和第九十五条规定，除非法定事由出现，否则生效合同不可以单方解除。被申请人应当承担单方毁约的民事责任。

2. 被申请人未能根据130合同约定足额支付定金，并且单方主张解除合同和拒绝继续履行合同，申请人有权根据《中华人民共和国合同法》第一百一十五条规定扣收该笔定金。

被申请人主张人民币60万元定金是131合同项下定金而非130合同项下定金，不符合事实。

（1）131合同没有关于定金的约定。

（2）130合同签订时间为2005年10月28日，而被申请人支付人民币60万元定金的时间是2005年11月2日。仅仅相隔五天就解除130合同令人难以置信。如果130合同在2005年11月即约定解除，被申请人支付的又是131合同项下定金，为什么在2006年2月20日重新签订的131合同没有增设定金条款？为什么在131合同的最后文本订立之前108天就会支付定金？为什么在2006年5月10日被申请人为131合同开立的信用证额度仍为合同价格的100%金额？

（3）申请人于2006年5月29日给被申请人的"回函"只涉及131合同，并不涉及130合同；其中谈到的30%定金是指申请人为履行131合同向德国制造商订货而对该德国制造商支付的定金，与本案争议没有关联性。

3. 关于申请人实际损失和仲裁请求的具体说明：

（1）申请人请求扣收人民币60万元定金的性质是直接损失。

（2）申请人已经于2009年5月8日向130合同项下货物的德国制造商C公司支付了利息35370欧元，折合人民币326818.80元；如果130合同履行完毕，申请人可以取得利益30390欧元，折合人民币297728元；前述可得利益在2006年3月至2009年2月可产生利息3829.17欧元，折合人民币37514元；以上三项因被申请人违约而致申请人产生的直接损失和可得利益损失合计人民币662124元。申请人保留就其他损失提出另案索赔的权利。

（3）本案由被申请人违约引起，被申请人应当赔偿申请人律师费。为停止损失继续扩大，也应裁决解除合同。

（4）《中华人民共和国合同法》第一百二十九条规定，因国际货物买卖合同提起诉讼或申请仲裁的期限为四年。130合同属于国际货物买卖合同，申请人提起本案仲裁申请并未超过时效。

被申请人在其"代理词"中发表意见如下：

1. 定金支付条款是实践性的合约，不能仅以合同是否约定进行判断，而应考察当事人的实际行为予以确定。申请人于2005年11月21日在给被申请人的"协议书"中确认收到人民币60万元定金，但认为分属130合同和131合同两份合同项下的定金。这说明131合同虽未约定定金条款，但实际上存在实施的约定。被申请人于2005年11月30日给申请人的"告知函"中明确终止130合同，并将在131合同金额中扣除人民币60万元定金金额后开立信用证。该份"告知函"的内容在逻辑上是与2005年11月21日申请人发出的"协议书"相衔接的。被申请人多次在信函中提及人民币60万元定金是支付于131合同，申请人从未就此提出异议。申请人认可的2006年5月29日"回函"中提及"双方一起到德国工厂看过之后，和德国老板谈了一个购买合同书，确定30%定金"，说明尽管131合同没有定金支付条款，但实际上对30%的定金支付是有约定的。从逻辑上说，如果德国制造商与申请人有定金约定，申请人没有理由不与被申请人约定定金，只能说明另有约定。申请人提交的关于支付55003.50欧元的汇款客户通知书不能证明系其用于130合同项下的支付。虽然为开证需要重新签订了131合同，但131合同的真实意思表示已经在2005年10月8日成立，不能简单从时间形式上推断定金支付。申请人对被申请人支付的人民币60万元定金比130合同约定定金金额低近一半的事实未提出异议，也未能举证证明被申请人曾主张变更130合同约定的定金条款。

2. 130合同属于国内交易。申请人在网络公开的产品宣传资料表明，130合同涉及的地板双端铣设备是由申请人与德国生产商在上海松江的合资企业制造供货，属于国内市场的通用产品，无须去德国考察订货。

3. 双方当事人虽然没有为解除130合同共同签署书面文件，但申请人的行为表明解除130合同是双方同意认可的。双方当事人的多份往来信函都是针对131合同进行交涉而非130合同。申请人以被申请人于2006年6月5日给申请人的"回函"和被申请人于2007年4月18日给申请人的"律师函"作为依据，主张130合同履行时效的延续，是不能成立的。现有证据表明130合同不存在支付定金，且没有证据证明130合同曾因履行而发生交涉情形，申请人提起本案仲裁申请，显然超过法律规定的诉讼时效。

申请人在其"补充陈述意见"中发表意见如下：

1. 131合同在订立时候就是不公平的。显失公平的合约不应当是有效的和具有证明力的。申请人请求仲裁庭宣布131合同无效。

2. 申请人对被申请人未能提供原件进行质证的传真件证据的真实性存有异议。×××签字的传真件未经申请人授权，不能代表申请人的意愿。2006年2月20日重新签订的131合同没有×××签字，说明他不能代表申请人。×××签署的2006年5月29日"回函"的文字表述根本不能证明被申请人在131合同项下支付了定金。

被申请人在其"补充意见"中发表意见如下：

1. 申请人提交的证据多与本案所涉130合同无关。自被申请人以2005年11月30日"告知函"明确终止履行130合同之后，双方便以切实的行为不履行130合同。申请人未能就其异议提供相关证据。

2. 申请人声称被申请人要求变更130合同的定金条款，而申请人又经常向被申请人电话交涉催讨定金余款，但申请人从未对变更130合同的定金条款明确提出异议。

3. ×××签字的2006年5月29日"回函"中的买方即指被申请人而非申请人。在支付了131合同项下的人民币60万元定金之后，被申请人在2006年5月10日仍然开立了100%合同金额的信用证，目的是为得到合同金额的全额发票。

4. 申请人庭后提交的与130合同有关的补充证据以及所述相关事由，全系杜撰编造。被申请人不对这些举证发表实质性意见。

二、仲裁庭意见

（一）关于本案适用法律

仲裁庭查明，本案所涉130合同并未约定处理相关合同争议应当适用的法

律，而双方当事人在提交的书面意见和庭审时发表的口头意见中均多次援引中华人民共和国法律的相关规定。仲裁庭认为，在此种情况下应当视为双方当事人就适用中华人民共和国法律达成了一致。仲裁庭据此决定，本案适用中华人民共和国法律。

（二）关于双方当事人提交证据的效力问题

双方当事人在本案中提交的多份书面证据都不够规范且不能提供原件加以核对。除相关合同和银行凭证之外，双方当事人对对方提交的证据多以未能提供原件或者与本案争议无关为由提出不予认可，被申请人尤以申请人庭后补充证据全系杜撰编造为由拒绝发表相应质证意见。申请人将一份被申请人在另案仲裁中提交过的其又明确表示不予认可其真实性的文件作为证据在本案中提交，而被申请人又声称其保留了于2006年5月25日已经寄送给申请人的"告知函"的经修改的原件。以上种种，殊不可解。仲裁庭认为，仲裁庭有权根据逻辑推理和专业经验，对当事人提交证据的证明力和与案件事实的关联性自行进行判断。经过仔细审查，仲裁庭认定，双方当事人在本案中提交的证据，特别是被申请人提交的双方当事人之间的往来信函，基本可以相互印证，内容基本可信，决定对双方当事人提交的证据均予以认可。

关于×××的签字效力问题，申请人在庭审时承认，×××是申请人设立在上海的F公司的经理，代表申请人与被申请人进行联络沟通。仲裁庭查明，×××曾陪同被申请人公司总经理×××一起去德国考察设备，在130合同和2005年10月8日签订的131合同上均代表申请人签字确认，并且在多份与被申请人讨论130合同和131合同履行问题的信函中代表申请人签字。仲裁庭认定，在130合同和131合同所涉及的地板铣型线设备和地板框锯机设备交易中，×××的身份应被认定为申请人公司的代理人。根据《中华人民共和国民法通则》第六十三条第二款关于"代理人在代理权限内，以被代理人的名义实施民事法律行为。被代理人对代理人的代理行为，承担民事责任"的法律规定，×××签字的相关书面文件均应视为申请人公司的意思表示，申请人应当承担相应民事责任。申请人提出的经×××签字的传真件未经授权不能代表其意愿的主张不能成立。

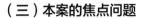

（三）本案的焦点问题

双方当事人对相互之间曾分别就地板铣型线设备和地板框锯机设备的交易签署了130合同和131合同，以及被申请人曾向申请人支付了人民币60万元定金的事实没有异议。

仲裁庭认为，本案的焦点问题是：（1）该笔定金应归属于130合同还是131合同项下；（2）130合同是否已经当事人协议解除以及如果没有解除，130合同的履行状况和可能的违约责任问题。

申请人认为，该笔定金属于130合同项下；130合同未经协议解除且被申请人应当就其不履行合同义务承担违约责任。被申请人则认为，该笔定金属于131合同项下；130合同已经协议解除，不存在继续履行和违约责任问题。

（四）仲裁庭查明的基本事实和对焦点问题的分析

1. 仲裁庭查明如下事实（依时间顺序排列）：

（1）2005年10月8日，双方当事人签订了131合同；

（2）2005年10月28日，双方当事人签订了130合同；

（3）2005年11月2日，被申请人向"F公司"支付了人民币60万元，银行凭证附言写明"设备定金"；

（4）2005年11月8日，申请人向德国C公司发出INY03727号订单，采购相关地板铣型线设备，订单总金额366690欧元；

（5）2005年11月21日，申请人发出"协议书"，声称收到131合同定金人民币20万元和130合同定金人民币40万元；

（6）2005年11月30日，被申请人发出"告知函"，声称申请人对于定金"产生了误解"，将以131合同金额扣除人民币60万元定金之后开立信用证，并要求终止130合同；

（7）2005年12月5日，德国C公司确认了申请人发出的INY03727号订单，并开出了订单总金额15%的定金（55003.50欧元）发票；

（8）2005年12月16日，申请人向德国C公司支付了采购定金55003.50欧元；

（9）2006年2月20日，双方当事人与进口代理商E公司重新签订了131合同；

（10）2006年5月25日，申请人致函被申请人，要求对131合同以100%合同金额开立信用证；同日，被申请人发出"告知函"，提出131合同信用证支付条件，以及要求退还人民币60万元定金以开立100%合同金额信用证；

（11）2006年5月29日，申请人发出"回函"，要求被申请人对131合同开立120天的70%合同金额的信用证；

（12）2006年6月1日，被申请人发出"终止合同告知函"，要求终止131合同；

（13）2006年6月5日，申请人发出"回函"，要求被申请人去德国验货，并提出131合同的30%定金加70%信用证加卖方5%保函的支付条件；同日，被申请人发出"回函"，表示拒绝并要求申请人承担违约责任；

（14）2006年6月8日，申请人致函被申请人，要求被申请人开立70%信用证，并明确30%定金已付；同日，被申请人发出"复函"，要求返还已经支付的131合同金额30%的定金人民币60万元；

（15）2006年6月15日，被申请人发出"催函"，要求返还人民币60万元定金和拖欠税票；

（16）2007年4月18日，被申请人委托律师发出"律师函"，要求返还131合同项下人民币60万元定金和解决拖欠税票等事宜；

（17）2009年3月2日，德国C公司开出了因订单取消而产生的总费用（包括取消费用、利息和仓储费用）198546欧元发票；

（18）2009年5月8日，申请人向德国C公司支付了前述取消订单费用中的利息部分35370欧元。

2. 关于人民币60万元定金的归属问题。

仲裁庭认为，根据双方当事人之间的往来信函所反映出的双方订立合同、履行合同和就有关争议进行磋商的过程可以推断出，双方的履约行为与合同约定并不完全一致，事实上发生了某些变更。被申请人向申请人支付的人民币60万元应当认定为在131合同项下向申请人支付的定金，而非本案所涉130合同项下的定金。

首先，130合同总金额为38万欧元，如根据130合同约定的合同总额30%定金条款计算，定金应为114000欧元。被申请人支付的人民币60万元与此相去甚远。如果申请人认为该笔定金属于130合同项下，必然会就被申请人未能足额支付定金向被申请人提出异议或者进行催收，而申请人始终未能提交任何证据证明其曾经提出过此种异议或者进行过此种催收；似乎是一种巧合，根据申请人和德国C公司确认订单约定的15%定金条款计算，该份订单项下定金应为55003.50欧元。被申请人支付的人民币60万元与此差相仿。仲裁庭相信，申请人事实上已经将该笔人民币60万元定金兑换为欧元用于向德国C公司支付订单定金55003.50欧元。但尽管如此，仲裁庭认为，作为一个理性的商人，如果确信被申请人支付的人民币60万元属于130合同项下应支付定金的一部分的话，没有理由对剩余未付部分不提出异议或者加以催收。申请人对此未能举证也未能作出有说服力的解释；无论是有意回避还是无意疏忽，如果事实上申请人对剩余未付部分定金的确未提出异议或者加以催收，在双方当事人都未能进一步提交直接证据对各自主张加以证实的情况下，仲裁庭认为，关于申请人接受了被申请人明确提出的人民币60万元属于131合同项下说法的推断应当是合理的。仲裁庭也注意到，申请人于2005年11月21日"协议书"中声称其认为被申请人支付的该笔定金分属两份合同项下，但是仲裁庭认为，申请人在其后与被申请人的往来信函中并没有坚持这一立场，在本次提起仲裁申请中更没有坚持这一立场，足以说明其观点前后不一，自相矛盾。

其次，申请人先后于2006年5月29日、2006年6月5日和2006年6月8日三份书面信函中作出如下相关文字表述："合同书中确定30%定金"、"验完货后，您再开L/C给我们，30%定金、70%L/C，装船后通过双方银行议付L/C时，卖方并付上（应为"附上"之笔误——仲裁庭注）合同总额5%的保函"、"现在您方订购的机械已完成，请您按合同条款开出70%L/C（30%定金已付）"。而似乎又是一种巧合，131合同总额183000欧元的30%为54900欧元，又与被申请人支付的人民币60万元差相仿。仲裁庭推断，双方当事人对于131合同项下须支付定金曾经达成过口头协议或者其他默契，而在最终形成131合同文本的时候并未作出此项约定，但是在实际履行131合同过程中，申请人尽管可能最初对人民币60万元定金的归属有与被申请人不一致的理解，但是在其后就131合同履行事宜的协商过程中事实上已经接受了被申请人支付的人民币60万元归属于131合同项下货款的主张。

申请人曾提出，131合同没有约定定金条款，2006年2月20日重新签订的131合同也没有增设定金条款，因而被申请人在131合同项下支付定金没有合同依据。换言之，被申请人在130合同项下支付定金是有合同依据的。仲裁庭认为，根据《中华人民共和国担保法》第九十条关于"定金合同从实际交付定金之日起生效"的规定，定金约定属实践性法律行为。其是否成立，不仅要考察合同当事人的合意，而且要考察定金是否实际交付。双方当事人在130合同项下的确约定了定金条款，但是根据前述分析，仲裁庭认为130合同约定的定金没有实际交付。

申请人曾提出，2006年5月29日"回函"中提及的"合同书中确定30%定金"乃指申请人与德国制造商的合同约定而言，但申请人以商业机密为由未能提交相关证据。仲裁庭认为，根据该"回函"相关段落的上下文语气和文意连贯程度，特别是结合申请人2006年6月5日和2006年6月8日书面信函中的文字表述进行分析，申请人的观点不能成立。即便申请人主张确实，其也应当承担举证不能的不利后果。

申请人曾提出，如果人民币60万元应归属于131合同项下，被申请人为131合同开立信用证就不应是100%合同金额而应是70%金额。仲裁庭认为，被申请人关于开立100%合同金额信用证目的在于希望得到100%合同金额发票的解释是合理的，被申请人发给申请人的书面信函中也多次提及开立100%合同金额信用证同时要求退还人民币60万元定金。申请人的观点不能成立。

3. 关于130合同是否已经协议解除和相关责任问题。

《中华人民共和国合同法》第九十三条第一款规定："当事人协商一致，可以解除合同"。被申请人主张其已经通过2005年11月30日"告知函"明确终止130合同，但未能提交任何证据证明申请人与其就此达成一致。被申请人提出的其未支付定金也没有其他履行行为说明130合同已经得以解除的主张，混淆了定金作为担保条款与主合同的关系，没有法律依据，仲裁庭不予认可。被申请人提出的申请人以行为表明其同意解除130合同的主张，没有事实依据，仲裁庭也不予认可。据此仲裁庭认定，130合同未经协议解除。

《中华人民共和国合同法》第六十条第一款规定："当事人应当按照约定全面履行自己的义务"。仲裁庭认为，被申请人未履行130合同约定的支付定金义务，以及根据其对于130合同已经协议解除的错误认识未履行支付货款和收取货物的合同义务，应当承担一定违约责任。仲裁庭同时认为，申请人在未与被申请人就解除130合同达成一致的情况下，为履行130合同约定义务向德国C公司发出订单，是正常合理的履约行为。但是，在被申请人未能根据130合同约定在合同签订之日后14天内（2005年11月11日之前）如数支付130合同定金的情况下，申请人并未及时通知德国C公司暂停确认订单；与此相反，在德国C公司于2005年12月5日确认订单之后，还于2005年12月16日向德国C公司支付了采购定金55003.50欧元。同时，在德国C公司确认订单之后，以及在至迟2006年6月货已备妥之后，申请人仍未与被申请人就是否继续支付130合同定金和继续履行130合同进行联系和确认。《中华人民共和国合同法》第一百一十九条规定："当事人一方违约后，对方应当采取适当措施防止损失的扩大；没有采取适当措施致使损失扩大的，不得就扩大的损失要求赔偿。"据此仲裁庭认为，申请人未能采取适当措施防止损失扩大，也应当承担一定责任。

（五）关于其他问题

1. 130合同性质问题和时效问题。

被申请人主张，130合同属于国内交易，申请人提起本案仲裁申请已超过法律规定的诉讼时效；申请人则主张，130合同属于国际货物买卖合同，而因国际货物买卖合同争议申请仲裁的期限为四年，申请人提起本案仲裁申请并未超过时效。

仲裁庭认为，130合同的一方当事人为香港注册的有限公司，130合同属于国际货物买卖合同。至于合同标的物的实际产地、合同文本样式、合同中关于货款支付方式和货物运输方式的约定是否与通常意义上的国际货物买卖合同相一致，均不应影响130合同的国际货物买卖合同性质。

《中华人民共和国合同法》第一百二十九条规定："因国际货物买卖合同和技术进出口合同争议提起诉讼或者申请仲裁的期限为四年，自当事人知道或者应当知道其权利受到侵害之日起计算"。仲裁庭据此认定，申请人提起本案仲裁申请，并未超过法律规定时效。

2. 131合同效力问题。在提出赔偿损失和解除合同的仲裁请求之后，申请人还主张，131合同应因显失公平而被宣布无效。仲裁庭认为，131合同不属于本案仲裁庭审理范围之内，决定不予考虑。

（六）关于申请人的仲裁请求

根据前述分析，仲裁庭认定申请人无权在本案所涉130合同项下扣收被申请人在131合同项下向其支付的人民币60万元定金；就被申请人在130合同项下的违约行为，仲裁庭酌情认定被申请人应当向申请人支付赔偿金人民币20万元；关于申请人提出的被申请人赔偿其律师费人民币37000元的请求，根据本案实际情况，仲裁庭决定被申请人应向申请人赔偿律师费人民币10000元；鉴于被申请人已经明确表示不再履行130合同和本案实际情况，仲裁庭决定解除本案所涉130合同。

（七）关于本案仲裁费的承担

鉴于申请人的大部分仲裁请求被驳回，仲裁庭认为本案仲裁费应由申请人承担60%，被申请人承担40%。

（八）关于被申请人选定的仲裁员×××的实际费用

仲裁庭认为，关于被申请《选定的仲裁员×××的实际费用》应由被申请人自行承担。

三、裁决

综上，仲裁庭对本案裁决如下：

1. 被申请人向申请人赔偿人民币20万元。

2. 被申请人向申请人补偿律师费人民币1万元。

3. 解除SH2005130号合同。

4. 驳回申请人其他仲裁请求。

5. 本案仲裁员×××实际费用人民币3469元，由被申请人承担。上述费用与被申请人向仲裁委员会预缴的实际费用人民币6000元冲抵后，尚余人民币2531元将由仲裁委员会退还被申请人。

6. 本案仲裁费为12381美元，由申请人承担60%，计7428.60美元；由被申请人承担40%，计4952.40美元。申请人已全额预缴12381美元，本案仲裁费由申请人预缴的等额仲裁预付金相冲抵，被申请人应向申请人偿付3714.30美元。

　　以上第1、第2、第6被申请人应向申请人支付的款项，被申请人应于本裁决生效之日起30日内支付完毕。

　　本裁决为终局裁决，自作出之日起发生法律效力。

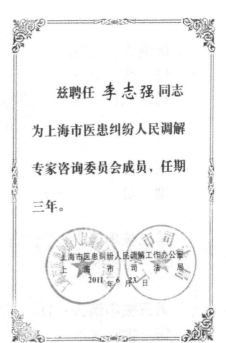

兹聘任 李志强 同志

为上海市医患纠纷人民调解

专家咨询委员会成员，任期

三年。

上海市医患纠纷人民调解工作办公室

上　海　市　司　法　局

2011 年 6 月 23 日

上海国际经济贸易仲裁委员会

（上海国际仲裁中心）

融资租赁争端裁决书

申请人：A公司

住　所：××××

代理人：××××律师事务所
　　　　××××律师

第一被申请人：B公司

地　址：××××

第二被申请人：C公司

地　址：××××

第三被申请人：D

住　址：××××

上　海

二〇一四年×月×日

裁 决 书

上海国际经济贸易仲裁委员会（又名上海国际仲裁中心，原名中国国际经济贸易仲裁委员会上海分会，以下简称本会）根据申请人A公司（以下简称申请人）和第一被申请人B公司（以下简称第一被申请人）、第二被申请人C公司（以下简称第二被申请人）签订的编号为DLCN12121的《附购买选择权之融资租赁合同》（以下简称融资租赁合同或合同）及第三被申请人D公司（以下简称第三被申请人）出具的个人担保函中的仲裁条款，以及申请人于2014年1月6日向本会提交的仲裁申请，在申请人办理了预缴仲裁费等相关手续后，于2014年1月13日受理了上述系争合同及个人担保函项下争议仲裁案。案件编号为××××。本案仲裁程序适用2013年5月1日起施行的《上海国际经济贸易仲裁委员会（上海国际仲裁中心）仲裁规则》（以下简称《仲裁规则》）。

本会秘书处（以下简称秘书处）于2014年1月13日向申请人发出受理通知、《仲裁规则》及仲裁员名册，于2014年1月17日向被申请人发出仲裁通知、《仲裁规则》及仲裁员名册，并随附申请人提交的仲裁申请书和附件材料。

前述寄给被申请人的仲裁通知，秘书处以EMS特快专递方式寄往第一被申请人的地址"××××"、第二被申请人的地址"××××"及第三被申请人的住址"××××"，后因"原址查无此单位"、"迁移新址不明"的理由被邮局退回。秘书处将上述情况告知申请人后，申请人提交"有关被申请人地址事宜之说明"，表示其提供的被申请人地址及住址均是被申请人最后一个为申请人所知的地址，并提请本会继续进行仲裁程序。根据《仲裁规则》第六十一条第（二）款规定："向一方当事人及/或其仲裁代理人发送的任何书面通信，如经当面递交受送达人或投递至受送达人的营业地、注册地、住所地、惯常居住地或通信地址，或者经对方当事人合理查询不能找到上述任一地点，本会秘书处以挂号信或能提供投递记录的其他任何手段投递给受送达人最后一个为人所知的营业地、注册地、住所地、惯常居住地或通信地址，即应视为已经送达。"上述材料应视为已经送达。本案此后邮寄给被申请人的所有书面通知或文件也均以EMS特快专递方式寄往被申请人的前述地址，并均以相同理由被退回，该等通知或文件均应视为已经送达，此后不一一赘述。

根据《附购买选择权之融资租赁合同》第十九条的约定，本案由三名仲裁员组成仲裁庭进行审理。申请人未能在《仲裁规则》规定的期限内选定或委托本会主任指定仲裁员，本会主任为其指定×××先生为仲裁员；被申请人未能在《仲裁规则》规定的期限内选定或委托本会主任指定仲裁员，本会主任为其指定×××先生为仲裁员；鉴于申请人与被申请人未能按照《仲裁规则》的规定共同选定或共同委托本会主任指定首席仲裁员，本会主任根据《仲裁规则》第二十二条第（四）款的规定指定×××先生担任首席仲裁员。前述三位仲裁员均签署了仲裁员声明书，于2014年3月21日组成仲裁庭共同审理本案。仲裁庭决定于2014年4月12日进行开庭审理，秘书处于2014年3月21日向申请人和被申请人寄送了仲裁庭组成通知及开庭通知。

2014年4月12日，仲裁庭在本会所在地开庭审理本案。申请人的代理人出席了庭审，三位被申请人均未到庭，也未向仲裁庭说明不出庭的理由。仲裁庭根据《仲裁规则》第三十五条第（二）款的规定，对本案进行了缺席审理。申请人的仲裁代理人陈述了仲裁请求所依据的事实与理由，进行了举证，回答了仲裁庭的提问，并发表了最后陈述意见。庭审结束前，仲裁庭对庭后仲裁程序的进行作出了安排。

庭后，申请人于2014年4月16日提交了代理意见。秘书处将该材料转寄被申请人及仲裁庭，并受仲裁庭委托将开庭审理的情况函告知被申请人。

有关本案的一切法律文件、通知和材料均已由秘书处依照《仲裁规则》第六十一条的规定，有效送达本案当事人和仲裁庭。

本案业已审理终结。仲裁庭根据已查明的事实和证据，以及应当适用的法律，对本案做出终局裁决。现将本案案情、仲裁庭意见及裁决分述如下：

一、本案案情

2012年5月29日，申请人、第二被申请人以及供应商E公司（以下简称供应商）签订了《买卖合同之"变更协议"》，该协议对供应商与第二被申请人于2012年1月20日签订的合同号为BY20120118-Licheng-Bystar L的买卖合同进行了变更，约定由申请人代替第二被申请人的地位作为买方向供应商购买第二被申请人指定的型号为Bystar L 4025-80/6000 W的一台数控CO_2激光切割机床。同日，第一被申请人和第二被申请人分别作为承租人和共同承租人与作为出租人的申请人签订了本案系争《融资租赁合同》，该合同约定申请人将其购买的前述设备通过融资租赁的方式提供给第一被申请人和第二被申请人使用。

为担保融资租赁合同的履行，第三被申请人向申请人出具了担保函，承诺对第一被申请人、第二被申请人与申请人签订的《融资租赁合同》项下第一被申请人和第二被申请人支付租金、付息及支付有关费用等义务承担连带责任保证。

《融资租赁合同》约定：融资租赁期限为36个月，每一个月支付一期租金。第一期租金的支付时间为起租日，其后的每期租金分别在相应支付期首月的第1日支付。2012年6月28日，申请人根据合同约定支付了融资款人民币5460000元。

起租开始后，第一被申请人和第二被申请人长期拖欠租金，申请人多次催讨无果。截至2014年1月3日仲裁庭开庭，第一被申请人和第二被申请人已拖欠第9~19期共11期租金，在申请人多次通过电话、传真、信函等方式催要逾期租金和逾期利息的情况下，第一、第二被申请人仍拒不履行融资租赁合同约定的付款义务，根据《融资租赁合同》第十七条、第十八条的规定，第一被申请人和第二被申请人已发生严重违约事件，申请人根据法律规定和合同约定要求解除合同，收回租赁物，由第一被申请人和第二被申请人支付已到期租金和逾期利息，并要求第三被申请人一并承担相应的担保责任。

综上，申请人提出仲裁请求如下：

1. 确认租赁设备即一台数控CO_2激光切割机床（型号：Bystar L 4025-80/6000 W；序列号：30016339）的所有权人为申请人A公司。

2. 解除申请人与第一被申请人、第二被申请人签署的合同号为DLCN12121的《附购买选择权之融资租赁合同》，第一被申请人、第二被申请人向申请人返还租赁物即一台数控CO_2激光切割机床（型号：Bystar L 4025-

80/6000 W；序列号：30016339）。

3. 第一被申请人、第二被申请人向申请人支付本案仲裁裁决作出之日的已到期租金（暂计算至申请仲裁之日的已到期租金为人民币1985841元）。

4. 第一被申请人、第二被申请人向申请人支付截至2014年1月3日的逾期利息人民币153902.68元，以及自2014年1月4日起至实际支付日按日万分之五计算的逾期租金利息。

5. 第三被申请人对前述第三、第四项请求所涉款项承担连带清偿责任。

6. 仲裁费用由被申请人方承担。

为证明上述主张，申请人提交了以下十组证据材料，并当庭补充了证据清单及说明。

证据一：申请人的营业执照复印件。

证明：申请人的主体资格。

证据二：第一被申请人、第二被申请人的工商登记文件。

证明：第一被申请人、第二被申请人主体资格。

证据三：第三被申请人的居民身份证。

证明：第三被申请人的主体资格。

证据四：《附购买选择权之融资租赁合同》。

证明：申请人与第一被申请人、第二被申请人之间存在融资租赁合同关系以及提起仲裁的依据。

证据五：合同《买卖合同之"变更协议"》。

证明：申请人代替第二被申请人的地位作为买方向供应商购买第二被申请人指定的租赁物即一台型号为Bystar L 4025-80/6000W的数控CO_2激光切割机床。

证据六：个人担保函。

证明：第三被申请人承诺对第一被申请人、第二被申请人与申请人签订的合同号为DLCN12121的融资租赁合同项下第一被申请人和第二被申请人支付租金、付息及支付有关费用等义务承担连带责任保证。

证据七：起租通知书及附件融资租赁租金支付明细、关于调整租金标准的说明。

证明：1. 申请人通知第一被申请人、第二被申请人自2012年7月1日正式起租。2. 每期租金的支付时间及数额。

证据八：收到客户首付租金确认书、首付租金发票、支付融资款的银行凭证、供应商向申请人开具的购买租赁物的发票、融资租赁登记——初始登记。

证明：申请人已购买租赁物，租赁物即一台数控CO_2激光切割机床（型号：Bystar L 4025-80/6000 W；序列号：30016339）的所有权人为申请人。

证据九：律师函及相关邮寄凭证。

证明：申请人曾专门委托律师发函催要拖欠的租金和逾期利息。

证据十：截至2014年1月3日的逾期租金及逾期利息计算表。

证明：截至2014年1月3日，两被申请人拖欠已到期租金人民币1985841.00元，逾期利息为人民币153902.68元。

申请人代理人庭后提交如下主要代理意见：

1. 承租人单方面不履行《融资租赁合同》约定的义务，已经构成严重违约，依法应承担全部的违约责任。

（1）第一被申请人和第二被申请人拖欠申请人多期租金，申请人多次致函催要拖欠租金无果，2013年9月11日申请人专门委托外部律师发函催讨租金，第一被申请人和第二被申请人仍拒不支付租金。截至本案开庭之日（2014年4月12日），第一、第二被申请人尚拖欠申请人第9~22期共14期到期租金，根据《附购买选择权之融资租赁合同》第十九条"若承租人和/或共同承租人发生下列任何情况，将视做违约事件：拖延支付任何一期租金或租金的部分，并且在出租人提出书面警告后7个工作日内仍不付款；……"的规定，第一、第二被申请人的行为已经构成违约。

（2）申请人为依法成立的专业融资租赁公司，即使有少部分的承租人如第一被申请人和第二被申请人一样拖欠租金，申请人都将无力生存下去。如果对于被申请人这种恶意拖欠租金行为不加以制止，很可能会导致其他承租人的效仿，这将严重影响到申请人的正常经营。所以，为维护法律的权威和合同的严肃性，被申请人必须对其违约行为承担全部责任。

2. 申请人要求解除合同，收回租赁物，同时要求承租人支付仲裁裁决作出之日的已到期租金的两项仲裁请求，有充分的合同依据，且于法不悖，依法应予以支持。

（1）该两项仲裁请求的合同依据非常明确、充分。《融资租赁合同》第十八条规定："发生任何违约事件，出租人有权行使下列权利的一项或数项：向承租人和/或共同承租人追索本合同项下全部已到期和未到期的租金、期末购买价格（如有）及其他应付款项；终止本合同，收回并处分租赁物件……"也就是说，根据双方的合同约定，在承租方违约的情况下，作为出租方的申请人既可以解除合同，收回租赁物，也可以同时要求承租方支付已到期租金。

（2）申请人既主张收回租赁物，同时又主张仲裁裁决作出之日的已到期的仲裁请求，符合现行法律规定。申请人注意到，本案受理后，最高人民法院发布了《关于审理融资租赁合同纠纷案件适用法律问题的解释》（以下简称《司法解释》），《司法解释》第二十一条规定："出租人既请求承租人支付合同约定的全部未付租金又请求解除融资租赁合同的，人民法院应告知其依照合同法第二百四十八条的规定作出选择。"申请人认为，《司法解释》对出租人既要求解除合同收回租赁物同时又要求承租人支付全部已到期和未到期租金的做法进行了禁止，而就本案而言，申请人在要求收回租赁物的同时仅主张仲裁裁决作出之日的已到期租金，巨额的未到期租金部分申请人并未主张，申请人的前述仲裁请求与司法解释并不相悖。况且，从《司法解释》出台后的司法实践来看，在承租人违约的情况下，对于出租人主张解除合同收回租赁物同时主张承租人支付已到期租金的请求，法院对此持支持意见，原因在于，出租人的上述主张并不违反现行法律和新出台的《司法解释》。

退一步而言，《司法解释》仅对各级法院有约束力，对仲裁庭没有法律上的约束力。根据《中华人民共和国仲裁法》第七条、第八条的规定：仲裁应当根据事实，符合法律规定，依法独立进行。也就是说，仲裁庭的仲裁裁决需要符合全国人大制定的法律，仲裁法并未要求仲裁庭的裁决必须符合司法解释的规定，更何况，实践中对司法解释相关条款的理解仍存在较大的争议，基于此，申请人认为，仲裁庭应充分尊重当事人的意思自治，依据当事人的合同约定予以裁决。

第一、第二、第三被申请人未出席庭审，也未提交书面答辩意见和证据材料。

二、仲裁庭意见

（一）关于系争《融资租赁合同》的效力

由于《融资租赁合同》系本案双方当事人在完全自愿的基础上经协商一致签订的，是双方当事人真实意思的表示，且内容也未违反中国现行法律及行政法规关于合同效力的强制性规定。因此，根据《中华人民共和国合同法》（以下简称《合同法》）第四十四条"依法成立的合同，自成立时生效"的规定，仲裁庭确认《附购买选择权之融资租赁合同》是合法有效的，对双方当事人均具有法律约束力。双方当事人应按照合同约定的内容履行各自的义务。

（二）关于被申请人的违约行为

根据申请人提供的《融资租赁合同》、合同、《买卖合同之"变更协议"》、收到客户首付租金确认书等证据显示，在《融资租赁合同》签订之后，申请人已按照约定向供应商购买了系争设备并交付被申请人使用，且被申请人也已接受了该设备。因此，申请人已履行了其在《融资租赁合同》项下的义务。

另一方面，根据申请人所提交的还款记录证明，被申请人未按照《融资租赁合同》约定支付款项：截至2014年4月14日，第一被申请人和第二被申请人已拖欠第9期至第22期共14期租金，在申请人多次通过电话、传真、信函等方式催要逾期租金和逾期利息的情况下，第一、第二被申请人仍拒不履行融资租赁合同约定的付款义务。

鉴于第一被申请人与第二被申请人并未提供证据反驳上述事实，因此仲裁庭对被申请人未支付上述款项的事实予以确认，根据《融资租赁合同》第十七条第一款的规定，第一、第二被申请人迟延支付上述款项的行为构成违约。

（三）关于申请人的解除《融资租赁合同》的仲裁请求

本案《融资租赁合同》第十八条约定："若发生任何违约情形，出租人有权行使下列一项或多项措施：1. 向承租人和/或共同承租人追索本合同项下全部已到期和未到期的租金，期末购买价格（如有）及其他应付账款；2. 终止本合同，收回并处分租赁物件，处分所得用于补偿出租人损失（处分所得指扣除了租赁物件收回、运输、存储、销售成本后的净收入）；3. 无须通知承租人，若租赁物件无法使用或租赁物停止造成的损失及后果由承租人自行承担；4. 要求承租人和/或共同承租人承担出租人为执行本合同项下权利而发生的费用（包括但不仅限于仲裁费和律师费）。上述救济不足以弥补出租人损失的，出租人有权要求承租人和/或承租人继续补偿差额。鉴于承租人和共同承租人对租赁义务承担连带责任，出租人可按其自行酌定向承租人和/或共同承租人行使上述救济。若出租人向承租人或共同承租人中任何一个行使上述救济权利，出租人无须先行向另一方采取任何行动，也不应在任何情况下视做对另一方权利的放弃。

仲裁庭注意到，在第一、第二被申请人未按合同约定支付租金和利息构成违约的情况下，申请人于2013年9月11日向被申请人发送了一封律师函，要求被申请人安排付款，在2013年9月16日前将租金、逾期利息等，否则将采取进一步的法律措施。然而，被申请人并未在申请人指定的期限内支付租金及逾期利息，根据《融资租赁合同》第十八条第一项的约定，申请人在此情形下有权提前解除上述协议。因此，仲裁庭对申请人要求解除《融资租赁合同》的仲裁请求予以支持。

（四）关于申请人的返还租赁物的仲裁请求

《合同法》第二百四十二条规定："出租人享有租赁物的所有权"。《融资租赁合同》第十一条"出租人对租赁物件的权利"约定："在整个租赁期内，租赁物件的所有权由出租人享有，未经出租人事先书面同意，承租人和/或共同承租人不得改动租赁物件和/或转予第三方占有、使用"。所以，基于上述法律规定以及当事人的意思自治，仲裁庭确认申请人作为本案中的出租人，对系争机器设备拥有所有权。

《合同法》第九十八条规定："合同的权利义务终止，不影响合同中结算和清理条款的效力。"因此，在申请人解除《融资租赁合同》后，其第十八条救济的规定仍然有效。被申请人应当按照此条的规定向申请人归还租赁物。所以，在合同解除的情况下，申请人也有权依据其对上述租赁物享有的所有权而要求被申请人返还该租赁物。因此，仲裁庭对申请人的该项仲裁请求予以支持。

（五）关于支付已到期租金以及逾期利息的仲裁请求

本案中，被申请人未能按时支付《融资租赁合同》项下的租金，且在申请人多次催要到期未付租金和逾期利息的情况下，被申请人仍未履行该付款义务。

仲裁庭在前述意见中已认定被申请人没有按期履行合同的付款义务，其行为构成违约，应按照合同约定和法律规定承担违约责任。

但2014年3月1日起实施的《最高人民法院关于审理融资租赁合同纠纷案件适用法律问题的解释》为了防止对于出租人的双重保护，在第二十一条中规定：出租人既请求承租人支付合同约定的全部未付租金又请求解除融资租赁合同的，人民法院应告知其依照《合同法》第二百四十八条的规定作出选择。即只能在支付全部未付租金与解除租赁合同中选择一者。

本案中申请人既提出了解除租赁合同、返还租赁物的仲裁请求，也提出了支付已到期租金的仲裁请求。仲裁庭发现，根据双方当事人签订的《融资租赁合同》，该租赁合同的租赁期为36个月，每月支付一次租金，起租日为2012年7月1日。虽然这里的已到期租金与租赁期满时的全部未付租金不一致，但应属于司法解释中的全部未付租金中的一部分。仲裁庭认为，申请人在申请解除合同返还租赁物的同时不能要求被申请人支付全部未支付租金，但对申请人要求支付已到期租金的请求应作进一步分析。

虽然申请人不能同时申请支付全部未支付租金，但是可以要求承租人对出租人造成的损失进行损失赔偿。《合同法》第一百一十三条规定："当事人一方不履行合同义务或者履行合同义务不符合约定，给对方造成损失的，损失赔偿额应当相当于因违约所造成的损失，包括合同履行后可以获得的利益，但不得超过违反合同一方订立合同时预见到或者应当预见到的因违反合同可能造成的损失。"据此，如果本案中承租人能按照合同约定履行合同，那么出租人将得到所有已到期租金，所以仲裁庭认为这里出租人诉求的已到期租金和逾期利息赔付可以作为对于承租人违约的损失赔偿额。

仲裁庭注意到，被申请人自2013年7月1日起已向申请人支付了部分租金共8期，但自2014年3月1日开始停止支付租金，至2014年4月14日仲裁庭开庭审理本案共欠14期租金。仲裁庭认为对申请人要求被申请人偿付已到期租金可予以认可。

关于逾期利息的计算，与租赁物的起租日和租金的支付日相关。对于起租日，根据证据七起租通知书表明起租日为2012年7月1日。而关于租金的支付日，《融资租赁合同》附表载明租金的支付方式为：每一月支付一次，月初支付。每期租金的支付日为每月第1日，若第一日不是营业日应于前一营业日支付。

根据《融资租赁合同》第五条迟延利息约定，被申请人应向申请人支付未支付租金部分的逾期利息，逾期利息按照租赁表中的逾期利息计算。共同承租人对迟延利息负有连带责任。经审理查明，被申请人支付了第1期至第8期部分租金，未能支付第9期租金至第22期租金（至2014年4月12日开庭时）。上述已到期租金存在不同程度的迟延付款情况。根据《融资租赁合同》附表载明由此产生的逾期利息应按照实际逾期天数与逾期日利息率万分之五计算仲裁庭对申请人对于逾期利息的仲裁请求予以支持。

（六）关于第三被申请人承担连带清偿责任的仲裁请求

仲裁庭认为，第三被申请人签署的个人担保函中的约定，其就第一被申请人、第二被申请人与申请人签订的《融资租赁合同》项下第一被申请人和第二被申请人支付租金、付息及支付有关费用等义务承担连带责任保证。因此，仲裁庭对该项仲裁请求予以支持。

（七）关于本案的仲裁费用

根据《仲裁规则》第四十八条第（一）款"仲裁庭有权在仲裁裁决书中裁定当事人最终应向本会支付的仲裁费和其他费用"的规定，仲裁庭裁定本案的仲裁费用全部由被申请人承担。

三、裁决

仲裁庭依法裁决如下：

1. 确认租赁设备即一台数控CO_2激光切割机床（型号：Bystar L 4025-80/6000 W；序列号：30016339）的所有权人为申请人。

2. 解除申请人与第一被申请人、第二被申请人签署的合同号为DLCN12121的《附购买选择权之融资租赁合同》，第一被申请人、第二被申请人向申请人返还租赁物即一台数控CO_2激光切割机床（型号：Bystar L 4025-80/6000 W；序列号：30016339）。

3. 第一被申请人、第二被申请人向申请人支付本裁决作出之日的已到期租金作为违约损失赔偿金，其中计算至2014年1月3日的已到期租金为人民币1985841元，2014年1月4日之裁决作出之日的已到期租金按每期人民币180531元计算。

4. 第一被申请人、第二被申请人向申请人支付截至2014年1月3日的逾期利息人民币153902.68元，以及自2014年1月4日起至实际支付日按日万分之五计算的逾期利息。

5. 第三被申请人对前述第3、第4项裁决所涉款项承担连带清偿责任。

6. 本案仲裁费为78448元，全部由被申请人承担。鉴于申请人业已预缴全额仲裁费，故被申请人应向申请人偿付仲裁费人民币78448元。

上述第3、第4、第6项费用，被申请人应于本裁决作出之日起10日内支付给申请人。

本裁决为终局裁决，自作出之日起生效。

上海仲裁委员会
足球俱乐部纠纷裁决书

（2008）沪仲案字第×××号

申请人：×××足球俱乐部有限公司

住　所：××××

法定代表人：×××　×××公司经理

委托代理人：×××　×××律师事务所律师

被申请人：×××足球俱乐部有限公司

住　所：××××

法定代表人：×××　×××公司经理

委托代理人：×××　×××律师事务所律师

委托代理人：×××　×××律师事务所律师

上　海

二〇〇八年×月×日

裁 决 书

上海仲裁委员会（以下简称仲裁委）根据申请人×××足球俱乐部有限公司（以下简称申请人）2008年8月25日提交的仲裁申请书以及申请人与被申请人×××足球俱乐部有限公司（以下简称被申请人）于2008年7月23日确认的回函中的仲裁条款，于2008年8月25日受理了申请人与被申请人之间的股东权益纠纷案。之后，仲裁委向申请人发送了受理通知书及附件《上海仲裁委员会规则》（以下简称《仲裁规则》）、仲裁员名册，向被申请人寄发了仲裁通知书、仲裁申请书副本及附件、《仲裁规则》、仲裁员名册。

根据《仲裁规则》的规定，本案适用简易程序，由一名仲裁员组成仲裁庭进行审理。在《仲裁规则》规定的期限内，申请人选定李志强仲裁员、×××仲裁员、×××仲裁员为仲裁庭的仲裁员，被申请人选定李志强仲裁员为仲裁庭的仲裁员。由于双方当事人共同选定李志强仲裁员为本案仲裁庭的仲裁员，根据《仲裁规则》的规定，本案由李志强仲裁员成立仲裁庭进行审理。仲裁委指定×××担任本案办案秘书并负责本次开庭记录。

被申请人在规定的时间内未提交书面答辩书及相应证据材料。仲裁庭审阅了申请人提交的仲裁申请书及有关材料，并于2008年10月8日对本案进行了审理，申请人委托代理人×××律师、被申请人委托代理人×××律师出庭参加庭审，双方进行了陈述、举证、质证和辩论。仲裁庭在征得双方同意的基础上进行了调解，但未获成功。本案现已审理终结。

本案当事人意见、仲裁庭查明的事实、仲裁庭意见、裁决分述如下：

一、当事人意见

申请人在仲裁申请书中称：申请人系被申请人股东之一，持有被申请人28.5%的股权，申请人了解到×××税务机关向被申请人发出了税务处理决定书，认定被申请人的经营状况、财务处理以及纳税情形存在重大问题。因此，申请人为行使股东权利，于2008年7月15日致函被申请人，要求查阅被申请人的会计账簿并要求对被申请人成立以来的收支情况进行审计。2008年7月23日，被申请人复函，表示同意申请人的要求，并提出因"×××球队公众形象因素"，希望双方在出现争议时通过不公开的仲裁方式解决。嗣后，被申请人并未履行其承诺的提供会计账簿及审计义务。被申请人的行为已严重违反了诚实信用的原则，侵害了申请人的股东权利。故申请人特向仲裁委提出仲裁申请，仲裁请求为：

1. 请求裁决被申请人立即向申请人提供全部会计账簿。

2. 请求裁决对被申请人成立以来的收支情况进行审计。

3. 本案仲裁费用、审计费用由被申请人承担。

申请人对其主张提供了下列证据：

1. 2007年10月10日订立的×××足球俱乐部有限公司章程，证明申请人为被申请人股东及持股比例事实以及申请人享有股东权利。

2. 2008年5月26日税务处理决定书证明被申请人经营过程中所产生的问题，已经严重侵害了原告的合法权益，以及申请人要求查账的动因。

3. 2008年7月15日关于请求查阅公司账簿等的申请证明申请人已就查阅被申请人账簿及要求对企业收支情况进行司法审计向被申请人要求并告知。

4. 2008年7月23日回函证明被申请人同意公开账簿及对企业收支情况进行司法审计以及对上海仲裁委员会管辖权的约定。

5. 增资扩股协议书证明申请人的股权情况以及对于公司完全有管理和控制等实际经营权。

6. 公司变更登记申请书证明被申请人前身为×××足球俱乐部有限公司这一事实。

申请人委托代理人在代理意见中阐明了以下观点：

1. 申请人作为被申请人的控股股东，依法享有对公司的经营管理权和对公司的经营状况及财务状况的法定知情权。

2. 被申请人的巨额欠税行为已对申请人的合法权益造成严重损害，申请人有权对被申请人自开业至今的所有财务会计报告及附属明细表（包括资产负债表、财务状况变动表、财务状况说明书、利润分配表）等进行审计、查阅及复制，从而有效行使申请人的股东权利及对公司的经营管理权。

3. 本申请人所称其财务会计账簿被×××国家税务局调取、不再在其公司处等均与事实不符。其用意实为拒绝、阻碍申请人行使股东权利，并对有关财务会计账簿进行查阅及复制，故其行为显属违法。

被申请人当庭答辩称：对于被申请人向申请人提供全部会计账簿，申请人是愿意的，但当时是在税务机关手中，后来又返回给了另一个股东。对于申请人要求对被申请人成立以来的收支情况进行审计，被申请人认为没有法律规定，不予同意。

被申请人对申请人证据的质证意见如下：

证据一：真实性无异议。

证据二：确实已收到该处罚决定书，真实性没有异议，但尚在协调过程中，最终处罚结果可能会变更。

证据三：真实性没有异议。

证据四：希望庭后看原件。

对证据五、证据六均无异议。

二、仲裁庭查明的事实

本庭根据申请人提交的上述证据及被申请人的质证意见审查后认为：被申请人对申请人提供的证据一、二、三、五、六的真实性均无异议，申请人已将证据四原件提供给被申请人，本庭对上述证据所涉及的事实予以确认。对于被申请人提出的当时会计账簿是在税务机关手中，后来又返回给了另一个股东的答辩意见，因被申请人未提供相应的证据证明，本庭不予采信。

经审理查明：申请人系被申请人的股东之一，持有被申请人28.5%的股权，申请人作为被申请人的相对控股方，完全拥有被申请人的经营权。2008年5月26日×××国家税务局向被申请人发出了税务处理决定书，申请人得知后于2008年7月15日向被申请人发出关于请求查阅公司账簿等的申请（以下简称申请），2008年7月23日被申请人在向申请人发出的回函中表示，同意提供所有会计账簿及委托上海司法会计中心进行审计，若申请人对被申请人回复的关于查阅会计账簿及审计事宜有异议的，申请人可以通过上海仲裁委员会

按其仲裁规则予以仲裁。截至申请人提出仲裁申请之日，被申请人并未向申请人履行其在回函中所称的有关提供会计账簿及审计的义务。

三、仲裁庭意见

1. 关于被申请人是否应向申请人提供全部会计账簿的问题。

申请人系被申请人的股东之一，根据《中华人民共和国公司法》第三十四条的规定，申请人提交的于2007年10月10日订立的《×××足球俱乐部有限公司章程》第十条、第十五条第（二）项、第四十四条第二款、第四十六条的规定，申请人有权查阅被申请人的会计账簿。

因此，本庭认为：被申请人应向申请人提供全部会计账簿。

2. 关于申请人是否有权要求审计被申请人成立以来的收支情况的问题。

2008年5月26日×××国家税务局基于被申请人少申报收入、用错税率、未按规定代扣代缴个人所得税共三项违法事实向被申请人作出税务处理决定书，申请人于2008年7月15日通过关于请求查阅公司账簿等的申请，向被申请人提出由×××中心对企业成立以来的收支情况进行审计，被申请人于2008年7月23日向申请人发出回函表示同意委托×××中心进行审计。另外，申请人提交的《增资扩股协议》第六条第1款规定，申请人作为相对控股方，完全拥有被申请人的经营权。

本庭认为：被申请人同意委托×××中心对企业的收支情况进行审计的行为，属于民事法律行为，对被申请人具有法律约束力，并且在被申请人因有关财务问题被税务机关处理的情形下，作为对被申请人拥有完全经营权的申请人，有权对被申请人的财务状况进行相应审查。

综上，本庭认为：申请人有权要求审计被申请人成立以来的收支情况。

四、裁决

根据《中华人民共和国公司法》第三十四条，《中华人民共和国民法通则》第四条、第五十七条的规定，裁决如下：

1. 被申请人应在收到本裁决书之次日起10日内向申请人提供被申请人全

部会计账簿。

2. 被申请人应在收到本裁决书之次日起10日内委托×××对被申请人成立以来的收支情况进行审计，所发生的审计费用由被申请人承担。

3. 本案仲裁费1100元，全部由被申请人承担。

本裁决书自作出之日起发生法律效力。

本裁决为终局裁决。

（著名女高音歌唱家李谷一为作者赠言）

上海国际经济贸易仲裁委员会
（上海国际仲裁中心）
国际货物买卖争端裁决书

〔2014〕沪贸仲裁字第××号

申　请　人：A公司

住　　　所：×××

法定代表人：×××

代　理　人：×××A公司员工

被申请人：B公司

住　　　所：×××

上　海

二〇一四年×月×日

裁 决 书

上海国际经济贸易仲裁委员会（又名上海国际仲裁中心，原名中国国际经济贸易仲裁委员会上海分会，以下简称本会）根据申请人A公司（以下简称申请人）的代理人和被申请人B公司（以下简称被申请人）于2010年11月16日签订的编号为LG-CN-LOG-10110901-1R的SALES AGREEMENT（以下简称销售协议或协议）中的仲裁条款，以及申请人于2013年8月16日提交的书面仲裁申请，在申请人办理了预缴仲裁费等相关手续后，于2013年8月26日受理了上述销售协议项下的争议仲裁案，案件编号为×××。

本案仲裁程序适用自2013年5月1日起施行的《上海国际经济贸易仲裁委员会（上海国际仲裁中心）仲裁规则》（以下简称《仲裁规则》）。

本会秘书处（以下简称秘书处）于2013年8月26日分别向申请人及被申请人寄送了受理通知/仲裁通知、《仲裁规则》及仲裁员名册，并向被申请人寄送了申请人提交的仲裁申请书和证据材料。秘书处通过DHL（中外运敦豪国际航空快件有限公司）向被申请人函寄的前述文件未能送达。申请人于2014年3月提交了中国驻奥克兰总领馆出具的被申请人注册信息。

根据销售协议第10条的约定，本案由本会主任指定一名独任仲裁员成立仲裁庭进行审理，本会主任由此指定李志强先生担任本案独任仲裁员。李志强仲裁员在签署了接受指定的声明书后，于2014年6月10日成立仲裁庭审理本案。仲裁庭决定本案于2014年7月4日开庭，并委托秘书处将开庭通知、组庭通知函寄双方当事人。

被申请人未就本案提交仲裁答辩书及/或证据材料。仲裁庭审阅了申请人提交的仲裁申请书及证据材料，于2014年7月4日在本会所在地开庭审理本案。申请人委派代理人出席了庭审，被申请人未派员到庭，仲裁庭根据《仲裁规则》第三十五条第（二）款规定，对本案进行了缺席审理。庭审中，申请人就其所主张的仲裁请求事项及所依据的事实和理由当庭作了陈述，出示

了证据并对证据证明的内容作了说明，回答了仲裁庭的调查提问，并作了最后陈述。庭审结束前，仲裁庭对庭后仲裁程序作出了安排，确定了提交补充证据及代理意见的期限。

申请人于2014年7月14日提交了违约说明及证明材料清单、仲裁请求重申及代理人意见及补充证据材料，秘书处于2014年7月22日将上述材料转寄给被申请人及仲裁庭，并受仲裁庭委托将庭审情况书面告知被申请人，同时给予被申请人发表质证意见及就本案争议和已进行的仲裁程序发表意见的机会，包括被申请人可以请求再次开庭。但此后被申请人未提交任何书面文件。

本案所有仲裁文书及相关材料均已按照《仲裁规则》第六十一条的规定，有效送达申请人、被申请人及仲裁庭。

本案现已审理终结，仲裁庭根据申请人提交的现有证据材料以及庭审查明的事实，依法就本案作出缺席裁决。

本案案情、仲裁庭意见及裁决结果分述如下：

一、本案案情

（一）申请人提交的仲裁申请书、违约说明及证明材料清单、仲裁请求重申及代理人意见的主要内容及仲裁请求事项

申请人主张：

申请人和案外人C公司于2010年11月16日共同委托案外人D公司作为代理开证公司与被申请人签订了本案销售协议与编号为NO:LG-CN-LOG-10110901-2R的两份销售协议（以下除特别注明外，统称两份销售协议）。本案销售协议货物金额为1071750美元。约定的最迟装运期为2010年12月25日，付款方式为30%定金预付，剩下70%货款开具即期不可撤销可转让信用证。申请人与C公司按约于2010年11月19日通过代理人D公司向被申请人支付了两份销售协议项下的30%的定金共计643050美元，并于2010年11月29日开具了符合协议约定的信用证。至此，申请人与C公司已经按约履行了到货前的所有合同义务。

虽然被申请人未能按约将销售协议项下货物于2010年12月25日前发出，

申请人仍于2010年11月25日签订补充协议，同意将交货期限延期至2011年1月30日，并两次修改了信用证的期限。被申请人却仅于2011年3月14日向申请人及C公司发出了销售协议项下748.415平方米的部分货物，该批货物由申请人及C公司依据各自所签销售协议分半收货，各自承担货款，并同意被申请人在已收取的定金中抵扣该批货物30%的货款。申请人与C公司共同委托D公司将该批货物剩余的70%货款支付给了被申请人。之后，经过申请人的多次催促，被申请人却未再交付销售协议项下剩余的货物。申请人提出的仲裁请求事项如下：

1. 被申请人按付款当日汇率美元对人民币1:6.6445向申请人退回于2010年11月19日通过代理商向其支付的进口合同金额的30%的定金，共计321525美元。

2. 被申请人向申请人支付至还款日为止的资金占用利息。

3. 被申请人需按照仲裁约定支付仲裁费用。

庭审后，申请人提交了仲裁请求重申及代理人意见、仲裁请求补充意见，将所提请的仲裁请求确认如下：

1. 裁决被申请人退还申请人预付款305416.22美元，并补偿该笔金额的汇率损失。

2. 裁决被申请人支付至还款日为止的资金占用利息。

3. 裁决被申请人支付本案仲裁费用。

（二）申请人提交的证据

申请人为证明自己的主张，提交了以下证据：

证据一：涉争销售协议。

证据二：汇出汇款证实书。证明申请人的代理人D公司于2010年11月19日向被申请人汇出了销售协议30%的定金。

证据三：申请人与D公司签订的代理协议书。

证据四：申请人开具的可转让不可撤销信用证及三次信用证修改件。

证据五：申请人代理人D公司支付的748.415立方米货物的70%货款的付款水单。

证据六：748.415立方米货物的到单单据。

证据七：中国驻奥克兰总领馆出具的被申请人主体信息。

证据八：中国工商部门出具证明申请人与C公司系关联公司的信息。

证据九：申请人与被申请人的邮件往来。

对申请人提供的上述证据，被申请人未发表质证意见。被申请人也未提交任何答辩意见及证据材料。

二、仲裁庭意见

（一）关于本案的法律适用

仲裁庭认为，本案当事人分别注册于中国、新西兰，当事人之间的交易涉及货物跨越国境的买卖关系，本案系争销售协议系国际货物销售合同。销售协议第12条约定："本合同适用中华人民共和国法律"，仲裁庭尊重当事人的约定，适用中国法律对本案作出裁决。

（二）关于涉争销售协议的效力

本案申请人与被申请人均对D公司以申请人代理人的身份与被申请人签订销售协议的事实没有异议。仲裁庭对于申请人委托D公司作为其代理人与被申请人签订系争销售协议这一事实予以确认。

本案销售协议由D公司代表申请人与被申请人于2010年11月18日签订，分别有D公司和被申请人加盖的公司公章及授权代表签字。仲裁庭根据现有证据认定，销售协议系申请人与被申请人的真实意思表示，仲裁庭也未发现其内容存在与中国现行法律、行政法规关于合同效力的强制性规定相抵触而导致合同无效的情形。根据《中华人民共和国合同法》第三十二条 "当事人采用合同书形式订立合同的，自双方当事人签字或者盖章时合同成立"的规定和销售协议第13.3条"本合同自双方签字盖章后生效……"的约定，仲裁庭认为，本案涉争销售协议依法成立并生效，对本案申请人、被申请人具有法律约束力，双方应严格按照涉争销售协议的约定以及相关法律法规规定履行义务、主张权利和承担责任。

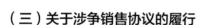

（三）关于涉争销售协议的履行

仲裁庭根据现有证据，查明与本案涉争销售协议签订及履行相关的事实如下：

1. 经D公司代表申请人和被申请人签署后，系争销售协议于2010年11月18日成立并生效。销售协议约定：被申请人向申请人提供货物新西兰辐射松原木，货物总数量7500立方米，总金额为1071750美元；最晚装运期限为"不迟于2010年12月25日"；货物装货港为新西兰任意港口，目的港为中国××港；申请人应通过D公司在销售协议签订后三个银行工作日内向被申请人支付货物总值30%的定金；D公司应在销售协议签订后五个银行工作日内通过世界主要银行开具以被申请人为受益人的即期不可撤销可转让信用证。

2. D公司于2010年11月19日向被申请人汇款643050美元，该笔款项系用于支付D公司代理签订的包括本案销售协议在内的两份销售协议项下各自的30%货款321525美元。

3. 申请人和D公司于2010年11月25日签订补充协议，约定将系争销售协议项下的最晚装船期限延迟于2011年1月30日。

4. D公司于2010年11月29日开具了符合销售协议约定的信用证，并在此后两次修改信用证，将最晚装船期和信用证有效期分别延期至：2011年3月31日及2011年4月21日、2011年4月11日及2011年6月30日。

5. 被申请人于2011年3月14日发出了连同本案销售协议在内的两份销售协议项下部分748.415立方米的货物，根据申请人所述，其中374.2075立方米系本案销售协议项下货物，该批货物对应货款为53695.925美元。按照交易双方的交易模式，该笔货款的30%即16108.775美元在D公司已经支付的定金中抵扣。D公司于2011年4月6日将该批货物的剩余70%货款即37587.15美元支付给了被申请人。此后，被申请人再未提供销售协议项下货物，也未将定金退还D公司或申请人。

鉴于被申请人在本案中未就申请人的陈述及提供的证据提出任何异议，故仲裁庭依据现有证据，对上述事实予以采信。

（四）关于申请人的仲裁请求

1. 关于退还定金的仲裁请求。根据仲裁庭在上一节意见业已认定的事实，申请人通过代理人D公司履行了销售协议项下支付定金、开具信用证等合同义务。并且在被申请人未按约定期限交货的情况下，申请人前后两次将修改信用证，将有效期及最晚交货期限予以延长。仲裁庭注意到，申请人提供的其与D公司于2010年11月25日签订的一份约定将销售协议下"最迟装船期"延迟至2011年1月30日的补充协议不能约束本案被申请人，本案现有证据也不能证明申请人与被申请人就延迟交货达成过一致意见，但是申请人修改信用证是在被申请人未能按原先约定的期限交货之后所为，其目的在于等待被申请人履行合同，系申请人积极履行合同的体现。并且被申请人向申请人发送销售协议项下部分的374.2075立方米货物，也是在申请人给予延长的交货期限内。申请人接受了该批货物，并支付了该笔货物对应的70%的货款。而对于该批货物30%的货款，申请人主张在已支付的定金中予以扣除，仲裁庭认为该等付款方式虽然未在销售协议中明确约定，但是结合销售协议中30%总货款定金先付、70%货款后付的交易模式，仲裁庭认为申请人对于该批货物的付款方式合理。综上所述，仲裁庭认为申请人及其代理人在销售协议履行过程中已充分履行己方作为买方所应承担的义务。被申请人对申请人的履约状况也未提出任何异议。而根据在案证据，仲裁庭认为被申请人作为销售协议的卖方未能交付符合销售协议约定的全部货物，构成违约。

仲裁庭注意到，申请人庭审后提供的仲裁申请补充说明中主张"双方在实质上已经终止了合同"，然而根据本案现有证据，却不能证明申请人曾书面致函被申请人要求解除销售协议。仲裁庭对此认为：（1）涉争销售协议中约定的最迟装船期为2010年12月25日，距离今日已超过三年半的时间；（2）根据现有证据，被申请人仅有的一次交货也是在申请人予以延长期限后的2011年3月14日，而申请人将信用证的最晚装船期和有效期修改至2011年4月11日及2011年6月30日，作为买受方的申请人在销售协议项下的目的已不能实现；（3）在申请人提供的双方往来电子邮件中，被申请人方人员于2011年5月22日向申请人发送的电子邮件中，有较为明确的对于终止协议的意向；结合上述情况，仲裁庭对于本案双方实际终止履行销售协议的观点予以采信。由此，基于被申请人的根本违约行为，仲裁庭根据《中华人民共和国合同法》第一百一十五条"……给付定金的一方不履行约定的债务的，无权要求返还定金；收受定金的一方不履行约定的债务的，应当双倍返还定金"的规定，对于申请人主张退还扣除部分货款后剩余的定金305416.22美元的请求予以支持。

2. 关于汇率损失及利息损失的请求。申请人主张被申请人应赔偿其占用定金给申请人造成的汇率及利息损失，然而申请人未能举证曾书面致函被申请人要求退还定金。根据《中华人民共和国合同法》第一百一十九条"当事人一方违约后，对方应当采取适当措施防止损失的扩大；没有采取适当措施致使损失扩大的，不得就扩大的损失要求赔偿"的规定，仲裁庭对于申请人所主张的汇率及利息损失不予支持。

3. 关于本案仲裁费的承担。考虑到申请人的仲裁请求得到仲裁庭支持的程度及争议发生的过错责任，根据《仲裁规则》第四十八条第（一）款的规定，仲裁庭决定，本案仲裁费用全部由被申请人承担。

三、裁 决

仲裁庭裁决如下：

1. 被申请人应向申请人退还定金305416.22美元。

2. 本案仲裁费为人民币73409元，全部由被申请人承担。鉴于申请人已全额预缴仲裁费，被申请人应支付申请人民币73409元。

3. 驳回申请人的其他仲裁请求。

上述1、2项裁决所涉款项，被申请人应在裁决书生效之日起15日内付清。

本裁决为终局裁决，自作出之日起生效。

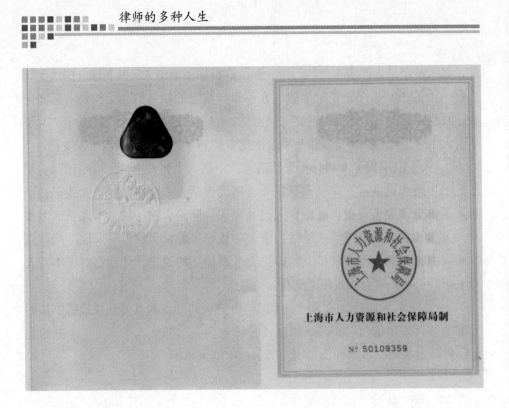

上海市人力资源和社会保障局制

№ 50109359

李志强 同志

经 上海市律师、公证员系列高级专

业技术职务任职资格

审定委员会审定，确认

你具备 一级律师

任职资格。

通过日期 2012年11月14日

编 号 12L0010001

姓 名 李志强

性 别 男

出生年月 1967.11

专 业 律师

工作单位 上海金茂凯德律师事务所

作者参加第七届上海金
洽会并演讲

作者与著名法学家李昌道教授（中）和加拿大著名
律师机构合伙人王力耘律师（右）合影

作者与上海杰出青年
协会副会长、著名企
业家杨国平先生合影

2014年12月31日，著名歌唱家李谷一参加"蓝天下的至爱"大型慈善活动启动仪式时与作者在上海玉佛寺合影

作者与参加2001年全国运动会火炬传递活动的杰出青年合影

作者1997年参加首届上海司法行政系统运动会火炬传递活动

作者参加上海青年就业创业大讲堂活动

2014年11月27日，作者参加上海南京东路街道司法所群众信访接待咨询活动

作者与李昌道教授在上海市律师协会律师学院主办的自贸区金融创新法律实务培训班合影，左一为顾跃进律师，右二为上海市律师协会律师学院教务长陈一沁

作者担任国际航运仲裁
案件仲裁员审理案件

作者代表司法行政系
统各界青年领誓

作者应邀作"上海自贸区金融创新法律实务"讲座并受聘担任华东政法大学
国际金融学院兼职教授和校外硕士生导师，左一为华东政法大学科研处处长
兼国际金融学院院长、中国十大杰出青年法学家罗培新教授

媒体报道篇

驰骋于法律服务的新天地

——记荣获中国商务最具活力服务贸易企业50强的上海金茂凯德律师事务所

2013年2月1日，由中华人民共和国商务部国际商报社主办的2012年度中国商务竞争新优势新春报告会暨杰出企业、风云人物颁奖庆典在京隆重举行。上海金茂凯德律师事务所荣获"最具活力服务贸易企业50强"称号，也是其中唯一一家律师事务所。商务部原副部长魏建国等为获奖企业颁奖。获奖的50强企业中涵盖了中海油田服务股份有限公司、上海微创软件股份有限公司、北方联合出版传媒（集团）股份有限公司等一批全国大型知名服务贸易企业，作为专业服务的律师事务所首次列入服务贸易重要成员选入获奖企业格外引人注目。

发展高端专业服务是上海的"心脏、窗口和名片"的黄浦区重点发展和培育的产业之一。2007年10月15日，位于中共一大会址和二大会址之间的甲级写字楼香港新世界大厦内的上海金茂凯德律师事务所在黄浦落户，领导潘鹰芳同志亲自办理注册手续。五年多来，在区委、区政府，市、区司法局和市律协的关心和支持下，黄浦区律师业发展迅速，上海金茂凯德律师事务所等专业律师机构成为其中的佼佼者。

一、创新驱动、转型发展、创新专业服务贸易领域

2010年10月，上海金茂凯德律师事务所经上海市商务委员会和上海市司法局认定，成为上海市首批专业服务贸易重点单位（法律服务类），获《新财富》杂志评选的第一届"新财富最佳发行人律师"，进入2010年A股IPO市场发行人律师TOP 25。

2008年9月10日，著名法学家、上海市人民政府原参事室主任李昌道教授

担任事务所主任，该所主要合伙人李志强、谢勇、齐斌等律师毕业于中国、美国、加拿大等著名高等学府，具有在世界500强企业和国际律师事务所工作的经历，事务所的一级律师、法学硕士和博士、兼职教授、国际仲裁员、在环太平洋律师协会和国际律师协会担任重要职务的精英律师多，服务的中外当事人不乏IBM、富士胶片、摩根大通银行等著名企业，办理的涉外法律业务和离岸法律服务比重大，外汇收入比例高，一批高端客户来源于事务所的直接接洽，而非外国律师事务所的转委托。经过五年的探索和发展，事务所逐渐形成了以金融、证券、股权投资、国际贸易、海外投融资等现代法律服务为核心竞争力的专业特色。目前，事务所以上海为总部，在北京设立分所，并在青岛、烟台、广州、武汉、重庆、新疆等地设立律师联盟机构，与美国、欧洲、新加坡和中国香港等著名国际律师机构建立合作关系，合伙人、律师、律师助理和辅助人员近百人，数次进入上海律师业综合排名前10位。

事务所积极创新发展，办理了一批"上海第一"、"中国第一"的法律服务项目，如中国创业板第一批上市企业、首批大陆企业赴台上市案、首批外资法人银行发行人民币债券项目、上海"双中心"建设政策出台后首例外商投资企业A股上市项目、首例外资并购上海财险企业案、首批外资企业发行海外优先票据项目、国内首例上市公司发行资产支持票据案等。为世博债券发行上市、为上海世博会运营有限公司筹建、世博中心、中国馆、主题馆、危地马拉馆和上海国际旅游度假区暨迪士尼项目大型银团贷款等提供服务。几年来，事务所服务企业的融资金额高达3000亿元。

金杯、银杯不如当事人的口碑，勤业、敬业、专业是中外当事人对上海金茂凯德律师事务所律师的评价。"70后"、"80后"成为事务所的主力军，为了全天候为中外当事人提供优质高效服务，青年律师经常为项目的如期完成通宵达旦，海外客户惊叹上海金茂凯德律师事务所的律师在中国的午夜向他们发来了"当地白昼的中国律师意见"。2013年除夕，远在中东的某国银行收到了来自中国上海律师高效的英文邮件；蛇年正月初五，"80后"女律师就小别家人赶到了千里之外的客户办公室开始了崭新的服务里程。

二、热心服务社会、积极参政议政成绩显著

作为新阶层人士，上海金茂凯德律师事务所的律师热心社会服务，积极参政议政。五年来，上海金茂凯德律师事务所的律师担任了上海市百家中小企业改制培育讲师团专家，多年为上海市经济和信息化委员会编撰《上海市中小企业改制指南》，使广大中小企业受益。上海小额贷款公司协会评选上海金茂凯德律师事务所为2012年上海小额贷款行业最佳服务单位。李志强、沈琴、唐济民等合伙人为区委书记徐逸波、区委常委曹金喜等区领导接待信访群众现场提供法律服务；担任上海青年创业就业导师，为青年团员创业、就业提供帮助，在上海财经大学、上海海洋大学、上海政法大学、上海中医药大学等上海青年大讲坛现场解惑。李志强等律师还为多名家庭困难的大学生提供学业救助。由于成绩突出，2012年11月，共青团上海市委员会授予上海金茂凯德律师事务所"青年就业创业见习基地"称号。2013年1月，因倾心支持上海青年公益事业，上海市青年企业家协会还向李志强律师发来"感谢状"。

2013年1月25日，上海市政协机关报《联合时报》以"追求卓越的法律人"为题报道黄浦区政协常委、上海金茂凯德律师事务所创始合伙人李志强积极参政议政的事迹，他提出的《关于成立黄浦区金融服务办公室的建议》的提案获黄浦政协优秀提案，几年来，李志强提出的数十份高质量的提案被采纳，他的事迹被市政协编入《使命与责任》一书。

三、理论联系实际，律师担当"民间大使"

上海金茂凯德律师事务所的律师公开出版了《国际经贸中的律师》、《企业合同管理操作实务》、《融资租赁法律实务》、《资本市场律师实务》、《国资证券化》、《完善公司人格否认制度研究》、《特别行政区制度与我国基本政治制度》等10多部法律实务论著，为上海律师学院组织"资本市场律师实务"研修班提供师资和教材，为上海律师界储备了一批金融专业律师作出了努力。

律师是法律专家，也是"民间大使"。上海金茂凯德律师事务所律师担任了国家最大的律师组织的理事，在很多国际同行的眼中，上海金茂凯德律

师事务所李志强等律师给他们留下的深刻印象不仅仅是流利的英文表达和坚实娴熟的法律功底，更是他们对中国的热爱、对上海的钟情和对律师事业的执着。在各种国际交流场合，李志强等律师都不遗余力地向与会者介绍中国近年来的快速发展和日臻完善的法治环境。

向世界各国宣传中国的律师制度和法治建设，宣传改革开放以来中国经济社会又好又快地的发展，不仅树立了上海律师和中国律师在国际上的良好形象，而且增进了世界人民对中国特别是对中国法治的认识和了解，促进并丰富了中国与世界各国的交往和互动。像李志强这样一批有机会走向国际社会的专家律师，有时还可以对海外招商和促进国际贸易起到"四两拨千斤"的作用。在国际律师协会2012年年会上，爱尔兰总理肯尼听取了李志强的介绍后表示：2014年爱尔兰将接手担任欧盟轮值主席国，他也会开始着手推动欧盟在上海的相关活动。

"空谈误国、实干兴邦"，习近平总书记的讲话催人奋进。为早日实现中国梦，黄浦区司法局将继续引领区属专业律师机构继续发挥专业人士的聪明才智，不遗余力地服务社会、报效国家。

追求卓越的法律人

——记黄浦区政协常委李志强

镜头拉近，李志强的轮廓也渐渐清晰。参加工作不久便荣获"律师涉外服务标兵"的称号，29岁当选首届上海十佳青年律师，曾在上海市第八届十大杰出青年评选中脱颖而出……李志强是上海10位一级正高级律师中最年轻的一位，23年执业生涯一路走来，看似风光的背后，是他的无限付出。也正如他的感悟："青年律师成才之路并不平坦，恒心和毅力永远是前进中的双翼。"

"跑街先生"成了业内楷模

说起少年时代的梦想，李志强坦言自己最想做一名记者，"铁肩担道义，妙手著文章，这样的'无冕之王'一直是我心中的向往"。但一次偶然的机会——"卓长仁劫机案"改变了他的想法，让他对神圣的法律产生了浓厚的兴趣。

1986年，李志强有幸结识了著名法学家李昌道，李昌道教授的一句"学法律是很有劲的"让他义无反顾地走进了法律之门。1990年，作为上海市高校优秀毕业生，李志强毅然放弃了直升硕士研究生和在国务院侨办谋职的机会，当上了一名执业律师。

律师这个行当靠委托人生存。名气、资历、经验，是人们愿意把案子委托给你的前提。1990年7月，23岁的李志强，开始了自己到处找案子的"跑街先生"生涯。就这样，"跑"来了一场当时在全国金融界、法律界影响很大的案子。

那是1991年3月15日，一对六旬夫妇在上海某商业银行仔细填写好存单，取出48张100元面额、4张50元面额共计5000元的纸币，反复点数后交给银行初收员，领到了"043"的号牌。仅两分钟，银行的人探出头问："043号，怎么只有4000元？"明明是5000元，怎么转眼少了1000元？双方争执不下，

对簿公堂。李志强正是这对老夫妇的委托律师。

法庭上，李志强理直气壮，指出1000元的短缺应由银行承担全责："初收员点清钱款后发给储户号牌，就表示已确定了储户与银行间互相对这笔钱款承担责任的交替，此后发生问题，储户无责。复核员发现问题，只能询问初收员。否则复核员说错就错，说缺钱就缺钱，这样的交易何谈安全？这样的储蓄交易秩序何来保障？如果号牌不能作为储蓄交易达成的凭证，那么发号牌的实际意义何在？"一审判决，原告胜诉。

老百姓打赢了与银行的官司，判决一宣布，社会反响强烈。有媒体即在头版报道："1000元短缺到底谁负责，银行不服提出重大异议。"

银行开始上诉，二审庭辩再次开始。准备充分的李志强在法庭辩论中又抛出一项有力证据："常规手续是初收员清点好储户所交的钱后，会将票面数额摘录下来，记在凭单右上角，然后再发号牌。我们查到在这笔交易中，初收员摘录的存款金额的确是5000元。"

这个有力证据立即得到法庭认可，上海市中级人民法院主持了调解，要求银行全部答应一审时原告的诉讼请求。

看到被冤枉的老夫妇得到了公正结果，李志强激动不已，他心中的信念也更加坚定：希望所有的人们相信正义，希望中国的法制建设加速健全，希望更多的百姓信任司法、信任律师。李志强的专业素养和敬业精神通过一个个案例逐渐显现，这个"跑街先生"也逐渐赢得了同行的尊敬和委托人的信任。

随着我国各种经济活动日趋频繁，涉及的法律问题也日趋复杂，社会需要一大批参与经济活动的"非诉讼业务"律师，深思后的李志强，开始把主攻方向转向为当事人提供各种法律服务、帮助他们在经济交往中避免法律纠纷的非诉讼业务。

生活总是不会亏待认真的人。凭着自己的努力，李志强成为中国证券法律实务市场首批冲在最前方的"开荒人"——证券律师。20世纪90年代初期，他就与众多国际律师和国际承销商参与了"重生"后的大众B股配股案；在浦东开发初期，一些重点市政工程项目急需向境外筹集资金，他先后为浦东3家开发区筹措10多亿元的低息资金，被称做是浦东开发的"及时雨"；2010年，他为上海世博会中国馆、主题馆和世博中心等永久性场馆和世博债券发行上市，上海国际旅游度假区暨上海迪士尼项目的银团贷款出谋划策，近5年来，他服务企业的融资金额高达3000亿元。

"只有不断接触新事物，不断挑战自己，才能成为一名鲜活的永不落伍的杰出律师。"这是李志强挂在嘴边的话，也是他从业经历的真实写照。

"学者律师"也为民间外交出份力

如果没有做律师，李志强的人生还有另一种可能。那就是成为一名学者。

研究和著书，也是他能够成为一名好律师的原因之一。工作后，李志强喜欢把办案心得和实践体会融入文字、结成篇章，"写作推动了我的本职工作，是我工作中不可缺少的润滑剂"。

律师的著书立说离不开实践的指引，因为工作繁忙也不可能有大块时间，能坚持下来需要的是恒心和毅力。24年来，李志强在各类中英文国内外专业报刊上发表论文120余篇，有的入选国际专业研讨会论文，有的荣获上海市律协律师专著评选一等奖，有的摘取中华全国律师协会律师优秀论文奖……此外，他也在法律专著方面小有成就，出版《跨国并购法律实务》等专著3部。25岁时他就担任《涉外经济法通论》副主编，这本书后来成为华东政法大学等高校的教科书，2009年他主编的《资本市场律师实务》一书是国内第一部结合股权市场和债券市场的法律实务性论著。

看到书橱中一排排自己的作品，李志强也感觉自己在进入一个新的境界，他对"律师"这个行业的内涵和外延也有了新的思考。作为一名金融律师，他担任国际最大的律师组织——国际律师协会理事。"在很多对外交流活动中，我感觉自己也正在担当着'民间外交大使'的角色。"

在很多国际同行的眼中，李志强给他们留下的深刻印象不仅仅是他流利的英文表达和坚实娴熟的法律功底，更是他对祖国的热爱、对上海的钟情和对律师事业的执着。在各种国际交流场合，李志强都不遗余力地向与会者介绍中国近年来的快速发展和日臻完善的法治环境，不仅树立了上海律师和中国律师在国际上的良好形象，而且增进了世界人民对中国特别是对中国法治的认识和了解，促进并丰富了中国与世界各国的交往和互动。

"提案大户"为外滩金融集聚带建设鼓与呼

作为一名区政协委员，李志强更注意从委员和"法律人"的视角关注被称为"上海的心脏、窗口和名片"的黄浦经济社会发展，特别是外滩金融集聚带建设，运用自身的金融、法律等专业知识，积极提出有效建议。

2008年，上海"外滩金融集聚带"开发规划蓝图揭开了神秘面纱，经过对黄浦区金融业和金融机构的调研和一番缜密思考，李志强认为，金融集聚带的建设需要相应的机构设置和人员配备，于是及时提交了一份《关于成立黄浦区金融服务办公室的建议》的提案，该建议被区委和区政府采纳，区金融办于2009年成立并运行，几年来，成效显著。这件提案的答复给了李志强极大的鼓舞，也自此拉开了他关于"外滩金融集聚带"系列提案的序幕……

2009年，金融集聚带建设初现端倪，凭借法律人的专业敏感，李志强认为加强金融中心的法律保障建设不容忽视。于是，在翻阅了大量有关金融法律的资料、查阅国外金融中心建设的相关案例后，结合黄浦实际，他提交了《关于加强黄浦金融中心建设法律保障的建议》的提案。此后，他又先后提出了《关于加快规范黄浦区融资性担保公司的建议》、《关于推动区内中小企业集合债券发行的建议》、《关于进一步加快黄浦引进私募股权投资企业的建议》、《关于进一步引进新金融企业的建议》等提案。

李志强连续三年撰写"外滩金融集聚带"系列提案的心血没有白费，区国资委、区金融办等委办主要领导经常主动与他交流，听取意见和建议。在最近的一次，李志强受邀参加区长与部分区政协委员的座谈会，他提出建议——将上海证券交易所公司上市仪式放在外滩金融广场举行，充分利用金融牛雕塑的象征意义，集聚人气；充分利用世博会城市最佳实践区永久保留在黄浦区的优势，将其与外滩金融集聚带建设紧密结合，建议代表性金融机构入驻其中，建立金融超市等。区委和区政府及区政协领导多次称赞这些高质量的建议对进一步完善和加强黄浦区各项工作和推进外滩金融集聚带建设很有价值和帮助。2014年，他提出的黄浦区建立"负面清单"管理模式的提案又一次被区委和区政府采纳。

"政协委员不是花架子、空名头，是投入实实在在的参政议政。"李志强相信，人民政协的政治协商和民主监督是建设社会主义法治国家的重要保障，"有了政协委员的积极参政议政，上海建设国际金融中心的明天一定会更美好"。

再上巅峰

——记上海金茂凯德律师事务所律师李志强

　　清晨，一缕阳光照耀在中共一大会址和二大会址间的上海香港新世界大厦上，温暖而和谐，透过窗明几净的办公室窗外是碧绿的延中绿地，上海博物馆、东方明珠电视塔等标志性建筑一览无遗。在这片上海的"心脏"、"窗口"和"名片"的宝地上，经典和时尚无处不在。我们面前的这位黄浦人是那么的年轻而富有朝气，多次受到党和国家领导人及外国国家元首和政要接见，人们称他为上海新生代律师的杰出代表、年轻律师中的最成功者、中国涉外金融律师中的领军人物、上海各级政协组织中唯一一位一级执业大律师。他是上海市第一位专职律师中的"十大杰出青年"，第一位走上国际舞台担任国际最大的律师组织——国际律师协会理事的上海律师，第一位新律师出台后第一家落户黄浦的专业律师机构的创始合伙人，他就是李志强。

　　李志强将高效、敬业和睿智作为实现律师完美人格的最高境界。现实中，他融会贯通并努力践行。他既是著作广受好评的律师"文人"，又是能为普通老百姓的1000元钱奔走取证的律师"善人"，也是中国证券法律实务市场首批冲在最前方的律师"开荒人"，更是参政议政的政协提案大户，黄浦政协连续三年为李志强开专场委员协商会。

　　大凡和李志强律师共事过的人都会深深敬佩他勤奋和好学。执业24年来出版专著3部，主编20部著作，为上海汽车、山东张裕葡萄酒、瑞安房地产等200多家境内外企业改制上市提供专业服务，为2010年上海世博会中国馆、主体馆和世博中心等永久性场馆和世博债券发行上市及上海国际旅游度假区暨上海迪士尼项目的银团贷款出谋划策，服务企业的融资金额高达3000亿元。他28岁便在业界崭露头角，荣获上海5名"律师涉外服务标兵"之一，29岁当选首届上海十佳青年律师，2001年更是在上海市第八届十大杰出青年评选中

脱颖而出，与奥运达人陶璐娜、医学院士葛均波等从黄菊、徐匡迪等市领导手中接过全国运动会火炬在浦江两岸传递。已经获得过50多项荣誉和奖项的李志强依然奋斗着……

敬业、高效、睿智，这三项桂冠，便会深感其当之无愧。

【岁月】

- 上海金茂凯德律师事务所创始合伙人。十届全国青年联合会委员，上海国际服务贸易行业协会常务理事、涉外咨询专业委员会副主任，黄浦区政协常委，港澳台侨委员会副主任，环太平洋律师协会法律执业委员会副主席。
- 2002年参加国际律协"亚太论坛"会议并担任报告员，15次担任国际会议报告员。
- 2001年上海第八届"十大杰出青年"，该奖项设立以来首位获奖专职律师。
- 2004年10月当选国际律师协会理事，连任至今。
- 2003—2011年，国际法律评级杂志《亚洲法律》评选的亚洲领先商务律师。
- 主要承办企业购并、项目融资、证券发行、信息网络等法律服务。
- 服务项目创50多项"全国第一"：首例两家跨国公司不正当竞争案；首例两家上市公司"并壳让壳"案；第一只B股配股项目；第一家纯B股公司增发A股；第一批PT公司重组；第一批上市公司增发新股；第一家境内企业直接收购海外上市公司案；首批外资金融机构在中国内地发行人民币债券项目等。
- 获得过上海市优秀律师、司法部个人二等功、上海律师涉外服务标兵等50多项荣誉。

【足迹】

著书立说乐无穷，律师亦学者

如果没有选择律师，李志强会成为一个学者。研究和著书，是李志强能够成为一名好律师的原因之一。

中学阶段李志强就曾连续三次获得上海和全国的中学生哲学和政治经济学小论文的奖项；大学阶段，李志强担任过校报记者，采访过曹建明等多名成功人士，作品获得过上海高校好新闻奖；当律师后，尽管工作忙碌，李志强仍然坚持笔耕。

老前辈王文正会长说过"律师应该能说会写"，著名学者江平教授则将律师分成政治家型、学者型、商人型和讼棍型四类，其中前三类都是值得推崇的律师。

李志强的人生目标就是成为学者型律师。李志强不刻意追求自己的著作令人"惊艳"或"流传不朽"，只是喜欢把办案心得和实践体会融入文字、结成篇章。著述写作推动了李志强的本职工作，成为自己工作中不可缺少的润滑剂。"青年律师成才之路并不平坦，恒心和毅力是前进中的双翼"，其实，著书立说何尝不是如此！律师的著书立说离不开实践的指引，也不可能有大块时间，需要的是恒心和毅力。19年来，李志强在各类中英文国内专业报刊上发表论文70余篇，有的入选国际律师协会举行的国际研讨会上的论文，有的在全国律师协会非诉讼业务研讨会上宣读，有的入选华东六省一市律师实务研讨会论文，有的获上海市律师协会律师专著评选一等奖，有的入选中华全国律师协会律师优秀论文奖……

此外，李志强还编著法律方面的专著。25岁时的李志强就担任《涉外经济法通论》的副主编，这本专业书籍后来成为华东政法大学等高校的教科书。19年来，李志强担任过编委、副主编、主编，也有个人专著，参与写作或被收入论文的著作20多部。2003年初出版的《投资中国完全指南》，更是被海内专业界评价为"第一本完整呈现中国最新官方资料的商务宝典"、"第一次由中国产官学菁英联手执笔的教战手册"。2009年主编的《资本市场律师实务》一书是国内第一部结合股权市场和债券市场的

法律实务性论著。

机敏办案为正义，智者是律师

律师是靠委托人生存的。名气、资历、经验，是人们愿意把案子委托给你的前提。1990年7月，23岁的李志强，开始了到处找案子的"跑街先生"的生涯。跑着、找着，竟"跑"来了一场在全国金融、法律界影响很大的案例。

那是1991年3月15日，一对六十多岁的老年夫妇在上海某商业银行仔细填写好存单，谨慎取出48张百元、4张50元共计5000元纸币，反复点数后交给银行初收员，领到了一个"043"的号牌。

仅两分钟，银行的人探出头问："'043号'，怎么只有四千元？"

"043号"——这对姓钱的老夫妇呆住了：明明5000元，怎么转眼少了1000元？双方争执起来，直到对簿公堂。李志强成为钱老人的委托律师。

普通百姓要和银行打官司，在法制尚不健全的当时，属于绝对的弱势劣势方。李志强从委托人的目光中读到了焦虑和不安，李志强决心还弱者一个公道！

法庭上，李志强引经据典，侃侃而谈，指出是银行的操作有问题，1000元的短缺，应由银行承担全责："初收员点清钱款后发给储户号牌，就表示已确定了储户与银行间互相对这笔钱款承担责任的交替，此后发生问题，储户无责。复核员发现问题，只能询问初收员。否则复核员说错就错，说缺钱就缺钱，这样的交易何谈安全？这样的储蓄交易秩序何来保障？如果银行号牌不能作为储蓄交易达成的凭证，那么发号牌的实际意义何在？"

经过法庭辩论，一审判决：原告胜诉。

老百姓打赢了与银行的官司！判决一宣布，立即引起了一场冲击波。《上海法制报》头版报道："1000元短缺到底谁负责，一审判令银行承担银行不服提出重大异议"。

果然，银行开始上诉，二审庭辩再次开始。准备充分、成竹在胸的李志强在法庭辩论中出其不意地抛出一项有力证据："常规手续是初收员清点好储户所交的钱后，会将票面数额摘录下来，记在凭单右上角，然后再发号牌。我们查到在这笔交易中，初收员摘录的存款金额，的确是5000元。"

没人知道为了查获这个证据，李志强投入多少精力和时间。这个有力证据立即得到法庭认可，上海市中级人民法院主持了调解，要求银行全部答应一审时被告的诉讼请求。

讨回了公道的委托人，一出法院门泪水纵横："李律师，我们永远忘不了你！"

李志强不需要他们记住他，他只希望所有的人们相信正义、相信法律、相信法治社会、相信律师的公正。

李志强的名气通过一个个案例逐渐显现，李志强这个"跑街先生"也逐渐赢得了同业人士和委托人的信任。

李志强知道，正直的律师都期望在法庭上一展锋芒、伸张正义、维护公正的美妙感觉。但随着各种经济活动日趋频繁，涉及的法律问题也日趋复杂，国家和社会因此也需要一大批参与经济活动中"非诉讼业务"的律师，而这方面的专业人才却很紧缺。

深思后的李志强，开始把主攻方向转向了为当事人提供各种法律服务、帮助他们在经济交往中避免法律纠纷非诉讼业务。

证券法律实务"开荒人"助国内首只 B 股成功配股

1993年，上海设立首批证券律师18人，李志强是其中之一，自此有了可以发挥智慧灵光的新舞台。证券律师如要崭露头角、胜人一筹，仅靠原先的法律功底是不行的。横亘在李志强面前的大众B股配股，成为考验他智慧和魄力的第一道"测试题"。

当年的上海B股市场一片低迷。5月，大众出租股份有限公司股东大会审议刚通过"10送1配9，配股价4.15元人民币"的配股方案，两天后就遭遇大众B股原国际协调人、著名的渣打证券有限公司便宣布大众B股承销商解散。突如其来的变故使配股陷入困境，大众公司愁云笼罩。所幸当时香港最大的证券商百富勤融资有限公司依据经营业绩和发展前景，拍板充当了大众B股配股的国际协调人，重组了承销团、律师团和会计师团。在这种错综复杂的背景下，李志强以大众B股配股的特聘法律顾问的身份，与众多国际律师和国际承销商参与了"重生"后的大众B股配股案。

大众B股案虽逃过最初的一"劫"，但此后的进展并不顺利。其中一个比较关键的问题是，大众B股有200多位股东分布在美国、英国、加拿大，它们中不少国家有明文法律规定：招股说明书如果未经该国证券主管机关注册批准，就不准在该国境内发售股份。也就是说大众B股的这些股东进行配股会受到相应国家法律的限制，如果直接给这些国家的股东寄送招股文件，就有违法之嫌。面对这一难题，李志强多方调研，深思熟虑后建议大众公司将上述国家的股东作为"特别海外股东"列入承销协议，由大众公司董事长署名签发一份"董事长函件"，以个人名义、挂号形式寄给他们。经过这一小小的"技术处理"，既巧妙地绕过了某些法律障碍，又让那些海外股东及时了解配股信息。李志强的这一锦囊妙计，使大众B股成为当时沪市22只B股中唯一一个成功配售的股票，上市交易首日市价就达到每股0.8美元，3个月后劲升至2美元。这一国内第一只B股配股案例成了典范，李志强的名字也在业界传扬开去。

此后，李志强更自信、更善思、更劲足了。李志强实践中不断学习新知、更新观念，不断反思和总结。

——高效——

1994年盛夏，上海浦东一些重点市政工程项目上马后，急需融资建设。主要融资形式是采取国际商业银团贷款向境外筹集资金。作为银团中国法律顾问，李志强经常通宵工作。案子进行中，浦东新区有关部门希望李志强能在一周内完成一份几百页厚的英文合同文本的翻译工作，并且能够给予相应的分析意见。李志强领着两个实习生夜以继日挥汗如雨地"赶工"，仅5天就拿下了这场攻坚战，同时对贷款资金使用、贷款偿还、监管账号等事项提出了咨询意见。

1994—1998年的5年间，李志强先后为浦东3家开发区筹措10多亿元低息资金提供了优质服务，这些银团贷款被许多业内人士称做是浦东开发的"及时雨"。

——敬业——

从当律师的第一天起，敬业精神就融化在李志强的血液中、体现在李志强的行动中。1996年春节，安徽亳州古井贡酒公司通知李志强参加该公司B股发行前的验证会。新婚燕尔、刚度完蜜月回上海的李志强，放下行李就乘车北上，如期到会。

2000年12月，李志强出完差返回上海已是晚上9点多，刚卸下行李就接到

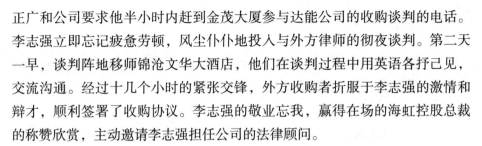

正广和公司要求他半小时内赶到金茂大厦参与达能公司的收购谈判的电话。李志强立即忘记疲惫劳顿，风尘仆仆地投入与外方律师的彻夜谈判。第二天一早，谈判阵地移师锦沧文华大酒店，他们在谈判过程中用英语各抒己见，交流沟通。经过十几个小时的紧张交锋，外方收购者折服于李志强的激情和辩才，顺利签署了收购协议。李志强的敬业忘我，赢得在场的海虹控股总裁的称赞欣赏，主动邀请李志强担任公司的法律顾问。

——睿智——

机敏睿智这一特质，使李志强得以参与、创造了众多的"全国第一"和"上海第一"案例。

继1993年的国内第一只B股配股项目大众B股配股项目成功之后，1997年李志强又参加了烟台张裕葡萄酿酒股份有限公司的国内首家B股公司增发A股案。

随后的8年中，李志强接下了一个又一个国内国际有影响的项目。

1997年上海汽车股份有限公司向社会公开发行人民币普通股（A股）3亿股，国内有29家证券商参加了此次发行承销团。作为承销团的中国法律顾问的我，以净募集资金20.82亿元刷新当时上海股市单一上市公司发行新股的筹资纪录，投资于当时中美合资最大的汽车项目——上海通用汽车有限公司；作为最早参与中国上市公司资产重组的律师之一的李志强，还受聘担任"PT双鹿"和"PT闽闽东"重组的法律顾问，奋战数月，起草法律文本、解决法律问题，穿梭于上海和深圳证券交易所，进行重组方案的沟通，多次赴北京向中国证监会汇报。在各方的共同努力下，"PT双鹿"和"PT闽闽东"的宽限申请最终均获批准，而且"PT双鹿"经重组后的"白猫股份"，复牌上市后竟连续五个涨停板，创下了中国证券史的又一大奇迹。

此外，上海市人民政府办公大楼项目、"新天地"10亿美元巨额融资项目、瑞安房地产香港上市、易居美国上市项目和2008年总额为60亿元的上海城市建设债券发行及上海2010年世界博览会和国际旅游度假区暨迪士尼项目等重大项目都凝聚了李志强的心血和汗水。

所有这些案例都凝聚着李志强的智慧心血，让李志强骄傲，让李志强感慨。经验和资历与日俱增，李志强渴望接受新的挑战。李志强明白唯有与时俱进地不断学习、不断创新，才能永葆自己事业的青春活力，才永不会被飞速发展的职业和时代抛弃。

【人生感言】

耐得住寂寞，耐得住冷板凳，耐得住流言飞语；不错失机遇，不放过机会，不闪走机缘；努力、勤奋、坚持，直到成功！

（本文出自2009年11月出版的《上海青年律师成才之路》一书）

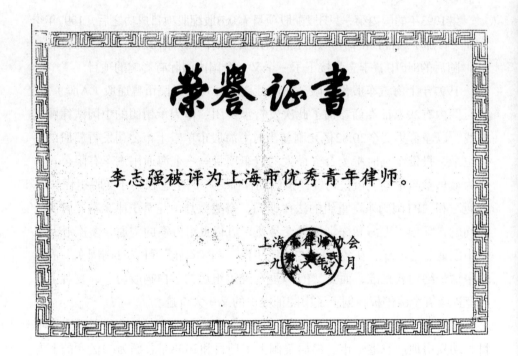

荣誉证书

李志强被评为上海市优秀青年律师。

上海市律师协会
一九九六年三月

经典文本篇

上海金茂凯德律师事务所

关于

光明食品（集团）有限公司增持
上海梅林正广和股份有限公司股份

之

法 律 意 见 书

致：上海梅林正广和股份有限公司

敬启者：

上海金茂凯德律师事务所（以下简称本所）接受上海梅林正广和股份有限公司（以下简称上海梅林）委托，指派律师（以下简称本所律师）作为特聘法律顾问，根据《中华人民共和国公司法》（以下简称《公司法》）、《中华人民共和国证券法》（以下简称《证券法》）、中国证券监督管理委员会（以下简称中国证监会）颁布的《上市公司收购管理办法》（2012年2月14日修订，以下简称《收购办法》）、上海证券交易所颁布的《上市公司股东及其一致行动人增持股份行为指引》（2012年修订）等法律、法规及规范性文件的规定，就光明食品（集团）有限公司（以下简称光明食品集团）增持上海梅林股份（以下简称本次增持）相关事宜出具本法律意见书（以下简称本法律意见书）。

为出具本法律意见书，本所特此作出如下声明：

本所律师系依据本法律意见书出具之日以前已经发生或存在的事实和中国现行法律、法规及中国证监会、上海证券交易所的有关规定发表法律意见。

本所对与出具本法律意见书有关的文件、资料及证言已经进行了审查、判断，并据此发表法律意见；对本法律意见书至关重要又无法得到独立证据支持的事实，本所依赖有关政府部门、上海梅林或者其他有关单位出具的证明文件作出判断。

本所已得到光明食品集团及上海梅林的保证，即其向本所律师提供的为出具本法律意见书所需的所有法律文件和资料（包括但不限于原始书面材料、副本材料或口头证言等）均完整、真实、有效，并已将全部事实向本所律师披露，无任何遗漏、隐瞒、虚假或误导性陈述。其所提供的法律文件及资料的副本或复印件与正本或原件一致，且该等法律文件及资料的签署人业经合法授权及或批准，签字与盖章均真实、有效。

本所及本所律师依据《证券法》、《律师事务所从事证券法律业务管理办法》和《律师事务所证券法律业务执业规则（试行）》等规定及本法律意见书出具之日以前已经发生或者存在的事实，严格履行了法定职责，遵循了勤勉尽责和诚实信用原则，进行了充分的核查验证，保证本法律意见书所认定的事实真实、准确、完整，所发表的结论性意见合法、准确，不存在虚假记载、误导性陈述或者重大遗漏，并承担相应法律责任。

本所律师同意光明食品集团及上海梅林部分或全部在本次增持事项的相关文件中引用本法律意见书的内容，但不得因该等引用而导致法律上的歧义或曲解。

本所律师同意将本法律意见书作为本次增持必备的法律文件，随同其他材料一同上报或披露。非经本所同意，本法律意见书不得用于任何本次增持之外的其他目的。

基于上述，本所律师按照律师行业公认的业务标准、道德规范和勤勉尽责精神，就本次增持相关事宜出具法律意见如下：

一、本次增持的增持人的主体资格

1. 光明食品（集团）有限公司持有上海市工商行政管理局核发的企业法人营业执照（注册号：310000000036379），住所为上海市华山路263弄7号；注册资本及实收资本为人民币380100万元；法定代表人为吕永杰；公司类型为有限责任公司（国内合资）；营业期限为自1995年5月26日至不约定期限；经营范围为食品销售管理（非实物方式），国有资产的经营与管理，实业投资，农、林、牧、渔、水利及其服务业，国内商业批发零售（除专项规定），从事货物进出口及技术进出口业务，产权经纪（涉及行政许可的凭许可证经营）。

2. 光明食品集团已通过2012年度工商年检。截至本法律意见书出具之日，光明食品集团不存在破产、解散、清算以及其他根据中国现行有效的法律、法规、规范性文件和光明食品集团公司章程的规定需要终止的情形，光明食品集团合法成立并有效存续。

3. 根据光明食品集团的说明并经本所律师核查，截至本法律意见书出具之日，光明食品集团不存在如下情形：

（1）负有数额较大债务，到期未清偿，且处于持续状态；

（2）最近3年有重大违法行为或者涉嫌有重大违法行为；

（3）最近3年有严重的证券市场失信行为；

（4）法律、行政法规规定以及中国证监会认定的不得收购上市公司的其他情形。

综上所述，本所律师认为，光明食品集团为依据中国法律依法设立并有效存续的有限责任公司，不存在依据有关法律及其公司章程规定需要终止的情形，且不存在《收购办法》第六条规定的禁止增持上市公司股份的情形，具备本次增持的主体资格。

二、本次增持上海梅林股份的实施情况

1. 本次增持前光明食品集团持股情况。根据上海梅林于2013年2月18日发布的《上海梅林正广和股份有限公司关于实际控制人增持本公司股份的公告》（临2013-002），本次增持前，光明食品集团持有上海梅林股份49675165股，并通过其全资子公司上海益民食品一厂（集团）有限公司（以下简称益民集团）持有上海梅林股份271260000股，光明食品集团直接和间接持有上海梅林的股份约占上海梅林已发行总股数的42.91%。

2. 本次增持计划。根据上海梅林于2013年2月18日发布的《上海梅林正广和股份有限公司关于实际控制人增持本公司股份的公告》（临2013-002），光明食品集团于2013年2月8日通过上海证券交易所证券交易系统增持上海梅林股份990420股，约占上海梅林已发行总股数的0.13%。光明食品集团拟在未来12个月内（自本次增持之日起算），累计增持比例不超过上海梅林已发行总股数的2%（含本次已增持的股份）。

3. 本次增持股份情况。2013年2月8日，光明食品集团向上海梅林发出《关于通过二级市场增持上海梅林正广和股份有限公司（600073）股票的通知》，光明食品集团于2013年2月8日通过二级市场增持上海梅林股份990420股，占上海梅林已发行总股数的0.13%；2013年2月18日，上海梅林发布《上海梅林正广和股份有限公司关于实际控制人增持本公司股份的公告》（临2013-002），光明食品集团于2013年2月8日通过上海证券交易所证券交易系统增持上海梅林股份990420股，约占上海梅林已发行总股数的0.13%。

4. 本次增持完成后光明食品集团持股情况。经本所律师核查，截至2014年2月7日15：00，光明食品集团通过上海证券交易所证券交易系统累计增持

上海梅林股份1214720股，约占启动本次增持计划时上海梅林已发行股份总数的0.162%，约占上海梅林现时已发行股份总数的0.147%。

综上所述，本所律师认为，光明食品集团本次增持系通过上海证券交易所交易系统增持，光明食品集团本次增持符合《证券法》、《收购办法》等法律法规及规范性文件的规定。

三、本次增持属于《收购办法》规定的免予提出豁免申请的情形

1. 根据上海梅林于2013年2月18日发布的《上海梅林正广和股份有限公司关于实际控制人增持本公司股份的公告》（临2013-002），本次增持前，光明食品集团持有上海梅林股份49675165股，并通过其全资子公司益民集团持有上海梅林股份271260000股，光明食品集团直接和间接持有上海梅林的股份约占上海梅林已发行总股数的42.91%，为上海梅林的实际控制人。

2. 经本所律师核查，截至2014年2月7日，光明食品集团通过上海证券交易所证券交易系统累计增持上海梅林股份1214720股，约占启动本次增持计划时上海梅林已发行股份总数的0.162%，约占上海梅林现时已发行股份总数的0.147%。

3. 根据《收购办法》第六十三条的规定，在一个上市公司中拥有权益的股份达到或超过该公司已发行股份的30%的，自上述事实发生之日起一年后，每12个月内增持不超过该公司已发行的2%的股份，相关投资者可以免予提出豁免申请，直接向证券交易所和证券登记结算机构申请办理股份转让和过户登记手续。

综上所述，本所律师认为，本次增持前，光明食品集团在上海梅林中拥有权益的股份超过上海梅林已发行总股数的30%，且持续时间已超过一年；本次增持的累计增持股份未超过上海梅林已发行总股数的2%，符合《收购办法》第六十三条规定的可以免予提出豁免申请，直接向证券交易所和证券登记结算机构申请办理股份转让和过户登记手续的情形。因此，光明食品集团可以据此免予向中国证监会提出豁免申请。

四、本次增持的批准程序

1. 经本所律师核查，光明食品集团已按照内部程序批准本次增持。

2. 根据《收购办法》等法律、法规及规范性文件的规定，本所律师认为，截至本法律意见书出具之日，本次增持已履行了截至目前应履行的审批程序。

五、本次增持的信息披露

2013年2月18日，上海梅林发布了《上海梅林正广和股份有限公司关于实际控制人增持本公司股份的公告》（临2013-002），该公告披露：光明食品集团于2013年2月8日通过上海证券交易所证券交易系统增持上海梅林股份990420股，约占上海梅林已发行总股数的0.13%。本次增持前，光明食品集团持有上海梅林股份49675165股，通过旗下子公司益民集团持有上海梅林股份271260000股，约占上海梅林已发行总股数的42.91%。增持后，光明食品集团与益民集团将合计持有上海梅林股份321925585股，约占上海梅林已发行总股份的43.04%。根据光明食品集团战略，综合食品是光明食品集团的核心产业之一，因此，光明食品集团会继续通过二级市场增持上海梅林股份，拟在未来12个月内（自本次增持之日起算），累计增持比例不超过上海梅林已发行总股份的2%（含本次已增持的股份）。

综上所述，本所律师认为，截至本法律意见书出具之日，本次增持已按照《收购办法》及相关法律法规的规定履行了信息披露义务。

六、结论意见

综上所述，本所律师认为：

1. 光明食品集团合法成立并有效存续，具备独立的民事主体地位，且不存在《收购办法》第六条规定的禁止增持上市公司股份的情形，具备本次增持的主体资格；

2. 光明食品集团本次增持符合《收购办法》第六十三条规定的可以免予

提出豁免申请，直接向证券交易所和证券登记结算机构申请办理股份转让和过户登记手续的情形；

3. 相关当事人已经履行了《收购办法》及相关法律法规规定的其应当履行的程序和信息披露义务；

4. 本次增持不存在违反《公司法》、《证券法》、《收购办法》等法律法规的情形，本次增持不存在法律障碍。

本法律意见书正本叁份，无副本，经本所负责人及经办律师签字并加盖本所公章后生效。

荣誉证书

李志强 同志：

你撰写的《上海律师如何介入小贷公司的法律服务环节》一文，已被编入《草根金融的难忘历程—上海小额贷款公司试点工作三周年征文》一书，获二等奖。

特此表彰，以资鼓励。

上海市金融办地方金融处（新型金融处）
上海小额贷款公司协会
二〇一二年二月

上海金茂凯德律师事务所

关于

上海建工集团股份有限公司
非公开发行股票所涉国有资产管理事项

之

法 律 意 见 书

致：上海建工集团股份有限公司

敬启者：

释义

除非另有说明，本法律意见书中下列词语具有以下特定含义：

本所	上海金茂凯德律师事务所
发行人、公司、上海建工	上海建工集团股份有限公司，更名前为上海建工股份有限公司
本次非公开发行、本次发行	上海建工集团股份有限公司本次向特定对象非公开发行股票募集资金
建工总公司	上海建工（集团）总公司
董事会	上海建工集团股份有限公司董事会
股东大会	上海建工集团股份有限公司股东大会
公司章程	《上海建工集团股份有限公司章程》
中国证监会	中国证券监督管理委员会
上海市国资委	上海市国有资产监督管理委员会
《公司法》	《中华人民共和国公司法》
《证券法》	《中华人民共和国证券法》
《管理办法》	《上市公司证券发行管理办法》
《实施细则》	《上市公司非公开发行股票实施细则》
《125号通知》	《国务院国有资产监督管理委员会关于规范上市公司国有股东发行可交换公司债券及国有控股上市公司发行证券有关事项的通知》
元、万元、亿元	人民币元、万元、亿元

引言

上海金茂凯德律师事务所根据与上海建工集团股份有限公司签订的《聘请律师协议》，作为公司本次非公开发行事宜的特聘法律顾问。本所律师根据《公司法》、《证券法》、《管理办法》、《实施细则》、《125号通知》

以及其他现行法律、法规和规范性文件的规定，审核公司提供的与本次非公开发行事宜有关的决议、批文及其他相关文件和材料，就本法律意见书出具之日前已发生或存在的事实、根据我国现行法律、法规、中国证监会的有关规定以及本所律师对现行法律、法规和规范性文件的理解出具本法律意见书。

本所律师在出具本法律意见书之前，已得到公司的下述承诺和保证，即公司已向本所律师提供了为出具本法律意见书所必需的、真实的、完整的、有效的原始书面材料、副本材料或口头证言，并无任何隐瞒、虚假、重大遗漏或误导之处，其中提供材料为副本或复印件的，保证与正本或原件相符。

对于与出具法律意见有关而又无法得到充分证据支持的事实，本所律师依赖于有关政府部门、公司或者其他有关单位出具的证明文件出具法律意见。

本所及本所律师依据《证券法》、《律师事务所从事证券法律业务管理办法》和《律师事务所证券法律业务执业规则（试行）》等规定及本法律意见书出具之日以前已经发生或者存在的事实，严格履行了法定职责，遵循了勤勉尽责和诚实信用原则，进行了充分的核查验证，保证本法律意见书所认定的事实真实、准确、完整，所发表的结论性意见合法、准确，不存在虚假记载、误导性陈述或者重大遗漏，并承担相应法律责任。

本法律意见书仅就与本次发行有关的法律问题发表意见，其中若涉及对审计、资产评估等专业机构出具意见的引用，并不表明本所律师对该等意见的任何评价。

本法律意见书仅供发行人申请非公开发行股票报送国有资产监督管理部门审批之目的使用，未经本所律师同意，不得用作任何其他目的。

本所律师同意将本法律意见书作为本次公司申请非公开发行股票报送国有资产监督管理部门审批所必备的法定文件，随其他申报材料一起上报。

正　文

一、本次非公开发行的发行人主体资格

根据上海市工商行政管理局核发的注册号为310000000062493的企业法人营业执照，发行人住所为浦东新区福山路33号；法定代表人为徐征；注册资

本和实收资本均为人民币277526.7568万元；经营范围为境内外各类建设工程的承包、设计、施工、咨询及配套设备、材料、构件的生产、经营、销售，从事各类货物及技术的进出口业务，建筑技术开发与转让，机械设备租赁，房地产开发经营及咨询，城市基础设施的投资建设，实业投资，国内贸易（除专项规定）；对外派遣各类劳务人员（不含海员）（企业经营涉及行政许可的，凭许可证件经营）；营业期限为1998年6月15日至不约定期限。

（一）发行人的设立

公司是以募集方式设立的股份有限公司。

上海建工股份有限公司是经上海市人民政府沪府〔1998〕19号《上海市人民政府关于同意设立上海建工股份有限公司的批复》批准，由建工总公司独家发起，以募集方式设立的股份有限公司。上海建工股份有限公司股本总额为5.37亿股，其中建工总公司持有3.87亿股，占总股本的72.07%；向社会公众发行1.5亿股，占总股本的27.93%。股票面值为1元。

上海市国有资产管理办公室于1998年4月23日出具《关于上海建工股份有限公司国有股权管理有关问题的批复》（沪国资预〔2002〕228号），确认同意上海建工股份有限公司国有股权设置方案。

财政部出具财国字〔1998〕38号批复，对建工总公司组建上海建工并发行A股上市股票项目资产评估结果进行了确认。公司设立时，委托安达信.华强会计师事务所对公司的注册资金到位情况进行了审验。安达信.华强会计师事务所于1998年6月8日出具了验证报告。

经中国证监会证监发字〔1998〕132号文和证监发字〔1998〕133号文核准，上海建工股份有限公司于1998年6月向社会公开发行人民币普通股15000万股，公司股票于1998年6月23日在上海证券交易所上市。

公司于1998年6月12日召开创立大会暨第一届股东大会，通过了公司章程，选举产生了公司第一届董事会、监事会成员。创立大会审议的程序和所议事项符合当时的法律、法规和规范性文件的规定。

公司于1998年6月15日在上海市工商行政管理局依法登记注册，注册号为3100001005378，企业类型为股份有限公司（上市）。

首次公开发行后，上海建工股份有限公司的股权结构如表1所示。

表1 首次公开发行后的股权结构

序号	股东	持股数（万股）	持股比例（%）
1	建工总公司	38700	72.07
2	社会公众股	15000	27.93
合　计		53700	100.00

（二）发行人的股本演变

1. 第一次变更：2001年配股。2001年10月，上海建工股份有限公司经中国证监会证监发行字〔2001〕73号文核准进行了配股，该次配股以1999年12月31日的总股本53700万股为基数，每10股配3股，其中：建工总公司认配1741.5万股，向社会公众股股东配售4500万股。

本次配股后，上海建工股份有限公司的股权结构如表2所示。

表2 第一次变更后股权结构

序号	股东	持股数（万股）	持股比例（%）
1	建工总公司	40441.50	67.47
2	社会公众股	19500.00	32.53
合　计		59941.50	100.00

注：表格中所列合计数与各数额总和之间的差异为尾数四舍五入所致，下同。

2. 第二次变更：2002年送股。2002年，根据上海建工股份有限公司2001年年度股东大会决议，决定以上海建工股份有限公司2001年12月31日总股本59941.5万股为基数，向全体股东每10股送2股。

本次送股后，上海建工股份有限公司的股权结构如表3所示。

表3 第二次变更后股权结构

序号	股东	持股数（万股）	持股比例（%）
1	建工总公司	48529.80	67.47
2	社会公众股	23400.00	32.53
合　计		71929.80	100.00

3. 第三次变更：2005年股权分置改革。2005年，经上海市国资委《关于上海建工股份有限公司股权分置改革有关问题的批复》（沪国资委产〔2005〕641号文）批准，并经上海建工股份有限公司股权分置改革相关股东大会审议通过，上海建工股份有限公司全体非流通股股东以其持有的7956万股作为对价，支付给流通股股东，以换取非流通股份的流通权，即方案实施股权登记日在册的流通股股东每持有10股流通股将获得非流通股股东支付的3.4股股份。

股权分置改革后，上海建工股份有限公司的股权结构如表4所示。

表4 第三次变更后股权结构

序号	股东	持股数（万股）	持股比例（%）
1	建工总公司	40573.80	56.41
2	社会公众股	31356.00	43.59
合　计		71929.80	100.00

4. 第四次变更：2010年定向增发。2010年，经中国证监会《关于核准上海建工股份有限公司向上海建工（集团）总公司发行股份购买资产的批复》（证监许可〔2010〕615号文）核准，公司向建工总公司发行32276.16万股股份。

发行完成后，上海建工股份有限公司的股权结构如表5所示。

表5 第四次变更后股权结构

序号	股东	持股数（万股）	持股比例（%）
1	建工总公司	72849.96	69.91
2	社会公众股	31356.00	30.09
合　计		104205.96	100.00

5. 第五次变更：2010年更名。2010年，经公司第四届董事会第二十五次会议及公司2009年年度股东大会审议通过的"关于变更公司名称的议案"，公司名称由"上海建工股份有限公司"变更为"上海建工集团股份有限公司"。公司于2010年7月5日在上海市工商行政管理局办理了工商变更手续，

并换领了企业法人营业执照。

6. 第六次变更：2011年定向增发。2011年，经中国证监会《关于核准上海建工集团股份有限公司向上海建工（集团）总公司发行股份购买资产的批复》（证监许可〔2011〕1163号文）核准，公司向建工总公司发行114301930股股份。

发行完成后，上海建工的股权结构如表6所示。

表6　第六次变更后股权结构

序号	股东	持股数（万股）	持股比例（%）
1	建工总公司	84280.15	72.88
2	社会公众股	31356.00	27.12
合　计		115636.15	100.00

7. 第七次变更：2012年送股及转增。2012年，根据上海建工2011年度股东大会决议，以公司2011年末总股本1156361487股为基数，向全体股东每10股送5股；同时，用资本公积金以2011年末股本1156361487股为基数，向全体股东每10股转增5股。

本次送股及转增后，上海建工的股权结构如表7所示。

表7　第七次变更后股权结构

序号	股东	持股数（万股）	持股比例（%）
1	建工总公司	168560.30	72.88
2	社会公众股	62712.00	27.12
合　计		231272.30	100.00

8. 第八次变更：2013年转增。2013年，根据上海建工2012年度股东大会决议，用资本公积金以2012年末股本2312722974股为基数，向全体股东每10股转增2股。

本次转增后，上海建工的股权结构如表8所示。

表8　第八次变更后股权结构

序号	股东	持股数（万股）	持股比例（%）
1	建工总公司	202272.36	72.88
2	社会公众股	75254.40	27.12
合　计		277526.76	100.00

经本所律师核查，发行人已通过历次工商年检，依法有效存续，且根据我国法律、法规和规范性文件及发行人公司章程的规定，发行人没有需要终止的情形出现。

综上，本所认为，发行人为依法设立的股份有限公司，其股票系经依法批准后发行并在证券交易所上市交易；发行人的设立及历次股本变更均符合有关法律、法规和规范性文件的规定，发行人具有本次非公开发行股票的主体资格。

二、发行人的控股股东

1. 经本所律师核查，截至本法律意见书出具之日，持有发行人5%以上股份的主要股东为建工总公司。建工总公司持有发行人202272.36万股，占发行人已发行总股份的72.88%。

2. 根据建工总公司现有的企业法人营业执照，建工总公司注册号为310000000026125，住所为浦东新区福山路33号，法定代表人为蒋志权，注册资本和实收资本均为300000万元，公司类型为全民所有制，经营范围为实业投资、投资咨询、自有房屋租赁、停车场库管理（依法须经批准的项目，经相关部门批准后方可开展经营活动）。经营期限自1994年1月6日至不约定期限。

经本所律师核查，截至本法律意见书出具之日，发行人的控股股东建工总公司持有的发行人股份未有被质押的情形。

截至本法律意见书出具之日，建工总公司的股权结构及对发行人的持股情况如图1所示。

根据上述股权结构，上海市国资委为发行人的实际控制人。

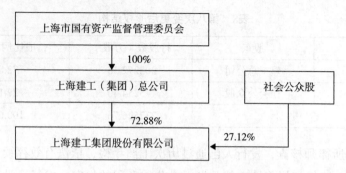

图1　股权结构及对发行人的持股情况

　　本所律师核查后认为，发行人的控股股东建工总公司为依法设立并有效存续的全民所有制企业，且根据我国法律、法规、规范性文件及建工总公司的公司章程的规定，建工总公司没有需要终止的情形出现。

三、本次非公开发行的方案

　　根据发行人第六届董事会第九次会议审议通过的《关于公司非公开发行股票的议案》，发行人本次非公开发行的方案具体如下：

　　1．发行股票的种类和面值。本次非公开发行的股票为境内上市人民币普通股（A股），每股面值为人民币1元。

　　2．发行数量。本次向特定对象非公开发行的股票数量合计不超过71942.446万股（含71942.446万股），其中，建工总公司承诺不参与询价，但按照与其他认购对象相同的价格认购不少于本次非公开发行股份总数的15%。最终发行数量将提请股东大会授权公司董事会与保荐机构（主承销商）协商确定。公司股票在董事会决议公告日至发行日期间如有派息、送股、资本公积金转增股本等除权、除息事项，发行数量将根据除权、除息后的发行底价进行相应调整。

　　3．发行方式。本次发行的股票全部采取向特定对象非公开发行的方式进行；公司将在本次发行获得中国证监会核准后六个月内选择适当时机发行股票。

　　4．发行对象及认购方式。本次非公开发行的发行对象为包括公司控股股东建工总公司在内的符合中国证监会规定的证券投资基金管理公司、证券公司、保险机构投资者、信托投资公司、财务公司、合格境外机构投资者，以及符合中国证监会规定的其他法人、自然人或其他合格的投资者等不超过10名（含10名）的特定对象。

证券投资基金管理公司以其管理的2只以上基金认购的，视为一个发行对象。信托公司作为发行对象，只能以自有资金认购。

公司将在取得中国证监会关于本次非公开发行的核准文件后，按照《上市公司非公开发行股票实施细则》的规定以竞价方式确定发行对象。

所有发行对象均以现金认购本次非公开发行的股票。

5. 定价基准日与发行价格。本次非公开发行股票的发行价格不低于定价基准日前20个交易日公司股票交易均价（计算公式为：定价基准日前20个交易日股票交易均价=定价基准日前20个交易日股票交易总额/定价基准日前20个交易日股票交易总量）的90%，即本次非公开发行价格不低于5.56元/股。发行价格在取得本次非公开发行的核准文件后，按照《上市公司非公开发行股票实施细则》等相关规定，根据发行对象申购报价的情况，由公司董事会与保荐机构（主承销商）协商确定。

若公司股票在定价基准日（本次非公开发行股票的董事会决议公告日）至发行日期间发生除权、除息的，本次发行价格将作相应调整。

建工总公司不参与市场询价过程，但接受市场询价结果，与其他特定投资者以相同价格认购。

6. 限售期。建工总公司认购的股份自本次非公开发行结束之日起三十六个月内不得转让，其他特定对象认购的股份自本次发行结束之日起十二个月内不得转让，之后按中国证监会及上海证券交易所的有关规定执行。

7. 上市地点。在限售期届满后，本次非公开发行的股票将在上海证券交易所上市交易。

8. 募集资金用途和数量。本次非公开发行募集资金总额不超过400000万元（含400000万元），在扣除发行费用后将全部投向以下项目，如表9所示。

表9　投资项目及金额

项目名称	项目总投资额 （万元）	募集资金拟投入金额 （万元）
昆山市中环快速化改造工程项目	1084700	230000
施工机械设备购置项目	106272	53000
向七家建筑施工及建筑设计类全资子公司增资	117000	117000
合　　计	1307972	400000

若本次非公开发行扣除发行费用后的实际募集资金少于上述项目募集资金拟投入总额，募集资金不足部分由公司以自有资金解决。本次非公开发行募集资金到位之前，公司将根据项目进度的实际情况以自筹资金先行投入，并在募集资金到位之后予以置换。

9. 本次非公开发行前公司滚存未分配利润。本次非公开发行完成后，为兼顾新老股东的利益，由公司新老股东共享本次非公开发行前公司的滚存未分配利润。

10. 决议有效期限。本次非公开发行股票的决议自股东大会审议通过之日起18个月内有效。若国家法律法规对非公开发行有新的政策规定，则按新的政策进行相应调整。

综上所述，本所认为，发行人本次发行的方案符合《公司法》、《证券法》、《管理办法》、《实施细则》等有关法律、法规、规范性文件的规定。

四、本次非公开发行的实质条件

经本所律师核查，发行人具备《公司法》、《证券法》、《管理办法》和《实施细则》等相关法律法规所规定的非公开发行股票的实质条件：

（一）本次发行符合《公司法》第一百二十七条的规定

本次发行的股票均为A股股票，每股的发行条件和价格相同。本次发行符合《公司法》第一百二十七条规定的"同次发行的同种类股票，每股的发行条件和价格应当相同"的要求。

（二）本次发行符合《管理办法》第八条的规定

1. 会计基础工作规范，严格遵循国家统一会计制度的规定。

2. 发行人最近三年财务报表未被注册会计师出具保留意见、否定意见或无法表示意见的审计报告。

3. 发行人资产质量良好。不良资产不足以对公司财务状况造成重大不利影响。

4. 经营成果真实，现金流量正常。营业收入和成本费用的确认严格遵循国家有关企业会计准则的规定，最近三年资产减值准备计提充分合理，不存在操纵经营业绩的情形。

5. 最近三年以现金或股票方式累计分配的利润不少于最近三年实现的年均可分配利润的百分之二十。

（三）本次发行符合《管理办法》第三十六条的规定

本次发行系发行人采用非公开方式，向特定对象发行A股股票的行为。本次发行符合《管理办法》第三十六条的相关规定。

（四）本次发行符合《管理办法》第三十七条、《实施细则》第八条的规定

根据发行人本次发行方案，发行人本次非公开发行的发行对象为符合中国证监会规定的证券投资基金管理公司、证券公司、信托投资公司、财务公司、保险机构投资者、合格境外机构投资者以及其他机构投资者、自然人等合计不超过10名的特定投资者。本次发行符合《管理办法》第三十七条及《实施细则》第八条的相关规定。

（五）本次发行符合《管理办法》第三十八条、《实施细则》第七条和第十条的规定

根据发行人本次发行方案，本次发行的定价基准日为发行人第六届董事会第九次会议决议公告日，即2014年3月4日。本次非公开发行股票的发行价格不低于定价基准日前20个交易日公司股票交易均价（计算公式为：定价基

准日前20个交易日股票交易均价=定价基准日前20个交易日股票交易总额/定价基准日前20个交易日股票交易总量）的90%，即本次非公开发行价格不低于5.56元/股。发行价格在取得本次非公开发行的核准文件后，按照《上市公司非公开发行股票实施细则》等相关规定，根据发行对象申购报价的情况，由公司董事会与保荐机构（主承销商）协商确定。发行人本次非公开发行的股票，特定投资者认购的股票自发行结束之日起十二个月内不得转让。

（六）募集资金的数额和使用符合《管理办法》第十条及第三十八条第三款的相关规定

1．根据本次发行方案，本次发行募集资金投资项目的总投资额为1307972万元，本次发行计划募集资金不超过400000万元，募集资金数额未超过募集资金项目的需要量。

2．本次募集资金用途符合国家产业政策和有关环境保护、土地管理等法律和行政法规的规定。

3．本次募集资金使用项目不得为持有交易性金融资产和可供出售的金融资产、借予他人、委托理财等财务性投资，不得直接或间接投资于以买卖有价证券为主要业务的公司。

4．本次募集资金使用项目实施后，不会与控股股东或实际控制人产生同业竞争或影响公司生产经营的独立性。

5．建立募集资金专项存储制度，募集资金存放于公司董事会决定的专项账户。

（七）本次发行人符合《管理办法》第三十九条的规定

1．依据发行人确认及本所律师核查，发行人本次发行申报材料不存在虚假记载、误导性陈述或重大遗漏。

2．依据发行人确认及本所律师核查，发行人不存在其权益被控股股东严重损害且尚未消除的情形。

3．依据发行人确认及本所律师核查，截至本法律意见书出具之日，发行人不存在违规对外提供担保且尚未解除的情形。

4．依据发行人及其现任董事、高级管理人员确认及本所律师核查，发行人现任董事、高级管理人员在最近36个月内未受到中国证监会的行政处罚，在最近12个月内未受到过证券交易所的公开谴责。

5. 依据发行人及其现任董事、高级管理人员确认及本所律师核查，发行人或其现任董事、高级管理人员不存在因涉嫌犯罪正被司法机关立案侦查或涉嫌违法违规正被中国证监会立案调查的情形。

6. 经本所律师核查，发行人最近一年的审计报告未被注册会计师出具保留意见、否定意见或无法表示意见。

7. 依据发行人确认及本所律师核查，发行人不存在严重损害投资者合法权益和社会公共利益的其他情形。

五、本次非公开发行募集资金用途

（一）本次募集资金使用计划

发行人本次发行预计募集资金总额不超过400000万元，募集资金在扣除发行费用后拟分别用于以下项目，如表10所示。

表10　投资项目及金额

项目名称	项目总投资额（万元）	募集资金拟投入金额（万元）
昆山市中环快速化改造工程项目	1084700	230000
施工机械设备购置项目	106272	53000
向七家建筑施工及建筑设计类全资子公司增资	117000	117000
合　　计	1307972	400000

若本次非公开发行扣除发行费用后的实际募集资金少于上述项目募集资金拟投入总额，募集资金不足部分由公司以自有资金解决。本次非公开发行募集资金到位之前，公司将根据项目进度的实际情况以自筹资金先行投入，并在募集资金到位之后予以置换。

（二）募集资金投资项目涉及报批事项情况

1. 经本所律师核查，发行人本次发行的募集资金投资项目"昆山市中环快速化改造工程项目"已经昆山市发展和改革委员会昆发改投〔2011〕124号文《市发展改革委关于中环快速化改造工程项目建议书的批复》批准。

2. 项目可行性研究报告。2011年8月23日，昆山市发展和改革委员会出具《市发展改革委关于中环快速化改造工程项目可行性研究报告的批复》（昆发改投〔2011〕480号）。

3. 项目环境影响评估。2011年6月18日，昆山市环境保护局出具《关于对昆山市中环快速化改造工程项目建设项目环境影响报告书的审批意见》（昆环建〔2011〕2458号），从环境保护的角度同意"昆山市中环快速化改造工程项目"按申报内容建设。

4. 项目用地批准。2011年12月21日，昆山市规划局核发建设用地规划许可证〔地字第昆开（2011）0213号、地字第昆开（2011）0214号〕，并于2011年12月29日、2012年2月7日和2012年2月27日分别核发建设用地规划许可证（地字第20110341号、地字第20120020号、地字第20120032号），确认建设用地符合城乡规划要求。

5. 土地使用权证。经本所律师核查，昆山中环路快速化改造工程项目于2013年7月9日取得了土地使用权证〔昆国用（2013）第DW426号〕。

综上所述，本所认为，发行人本次非公开发行募集资金投资项目符合国家产业政策和有关环境保护、土地管理等法律、法规的规定。

六、本次非公开发行的批准和授权

1. 经本所律师核查，发行人已于2014年3月4日召开了第六届董事会第九次会议，审议通过了《关于公司符合非公开发行股票条件的议案》、《关于公司非公开发行股票的议案》、《公司2014年度非公开发行股票预案》、《关于2014年度非公开发行股票募集资金使用的可行性研究报告》、《关于提请股东大会授权董事会全权办理非公开发行股票暨关联交易相关事宜的议案》等议案。

本所律师核查后认为，发行人已依法定程序合法有效地作出董事会决议，批准发行人本次申请非公开发行不超过71942.446万股（含71942.446万股）股票，上述决议的内容符合《公司法》、《证券法》、《管理办法》和《实施细则》等有关法律、法规和规范性文件以及发行人公司章程的规定，合法有效。

2. 由于发行人系国有控股上市公司，根据《125号通知》的规定，发行人本次非公开发行股票尚需获得国有资产监督管理委员会的审核同意。

3. 发行人本次非公开发行股票尚需获得发行人股东大会审议通过，且本次非公开发行方案需在发行人股东大会召开前五个工作日取得国有资产监督管理委员会的批复同意。

4. 发行人本次非公开发行股票尚需获得中国证监会核准。

七、本次非公开发行对发行人控股股东的影响

截至本法律意见书出具之日，发行人控股股东建工总公司持有发行人202272.36万股，占发行人已发行总股份的72.88%，该等股份性质为国有法人股。上海市国资委持有建工总公司100%的股权，为公司实际控制人。

本次非公开发行将对控股股东的持股比例造成一定的稀释，具体测算如下：

根据发行人第六届董事会第九次会议审议通过的《关于公司非公开发行股票方案的议案》，公司本次非公开发行股票数量不超过719424460股（含719424460股），建工总公司认购数量不少于本次非公开发行股份总数的15%，按照本次非公开发行的数量上限和建工总公司未认购的情况测算，本次非公开发行完成后，预计控股股东和实际控制人的持股比例最低为60.97%，上海市国资委仍为公司实际控制人。

综上所述，本所认为，本次非公开发行股票不会对控股股东的控股地位产生实质影响，不会导致发行人控制权发生变化。

八、结论意见

综上所述，本所认为，发行人作为国有控股上市公司，具备申请本次非公开发行股票的主体资格，符合《公司法》、《证券法》、《管理办法》及《实施细则》等法律、法规和相关规范性文件中有关上市公司非公开发行的规定条件；发行人本次非公开发行股票不存在重大法律障碍；本次发行完成后，控股股东仍为发行人的国有控股股东。发行人本次非公开发行股票尚需就涉及的国有资产管理相关事项获得上海市国资委批准。

本法律意见书正本三份，无副本，由经办律师签署并加盖本所公章后生效。

 華東政法大學

聘 书

兹聘请金茂凯德律师事务所创始合伙人律师李志强为华东政法大学国际金融法律学院兼职教授、校外硕士生导师。

诚感荣耀。

国际金融法律学院

二零一四年十二月二十九日

上海金茂凯德律师事务所

关于

三井住友银行（中国）有限公司
发行2014年度金融债券

之

法 律 意 见 书

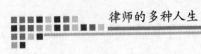
致：三井住友银行（中国）有限公司

释 义

除非另有说明，本法律意见书中下列词语具有以下特定含义：

发行人／公司	三井住友银行（中国）有限公司
三井住友银行	三井住友银行（中国）有限公司的股东日本三井住友银行股份有限公司
本期债券	三井住友银行（中国）有限公司 2014 年度金融债券
本期债券发行	三井住友银行（中国）有限公司 2014 年度金融债券的发行
主承销商	中国银行股份有限公司
募集说明书	发行人为本期债券发行而制定的三井住友银行（中国）有限公司 2014 年度金融债券募集说明书
审计报告	毕马威华振会计师事务所（特殊普通合伙）上海分所分别于 2012 年 3 月 27 日出具的 KPMG-B（2012）ARNo.0918 号审计报告，于 2013 年 4 月 2 日出具的毕马威华振沪审字第 1301072 号审计报告以及于 2014 年 3 月 20 日出具的毕马威华振沪审字第 1400941 号审计报告
发行公告	发行人为本期债券的发行而制定的《三井住友银行（中国）有限公司 2014 年度金融债券发行公告》
公司章程	发行人现行有效的《三井住友银行（中国）有限公司章程》
人民银行	中国人民银行
银监会	中国银行业监督管理委员会
有关主管机关	本期债券发行需获得其批准的监管机关，包括但不限于人民银行、银监会
《公司法》	《中华人民共和国公司法》
《商业银行法》	《中华人民共和国商业银行法》
《银行业监督法》	《中华人民共和国银行业监督法》
《中国人民银行法》	《中华人民共和国中国人民银行法》
《外资银行管理条例》	《中华人民共和国外资银行管理条例》
《外资银行管理条例实施细则》	《中华人民共和国外资银行管理条例实施细则》

续表

发行人 / 公司	三井住友银行（中国）有限公司
《外资银行治理指引》	《外资银行法人机构公司治理指引》
《管理办法》	《全国银行间债券市场金融债券发行管理办法》
《信息披露办法》	《商业银行信息披露暂行办法》
中国	中华人民共和国大陆地区（不包括台湾、香港、澳门）
元	如无特别说明，指人民币元

引 言

根据发行人与上海金茂凯德律师事务所（以下简称本所）签订的《专项法律顾问协议》，本所委派律师（以下简称本所律师）作为发行人本期债券发行的专项法律顾问，发表法律意见并出具本法律意见书。

为出具本法律意见书，本所律师依据律师行业公认的业务标准和道德规范并根据现行有效的法律、法规和行政规章对涉及发行人本期金融债券发行的有关事实和法律事项进行了审查，查阅了必要的材料、文件，包括发行人提供的有关政府部门的批准文件、有关记录、资料和证明，并就本期债券的有关事项向发行人及其高级管理人员作了必要的询问。

本所律师已经对发行人向本所提供的与出具本法律意见书有关的所有文件资料及证言进行了审查、判断，并基于发行人向本所律师作出的关于发行人已经完整、真实、全面地提供了出具本法律意见书所必要之原始文件、原始文件复印件（与原件完全一致）或书面证明、确认、口头证言，不存在任何遗漏或隐瞒的确认，以及本所律师在上述审查、判断过程中对有关事实的理解，发表及出具法律意见。

本所律师依据本法律意见书出具日以前已经发生或存在的事实、根据中国现行的法律、法规及规范性文件的规定对发行人的本期债券发行发表法律意见。

本法律意见书仅就与发行人本期债券发行有关的法律问题发表法律意见，并不对会计、审计、资信评级事项等事宜发表意见。本所律师在本法律意见书中对有关会计报告、审计报告和资信评级报告中的任何数据或结论的

引述，并不表明本所对该等数据、结论的真实性和准确性作出的明示或默示的保证。

本所律师同意将本法律意见书作为发行人申请公开发行金融债券必备的法定文件，随其他申报材料一并提交中国人民银行，并同意依法对本所出具的法律意见书承担相应的责任。

本法律意见书仅供发行人为本期债券发行之目的使用，不得用作任何其他目的。本所律师同意发行人在其为本期债券发行所制作的募集说明书中，依法按照中国银行业监督管理委员会和中国人民银行审核要求援引本法律意见书的全部或任何部分内容，但发行人做上述引用或援引时，不得因引用或援引而导致法律上的歧义、曲解或混淆。

正　文

一、发行人的基本情况

发行人为日本三井住友银行在中国境内的全资子公司。根据发行人经2012年度工商年检的企业法人营业执照和现行有效的公司章程等文件，其基本情况如下：

企业法人营业执照注册号：310000400596312

中文名称：三井住友银行（中国）有限公司

公司类型：有限责任公司（外国法人独资）

法定代表人：国贺久德（KOKUGAHISANORI）

注册资本：人民币700000万元

实收资本：人民币700000万元

住所：上海市浦东新区世纪大道100号上海环球金融中心11楼、12楼、13楼

经营范围：在下列范围内经营对各类客户的外汇业务以及对除中国境内公民以外客户的人民币业务：吸收公众存款；发放短期、中期和长期贷款；办理票据承兑与贴现；买卖政府债券、金融债券，买卖股票以外的其他外币有价证券；提供信用证服务及担保；办理国内外结算；买卖、代理买卖外汇；代理保险；从事同业拆借；从事银行卡业务；提供保管箱服务；提供资

信调查和咨询服务；经中国银行业监督管理委员会批准的其他业务

营业期限：自2009年4月3日至不约定期限

金融许可证机构编码：B1012H131000001

组织机构代码：68733474-3

二、发行人的主体资格

（一）发行人在中国境内依法设立

发行人是由原三井住友银行在华分行（以下简称原在华分行）改制设立而成。

2009年3月30日，发行人获得银监会出具的外资银行批准书（批文号：银监函〔2009〕41号），具体内容如下：

1. 批准三井住友银行（中国）有限公司总行在上海市开业。中文名称为三井住友银行（中国）有限公司，外文名称为Sumitomo Mitsui Banking Corporation（China）Limited；营业地址为上海市浦东新区世纪大道100号上海环球金融中心11楼、12楼、13楼；注册资本为人民币700000万元。

2. 核准《三井住友银行（中国）有限公司章程》。

3. 批准三井住友银行（中国）有限公司北京分行、天津分行、天津滨海支行、苏州分行、苏州工业园区支行、杭州分行、广州分行开业。

4. 批准日本三井住友银行股份有限公司保留其上海分行为从事外汇批发业务的分行，经营对除个人以外客户的外汇业务。

2009年4月2日，发行人取得银监会核发的编码为B1012H131000001的中华人民共和国金融许可证。

2009年4月3日，发行人在上海市工商行政管理局注册成立。

本所律师认为，发行人是由原外资银行分行改制设立的外商独资法人银行，改制已经获得银监会的批准，符合《外资银行管理条例》的规定。

（二）发行人为合法有效存续

发行人已获得上海市质量技术监督局核发的代码为68733474-3的组织机

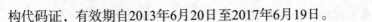

构代码证，有效期自2013年6月20日至2017年6月19日。

发行人已经依法办理了税务登记，于2009年4月8日获得由上海市国家税务局和上海市地方税务局联合核发的国地税沪字310043687334743号税务登记证。

根据发行人现行有效的企业法人营业执照（副本）显示，发行人已通过2012年度工商年检。

经本所律师核查，发行人自设立至今，未出现根据中国法律、法规、规范性文件及公司章程规定的需要终止的情形，发行人为合法有效存续的金融机构法人。

综上，本所律师认为，发行人为依法设立并有效存续的金融机构法人，发行人具备《管理办法》规定的发行金融债券的主体资格。

三、本期债券发行的实质条件

（一）公司治理结构与机制

1. 根据公司章程，发行人公司治理结构由股东、董事会、监事和行长等组成。股东大会为公司的最高权力机构，对公司的重大问题进行决策；董事会是发行人的经营决策机构，对股东负责，下设薪酬与提名委员会、关联交易控制委员会、风险管理委员会、战略规划委员会和内部审计委员会；监事对股东负责，对公司的财务状况等进行检查，对董事及高级管理人员执行职务的行为进行监督；公司实行董事会领导下的行长负责制，行长对董事会负责，主持公司的经营管理工作；行长下设信贷审核委员会、资产负债管理委员会、新产品委员会、信息系统战略委员会以及合规委员会。

截至2012年12月31日，发行人内部组织机构如图1所示。

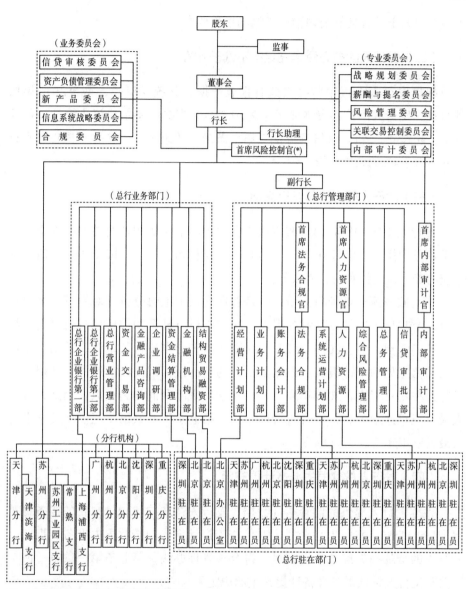

（业务委员会）
信贷审核委员会
资产负债管理委员会
新产品委员会
信息系统战略委员会
合规委员会

股东
监事
董事会
行长
行长助理
首席风险控制官(*)

（专业委员会）
战略规划委员会
薪酬与提名委员会
风险管理委员会
关联交易控制委员会
内部审计委员会

副行长

（总行业务部门）
首席法务合规官
首席人力资源官

（总行管理部门）

首席内部审计官

总行企业银行第一部
总行企业银行第二部
总行营业管理部
资金交易部
金融产品咨询部
企业调研部
资金结算管理部
金融机构部
结构贸易融资部

经营计划部
业务计划部
账务会计部
法务合规部
系统运营计划部
人力资源部
综合风险管理部
总务管理部
信贷审批部
内部审计部

（分行机构）

天津分行
天津滨海支行
苏州分行
苏州工业园区支行
常熟支行
上海浦西支行
广州分行
杭州分行
北京分行
沈阳分行
深圳分行
重庆分行

深圳驻在员
北京驻在员
北京办公室
天津驻在员
广州驻在员
杭州驻在员
北京驻在员
沈阳驻在员
深圳驻在员
重庆驻在员
天津驻在员
苏州驻在员
广州驻在员
杭州驻在员
北京驻在员
深圳驻在员
天津驻在员
苏州驻在员
广州驻在员
杭州驻在员
北京驻在员
深圳驻在员

（总行驻在部门）

注：* 主管管理部分的副行长兼任首席风险控制官。

图1 发行人内部组织机构

2. 经核查，发行人的现任董事、监事和高级管理人员的任职符合法律、法规以及发行人公司章程的规定，并经银监会核准备案。

发行人具有良好的公司治理机制，符合《管理办法》第七条第一款第

（一）项关于具有良好公司治理机制的条件要求。

（二）发行人的核心资本充足率不低于 4%

根据发行人上报银监会之监管报表数据及其统计口径，截至2013年12月31日，发行人的核心资本充足率为20.81%（根据巴塞尔协议Ⅰ统计口径计算），超过4%，符合《管理办法》第七条第一款第（二）项关于核心资本充足率不低于4%的条件要求。

（三）发行人最近三年连续盈利

发行人于2009年4月3日改制成为在中国内地注册的外商独资法人银行，并于业务切换日承继原在华分行的财产、权利和义务，并按照账面价值承继相应的资产、负债和所有者权益。

毕马威华振会计师事务所（特殊普通合伙）上海分所已对发行人2011年1月1日至2011年12月31日财务报表、2012年1月1日至2012年12月31日财务报表、2013年1月1日至2013年12月31日财务报表分别进行了审计，并出具了标准无保留意见的审计报告。根据其出具的审计报告以及经审计的财务报表，发行人在2011年度、2012年度、2013年度实现净利润均为正数。因此，发行人最近三年连续盈利，符合《管理办法》第七条第一款第（三）项关于发行人最近三年连续盈利的要求。

（四）发行人贷款损失准备计提充足

根据发行人提供的监管指标数据，发行人在2013年12月31日的拨备覆盖率为1598.15%。发行人是依规定对信贷资产计提各项贷款损失准备。据此，发行人的贷款损失准备计提充足，符合《管理办法》第七条第一款第（四）项关于发行人贷款损失准备计提充足的规定。

（五）发行人风险监管指标符合监管机构的有关规定

以下为发行人的主要监管指标表，如表1所示。

表1 发行人的主要监管指标
单位：%

项目	指标名称	标准值	2013 年 12 月 31 日	2012 年 12 月 31 日	2011 年 12 月 31 日
监管指标	资本充足率	≥ 8	21.99	24.31	24.79
	核心资本充足率	≥ 4	20.81	23.18	23.66
	存贷款比例	≤ 75	60.58	56.40	51.29
	流动性比例	≥ 25	66.04	80.07	77.39
	流动性缺口率	≥ −10	21.16	17.26	36.80
	单一客户贷款集中度	≤ 10	8.66	6.27	6.77
	单一集团客户授信集中度	≤ 15	10.28	10.70	8.48
	资产利润率	≥ 0.6	0.52	0.80	0.76
风险指标	不良贷款率	≤ 5	0.07	0.24	0.02
	不良资产率	≤ 4	0.03	0.10	0.01
	拨备覆盖率	≥ 150	1598.15	469.94	4717.33
	资产损失准备充足率	≥ 100	103.85	112.28	99.97
	贷款损失准备充足率	≥ 100	103.93	112.29	100.00

注：上述监管指标均使用本行上报银监会之监管报表数据及其统计口径。其中，2013年指标数据仍按巴塞尔协议 I 统计口径计算。

上述数据表明，发行人在近三年中，各项主要风险监管指标均能符合监管机构的有关规定，能够符合《管理办法》第七条第一款第（五）项关于风险监管指标符合监管机构的有关规定的要求。

（六）发行人最近三年没有重大违法、违规行为

根据发行人的声明和本所律师核查，截至本法律意见书出具之日，发行人最近三年没有重大违法、违规行为，符合《管理办法》第七条第一款第（六）项的要求。

基于以上各项，本所律师认为，发行人已经具备了有关法律、法规、部门规章规定的在全国银行间债券市场发行金融债券的实质条件。

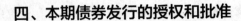
四、本期债券发行的授权和批准

2010年7月7日，发行人董事会作出决议，拟发行总额人民币10亿元，期限不超过3年的金融债券。

2010年7月7日，发行人股东三井住友银行出具同意函，同意发行人发行总额人民币10亿元期限不超过3年的金融债券。

2010年9月14日，发行人董事会作出决议，确定本期债券发行金额上限为人民币10亿元，债券期限为2年。

本所律师认为，发行人股东决议内容均符合有关法律法规和发行人现行公司章程的相关规定。发行人股东依据法定程序作出了批准本次债券发行的决议且该等决议的形式和内容均真实且合法有效。发行人本次债券发行已于2011年9月14日获得中国银行业监督管理委员会批准，并于2014年2月7日获得中国人民银行银市场许准予字〔2014〕第3号《中国人民银行准予行政许可决定书》的准予。

综上所述，本所律师认为，发行人本期债券的发行已经依据相关法律、法规及发行人现行公司章程的相关规定获得了法定必要的内部授权和批准，且发行人对本期债券发行的有关事项依法进行了必要和充分的披露。发行人本次债券发行已经获得银监会批准和中国人民银行的准予，发行人取得了发行本期债券所必需的完备的授权和法定批准。

五、本期债券的主要发行条款

表2　主要发行条款

债券名称	三井住友银行（中国）有限公司2014年度金融债券
发行人	三井住友银行（中国）有限公司
债券性质	商业银行发行的、本金和利息的清偿顺序等同于商业银行一般负债、先于商业银行长期次级债务和股权资本的金融债券
债券形式	记账式债券，在中央国债登记结算有限责任公司统一托管
债券期限	期限2年
发行金额	人民币壹拾亿元（RMB1000000000.00）

债券名称	三井住友银行（中国）有限公司 2014 年度金融债券
债券面值	人民币壹佰元（100 元）
发行价格	100 元/百元面值
发行利率	采用固定利率形式，本期金融债券发行利率将通过招标系统招标确定
发行方式	中国人民银行债券发行系统招标方式
发行对象	全国银行间债券市场的机构投资者（国家法律、法规禁止购买者除外）
信用级别	经上海新世纪资信评估投资服务有限公司评定，本期债券的信用等级为 AAA 级，发行人的主体信用等级为 AAA 级，评级展望为稳定
承销方式	主承销商以余额包销方式，承销商以承购包销方式承销本期债券
主承销商	中国银行股份有限公司
簿记管理人	中国银行股份有限公司
募集资金用途	作为稳定的中长期负债资金来源，实现资金来源的多元化；优化中长期资产负债匹配结构，增强风险承受能力；支持新增中长期资产业务的开展，提高资产收益率水平；本期债券募集的资金仅在中国国内使用，不作为发行人与海外母行及集团内同业之间的往来资金

本所律师经核查后认为，上述有关内容未违反《管理办法》的有关规定。

六、本期债券发行募集资金用途

根据发行人董事会决议及募集说明书的相关内容，本期债券募集的资金将作为稳定的中长期负债资金来源，实现资金来源的多元化；优化中长期资产负债匹配结构，增强风险承受能力；支持新增中长期资产业务的开展，提高资产收益率水平。本期债券募集的资金仅在中国国内使用，不作为发行人与海外母行及集团内同业之间的往来资金。

本所律师经核查后认为，发行人本期债券发行募集资金用途未违反国家有关法律、法规的相关规定。

七、关于发行人本次发行的金融债券的管理

中央国债登记结算有限责任公司为本期债券的登记、托管机构。发行人与中央国债登记结算有限责任公司之间的发行登记托管及代理兑付的事宜由双方之间的协议进行约定。

八、信息披露

经本所律师核查，发行人在募集说明书中披露了以下事项：

1. 2011年1月1日至2011年12月31日、2012年1月1日至2012年12月31日、2013年1月1日至2013年12月31日经审计的财务数据。

2. 在募集说明书和发行公告中对金融债券的清偿顺序进行了说明，对投资风险进行了提示，并在显著位置提示投资者："投资者购买本期债券，应当认真阅读本文件及有关信息披露文件，进行独立的投资判断。主管部门对本期债券发行的核准，并不表明对本期债券的投资价值作出了任何评价，也不表明对本期债券的投资风险作出了任何判断"。

3. 本期债券情况。

4. 发行人基本情况。

5. 发行人主要财务状况。

6. 募集资金使用。

7. 公司董事会及高级管理人员。

8. 税项。

9. 发行人资信状况。

10. 关于本期债券的法律意见。

11. 与本期债券相关的机构。

12. 备查文件和地址。

据此，本所律师经审核后认为：发行人在本期债券的发行文件中对财务会计报告、各类风险管理状况、公司治理等重要信息进行了披露，也对本期债券的清偿顺序、投资风险进行了提示，符合《管理办法》及其附件中关于信息披露及金融债券募集说明书编制要求的相关规定。

九、发行人重大诉讼、仲裁事项

根据发行人的说明并经本所律师核查，截至本法律意见书出具之日，发行人无重大未决诉讼、仲裁事项。

十、与本期债券发行相关的协议

本所律师已经审阅了发行人提供的为本期债券发行而签署的承销协议、信用评级委托合同等与本期债券发行相关的协议等文件。经审查，本所律师认为，该等协议的内容符合现行法律、法规和规范性文件的规定，合法有效。

结　论

1. 发行人系在中国境内依法设立并有效存续的、具有独立法人资格的金融机构，具备《管理办法》规定的申请发行金融债券的主体资格。

2. 发行人本期债券发行已经获得其董事会和股东批准，并已经获得银监会批准及人民银行的准许，符合中国相关法律、法规及发行人公司章程的规定。

3. 发行人已经具备了有关法律、法规、部门规章规定的在全国银行间债券市场发行金融债券的各项实质条件。

4. 发行人目前不存在阻碍本期债券发行的重大未决诉讼、仲裁事项。

5. 发行人因本期债券发行而编制的募集说明书及其概要已经包含了《管理办法》及其附件要求披露的所有必备事项，并在与本期债券发行有关的所有重大方面真实、准确地披露了发行人的相关信息，不存在虚假记载、误导性陈述或重大遗漏。

6. 发行人本期债券发行的目的及募集资金用途符合法律、法规的规定。

综上，本所律师认为，发行人已经具备现行法律、法规及规范性文件所规定的金融债券发行条件。

本法律意见书正本肆份，无副本。

后　记

　　自2014年12月1日起，我的执业生涯开始步入第25年。过去的岁月，我因爱上了律师这一中国法治事业的参与者和维护者的神圣职业而无怨无悔。在专职律师工作中，我有幸参与了中国资本市场等金融业改革开放实践、中国2010年上海世界博览会举办、上海国际旅游度假区暨迪士尼项目建设、中国（上海）自由贸易试验区起航等重大事件的相关法律服务，还利用专业知识和专业技能积极投入到了参政议政、自主建言、教书育人、裁决公断、民间外交等多彩生活中。

　　《律师的多种人生——李志强执业手记之三》记载了我近五年来若干法律和人生实践花絮，多彩亦是大杂烩，有滋有味，五味人生，有苦有乐，苦中作乐，乐在其中，因为我选择了律师这一"无冕之王"的人生道路，开弓没有回头箭。

　　本书承蒙我的人生导师和职业引路人，拥有立法、司法、执法、法治宣传和法学教学、科研和法律服务等全方位法律法治理论和实践造诣的著名法学家李昌道教授和全国司法行政系统拥有数十项荣誉的"上海新好男人"，上海的"心脏"、"窗口"和"名片"的黄浦区司法局掌门人潘鹰芳局长作序，两位伯乐的点拨将使我不忘初心，继续前行。

　　我由衷地感谢中央和上海市及黄浦区司法行政机关、国际律师协会、中华全国律师协会和上海市律师协会等行业协会，各级司法机关、政府部门、监管机构、社会团体、民间组织的领导和专家长期以来给予我的勉励和帮助，由衷地感谢海内外一大批著名企业及企业家、实业家和金融家始终如一给予我的信任和支持。我诚挚地感谢我的父母、妻儿、岳父母和亲友以及所有关心和支持我的领导和朋友。我还要感谢成书过程中李俊等同仁和学友的帮助，感谢中国金融出版社李苒副社长、贾真编辑等为本书的出版给予的细致指导。

　　人生有涯，学海无涯。法治长路，上下求索。愿祖国的法治事业未来更加兴旺发达，中华民族伟大复兴的中国梦早日梦想成真。

李志强

二〇一五年元旦